Research on
Information
Encountering

姜婷婷——著

信息偶遇研究

中国社会科学出版社

图书在版编目（CIP）数据

信息偶遇研究 / 姜婷婷著. —北京：中国社会科学出版社，2024.4
ISBN 978 – 7 – 5227 – 3317 – 3

Ⅰ. ①信⋯　Ⅱ. ①姜⋯　Ⅲ. ①信息管理 – 研究　Ⅳ. ①G203

中国国家版本馆 CIP 数据核字（2024）第 057776 号

出 版 人	赵剑英	
责任编辑	喻　苗	
责任校对	胡新芳	
责任印制	王　超	

出　　版	中国社会科学出版社	
社　　址	北京鼓楼西大街甲 158 号	
邮　　编	100720	
网　　址	http://www.csspw.cn	
发 行 部	010 – 84083685	
门 市 部	010 – 84029450	
经　　销	新华书店及其他书店	
印　　刷	北京明恒达印务有限公司	
装　　订	廊坊市广阳区广增装订厂	
版　　次	2024 年 4 月第 1 版	
印　　次	2024 年 4 月第 1 次印刷	
开　　本	710×1000　1/16	
印　　张	15.75	
插　　页	2	
字　　数	251 千字	
定　　价	85.00 元	

凡购买中国社会科学出版社图书，如有质量问题请与本社营销中心联系调换
电话：010 – 84083683
版权所有　侵权必究

前　言

　　信息偶遇（Information encountering，IE）领域自1995年正式形成以来，经过近30年的发展，已经成为人类信息行为研究的重要分支之一。实际上，20世纪90年代中后期正值网络搜索引擎迅速普及的时期，研究人员纷纷将目光投向为满足明确信息需求而主动获取信息的活动，即信息搜寻行为，尤其是以查询式输入、结果输出为特征的信息搜索行为。这一时期的信息偶遇领域尚处于探索性发展阶段，学界甚至对信息偶遇现象的基本理解都未实现统一，与信息搜寻领域相比显得势单力孤。

　　国际著名图书情报学者、ASIS&T特殊贡献奖获得者Marcia J. Bates教授曾指出，人们获取的所有信息中有80%都是偶遇到的，搜索仅带来了1%的信息，剩下的则是通过浏览和追踪获取的。自21世纪以来，互联网渗透到人类生活的方方面面，移动设备、社交媒体、个性化推荐等将在线信息的可获得性被提升到了前所未有的高度，更多的信息和更多的信息访问途径不断涌现，每个人随时随处都可能偶遇信息。信息偶遇领域也随之进入快速扩张的形成性发展阶段。经过越来越多研究人员的共同努力，信息偶遇的概念内涵得以厘清，关于其发生过程和影响因素的研究发现极大地丰富了人类对于信息行为的理解，也为在线信息环境的创造提供了重要启示。

　　信息偶遇领域奠基人、全球知名信息学院联盟iSchools现任主席Sanda Erdelez教授于1995年在博士学位论文中首次提出了"信息偶遇"这一概念，并将其定义为："一种计划之外或意料之外的信息获取形式，其特征主要表现为用户在查找信息过程中的低参与或无参与以及他们对获取信息的低预期或无预期。"以后，在Sanda Erdelez、Stephann Makri、

Lori McCay-Peet、Elaine Toms、Borchuluun Yadamsuren 等杰出学者的带领与推动下，信息偶遇领域不断壮大与成熟。许多中国学者也开始加入研究行列。

笔者在 2010 年完成的博士学位论文 "Characterizing and Evaluating Users'Information Seeking Behavior in Social Tagging Systems" 中将社会化标签系统用户的信息偶遇行为纳入研究范围，并由此对信息偶遇现象产生了浓厚的研究兴趣。2015 年，在信息行为领域权威期刊 Journal of Documentation 上，笔者发表了第一篇聚焦信息偶遇的研究论文，提出了在线信息偶遇整合模型。该模型获得 ASIS&T 信息科学研究奖获得者 Reijo Savolainen 教授的引用与肯定，并被 Erdelez 和 Makri 评价为"迄今为止对信息偶遇过程最全面的提升"。由于在信息偶遇领域的持续深耕，笔者获得了 Erdelez 教授的认可，于 2019 年开展合作研究，最新合作成果发表在图书情报学科最具影响力的期刊 Information Processing & Management 上。

本书汇集了笔者自 2015 年以来在信息偶遇研究中取得的系列成果，共有 8 章。第一章导论通过若干实例解析了信息偶遇现象，并按时间顺序展示了信息偶遇领域从萌芽到形成的发展历程，旨在帮助读者形成初步印象。第二章信息偶遇相关概念、第三章信息偶遇领域理论模型和第四章信息偶遇研究方法先后阐述了信息偶遇领域的核心概念、十大经典模型和八种常用研究方法，共同组成本书的领域基础知识体系。第五章信息偶遇过程通用模型创建与应用创建了信息偶遇过程通用模型，为后续章节的研究设计提供了理论依据。第六章文字刺激触发的信息偶遇——符号学特征的作用、第七章文字刺激触发的信息偶遇——修辞学特征的作用和第八章视觉刺激触发的信息偶遇是本书的实证研究部分，涉及不同类型信息刺激触发的信息偶遇，揭示了多个维度影响因素对信息偶遇过程中不同阶段的作用机制，为深入理解人类信息偶遇行为特征贡献了科学证据。

本书是国家自然科学基金面上项目"在线信息偶遇过程中趋避行为的产生规律与神经机制研究"（项目编号：71774125）、"信息茧房的形成机理与联觉干预研究"（项目编号：72074173）和国家自然科学基金创新研究群体项目"信息资源管理"（项目编号：71921002）的研究成果之一。

本书凝结了笔者近几年来对信息偶遇研究所进行的思考和探索，在此毫无保留地呈现给读者。尽管作者在项目研究和本书撰写过程中付出了艰苦的努力，但不足之处在所难免，恳请各位读者不吝赐教，以使本书更臻完善。

姜婷婷

2023 年 5 月于珞珈山

目　录

第一章 导　论 / 1

第一节　人类通过偶遇获取信息的实例 / 1
　　一　图书馆里的信息偶遇 / 2
　　二　在线购物时的信息偶遇 / 3
　　三　知识工作中的信息偶遇 / 4
　　四　网络社交时的信息偶遇 / 4
　　五　信息偶遇实例解析 / 5

第二节　信息偶遇领域发展历程 / 7
　　一　萌芽阶段（1995 年以前）/ 7
　　二　探索性发展阶段（1995—2009 年）/ 9
　　三　形成性发展阶段（2010—2020 年）/ 13
　　四　国内信息偶遇研究发展概况 / 22

第三节　本书结构与内容 / 23

第二章 信息偶遇相关概念 / 26

第一节　信息搜寻领域核心概念 / 27
　　一　信息搜寻与信息需求 / 27
　　二　浏览与搜索 / 28

第二节　信息偶遇领域核心概念 / 30
　　一　意外发现（Serendipity）/ 31
　　二　信息偶遇（Information encountering）/ 34
　　三　重新定义信息偶遇 / 37
第三节　信息规避领域核心概念 / 38
　　一　信息规避 / 38
　　二　选择性接触 / 40
第四节　信息行为概念空间 / 41
第五节　延伸概念 / 43
　　一　信息茧房 / 43
　　二　回音室 / 44
　　三　过滤气泡 / 45
第六节　本章小结 / 46

第三章　信息偶遇领域理论模型 / 48
第一节　日常生活信息使用生态模型 / 48
第二节　信息搜寻模式模型 / 50
第三节　信息偶遇经历分析元素模型 / 54
第四节　信息偶遇功能模型 / 57
第五节　意外发现分面概念模型 / 60
第六节　意外发现过程实证模型 / 64
第七节　意外发现经历过程模型 / 67
第八节　在线信息偶遇整合模型 / 71
第九节　在线新闻偶然接触概念框架与过程模型 / 75
第十节　信息偶遇时序模型与过程改进模型 / 78

第十一节　本章小结 / 82

第四章　信息偶遇研究方法 / 84

第一节　访谈法 / 84
　　一　访谈法对信息偶遇研究的适用性 / 84
　　二　访谈法在信息偶遇领域中的应用 / 85

第二节　问卷法 / 87
　　一　问卷法对信息偶遇研究的适用性 / 87
　　二　问卷法在信息偶遇领域中的应用 / 88

第三节　观察法 / 90
　　一　观察法对信息偶遇研究的适用性 / 90
　　二　观察法在信息偶遇领域中的应用 / 91

第四节　档案法 / 92
　　一　档案法对信息偶遇研究的适用性 / 92
　　二　档案法在信息偶遇领域中的应用 / 93

第五节　日记法 / 95
　　一　日记法对信息偶遇研究的适用性 / 95
　　二　日记法在信息偶遇领域中的应用 / 96

第六节　事务日志分析 / 98
　　一　事务日志分析对信息偶遇研究的适用性 / 98
　　二　事务日志分析在信息偶遇领域中的应用 / 98

第七节　网络文本分析 / 100
　　一　网络文本分析对信息偶遇研究的适用性 / 100
　　二　网络文本分析在信息偶遇领域中的应用 / 101

第八节　受控实验 / 103

一　受控实验对信息偶遇研究的适用性 / 103
　　二　受控实验在信息偶遇领域中的应用 / 104
第九节　本章小结 / 105

第五章　信息偶遇过程通用模型创建与应用 / 107
第一节　信息偶遇过程通用模型的创建过程 / 108
　　一　信息偶遇事件二手数据采集 / 108
　　二　信息偶遇事件主题分析 / 111
第二节　信息偶遇过程通用模型的阐释 / 113
第三节　信息偶遇过程通用模型在日记研究中的应用 / 117
　　一　信息偶遇日记研究概览 / 118
　　二　基于信息偶遇过程通用模型的日记记录表设计 / 120
　　三　基于信息偶遇过程通用模型的日记数据分析 / 122
　　四　信息偶遇过程通用模型的应用启示 / 125
第四节　本章小结 / 127

第六章　文字刺激触发的信息偶遇——符号学特征的作用 / 129
第一节　在线新闻偶遇 / 129
第二节　语言符号学与信息选择 / 131
　　一　在线信息呈现中的符号学特征 / 131
　　二　新闻选择与新闻标题技巧 / 135
第三节　新闻标题符号学特征在新闻偶遇中的作用 / 137
　　一　研究方法：点击流数据分析 / 137
　　二　点击流数据采集与处理 / 138
　　三　点击流数据分析结果 / 142

目 录

　　　　第四节　新闻标题呈现的符号学设计启示 / 149
　　　　第五节　本章小结 / 151

第七章　文字刺激触发的信息偶遇——修辞学特征的作用 / 153
　　　　第一节　在线健康信息偶遇 / 153
　　　　第二节　语言修辞学中的信息框架 / 154
　　　　第三节　信息框架在健康信息偶遇刺激趋避中的作用 / 156
　　　　　　一　健康信息偶遇刺激趋避实验目的 / 156
　　　　　　二　健康信息偶遇刺激趋避实验设计 / 161
　　　　　　三　信息框架对健康信息标题有效性的影响 / 163
　　　　第四节　信息框架在健康信息偶遇内容交互中的作用 / 167
　　　　　　一　健康信息偶遇内容交互实验目的 / 167
　　　　　　二　健康信息偶遇内容交互实验设计 / 171
　　　　　　三　信息框架对健康信息内容有效性的影响 / 174
　　　　第五节　本章小结 / 179

第八章　视觉刺激触发的信息偶遇 / 181
　　　　第一节　研究背景与意义 / 181
　　　　第二节　相关研究综述 / 182
　　　　　　一　微博平台上的用户行为 / 182
　　　　　　二　信息偶遇过程的主要阶段 / 184
　　　　　　三　注意与刺激特征 / 185
　　　　　　四　研究问题 / 187
　　　　第三节　研究方法：关键事件日记 / 188
　　　　第四节　微博平台上视觉刺激触发的信息偶遇 / 190

一　信息偶遇事件中微博帖子的特征 / 190
　　二　信息偶遇事件中视觉刺激的特征 / 192
　　三　信息偶遇事件中用户与微博帖子之间的交互 / 195
　　四　视觉刺激特征与偶遇交互之间的关系 / 196
第五节　研究讨论 / 199
　　一　微博平台有利于信息偶遇的发生 / 199
　　二　视觉刺激有利于用户与微博帖子之间的交互 / 201
　　三　日记法适用于信息偶遇研究 / 202
第六节　本章小结 / 203

附　录 / 205

参考文献 / 216

后　记 / 240

第一章

导 论

第一节 人类通过偶遇获取信息的实例

提到信息获取，人们脑海里可能会浮现出很多不同的场景，其中较典型的是主动搜寻所需信息。例如，将当前的信息问题表述为具体的查询式提交到搜索引擎里，然后从搜索结果中找出有用的信息。图书情报（library and information science，LIS）领域学者一直致力于通过信息检索和人类信息行为研究提高信息搜寻的效率和效果。然而实际上，信息搜寻在人类信息获取活动全景中仅占到了很有限的一部分。

身处物理世界中的人们被信息围绕着，数字技术的发展更是将信息的多样性和可获得性不断推向新的高度。随着用户生成信息（user-generated content）、人工智能生成信息（AI-generated content）、个性化推荐系统（personalized recommender systems）等新事物的出现，人们的信息获取方式也在发生着重大变化，"让信息找到我"（information finds me）变得越来越普遍。无论是在街上闲逛或与好友坐在一起聊天，还是在社交媒体上看新闻或借助生成式人工智能如ChatGPT研究学术问题的时候，意料之外的信息都有可能不期而至，人们只需抓住那些有用或有趣的信息，这就是信息偶遇。

本节将通过4个发生在人们日常生活、工作或学习中的信息偶遇实例来帮助读者更好地理解这个现象。这些实例是基于以往信息偶遇研究中参与者提供的真实信息偶遇经历，结合当前国内用户的日常信息行为习惯改编而成的。需要指出的是，本书第二章将对"信息偶遇"的概念内涵进行详细阐述与辨析，在此之前可以采用其最广义的理解，即个体并没有采取目标明确的行动去获取信息，同时对信息的获取也感到意外。

一　图书馆里的信息偶遇

　　Gould's Book Arcade 是位于澳大利亚悉尼的一家书店，它的与众不同之处在于书籍都是随意摆放甚至是堆放的，如果想找到一本特定的书无异于大海捞针。但是对于闲来无事逛书店的顾客来说，在这样杂乱的环境中漫无目的地浏览，说不定就会有意外发现。当然，这家书店是一个例外。我们生活在一个追求秩序的世界中，图书馆就是秩序的最佳代表。在现代图书馆发展的 100 多年里，图书分类法为图书馆中图书的放置提供了普遍认同的信息架构，图书馆员的基本职责就是让每一本纸质书都出现在书架上最易于读者找到的地方。在当今的数字时代，读者往往会先利用馆藏资源的在线检索系统确定自己想要的书，然后到图书馆借阅，这时他们可以享受秩序所带来的快速定位图书的极大便利。然而，有趣的是，图书馆也会因各种原因存在着一些无序的区域，它们为图书馆作为一个物理空间增添了意外发现的惊喜。肖梓是一名经常去图书馆自习的研究生。有一天，她像往常一样早早来到图书馆，在前往自习区域的途中经过了新书展览区域。只见书架上堆满了五花八门的新书，既有再版的专业教材，也有刚刚问世的畅销小说，而其中一本配色绚丽的图书封面吸引了她的目光。她在好奇心的驱使下走近书架，停下脚步，翻看了这本书的简介与目录，发现它原来是关于色彩心理学的。她顿时对这本书产生了强烈的阅读欲望，因为她一直都对心理学很感兴趣，并且专业方向是视觉设计。她感觉这本书可能会帮助自己找到心理学和视觉设计的结合点，有利于日后开展学科交叉研究。肖梓来到图书馆的自助借还书机前面办理了图书借阅手续。就在她准备离开的时候，发现机器旁边的桌子上堆放着很多刚刚还回来但没来得及放回书架的书，就凑近看了一眼，正好瞥见了《认知心理学》一书，于是随手将这本书拿起来翻阅了一下，觉得书中提到的心理学术语都挺有意思的，决定将这本书一同借走。接着，她继续来到图书馆的自习区域，按原计划完成了当天的学习任务。在离开图书馆之后，她在路上回想着今天借阅的心理学专业书籍，开始畅想自己今后如何将心理学理论应用于视觉设计，不由得兴奋起来。

二 在线购物时的信息偶遇

电子商务是互联网改变人们生活方式的重要体现。在线购物场景在大数据和人工智能技术的驱动下不断升级迭代，除了传统的商品查找、选择以及购买支付等活动，如今的电商平台正在通过商品推荐影响着人们的消费行为和习惯。推荐系统会根据消费者的购买历史、需求偏好、社交关系等匹配他们可能感兴趣的商品；而越来越流行的用户生成内容则允许普通消费者向其他人分享与推荐自己购买或喜欢的商品，增强了电商平台的社交媒体属性。两种方式都旨在拓宽人们的消费范围，提高购买率和满意度。这也使得电商平台成为一种交互线索极其丰富的信息环境，随时随处都有可能触发消费者的新发现。

何欣是一位热衷于在线购物的消费者，几乎她的所有生活用品都是在电商平台上购买的。家里的洗发水、牙膏等个人护理用品快用完了，有一天临睡前她打开淘宝，准备趁满减优惠活动多买一些备用。她搜索了自己喜欢的洗发水品牌，找到一直都在用的一款洗发水并将其加入购物车。她在查看购物车的时候无意中点开了淘宝的"发现"页面，这里以瀑布流的布局形式展示了用户分享的图片或视频，内容大多是使用所购买商品的体验。在"发现"页面上，一张美食图片瞬间吸引了何欣的注意。图片上是何欣喜欢吃的牛奶吐司。她惊喜地点开图片，看到的是一位用户分享的用新买的全自动面包机做牛奶吐司的过程，只需将食材放进去，面包机就可以自动揉面、发酵、烘烤等。

何欣第一次知道还有这种全自动面包机，在家就可以自己做烘焙，令她心动不已。于是，她迫不及待地点击了商品链接，打开了商品详情页面，浏览了这款面包机的功能和特点，觉得它特别适合自己，但是一看价格又犹豫了，毕竟这个月的生活费预算并不是很宽裕。接着，她开始搜索其他品牌的全自动面包机，逐一查看了综合排名靠前的商品详情，才发现当前热门的全自动面包机各有特色，功能五花八门，浏览商品评论时又发现使用体验众说纷纭，都不知道该相信谁了。很快，一个多小时过去了，她不仅没有找到一款合适的面包机，而且信息太杂，让她都有点儿晕头转向，逐渐烦躁起来。最后，她决定关掉淘宝先去睡觉。

三 知识工作中的信息偶遇

知识工作指的是人们为了解决特定的智力问题而从事的知识创造、获取、学习、使用、分享等一系列活动。小到完成课程作业，大到开展学术研究，都属于知识工作的范畴。知识工作者通常需要围绕当前问题收集大量信息，其中不免会出现相关度并不那么高的信息。那些看似无关的信息也许无法用于解决当前问题，但是可能对于以往已经产生却并没有急迫解决的问题来说是有价值的。当然，是否会抓住那些信息，还取决于知识工作者能否敏锐地与以往问题建立关联。

刘迪是一位信息管理与信息系统专业的本科生。有一天，他为了完成"电子商务"课程作业在网上收集参考资料。最开始找到的资料看起来千头万绪，于是他快速地浏览着这些内容。在这个过程中，他突然注意到一个有趣的新术语——"社会临场感"。他在简单了解后发现社会临场感理论跟"电子商务"课程作业关系不大，但是脑海里闪过一个念头，感觉社会临场感理论可能对另一门课程"用户体验设计"的课堂展示有用。两天前，他与其他小组成员确定了课堂展示的主题为"聊天机器人的对话交互设计"。由于展示时间定在两周之后，他们还没有开始准备。聊天机器人需要为用户提供与真人面对面交流的感受不正是社会临场感吗？刘迪想到这儿不禁暗自窃喜。

于是，刘迪认真阅读了提到"社会临场感"的这篇文章，从文后参考文献列表中找到了几篇关于社会临场感理论的经典论文。随后，他在学术文献数据库中找到并下载了这些论文。此外，他还利用系统推荐功能发现了几篇与当前论文相关度较高的施引文献。这些都是应用社会临场感理论的实证研究。他忍不住开始读起找到的论文，大概半小时后猛然意识到"电子商务"课程作业今晚就要提交了，而自己只剩下三个小时。他顿时感到有些紧张，于是快速地把这些论文整理到电脑的一个本地文件夹中，又开始收集"电子商务"课程作业的参考资料，决定在提交作业之后再仔细阅读社会临场感相关论文。

四 网络社交时的信息偶遇

社交是人类社会中的重要活动，人们主要通过语言相互交换信息、想法、感受等。社交媒体在互联网上兴起至今已有 20 年的时间，即时聊天、在线社区、微博、短视频等各类社交媒体的盛行使得人们可以突破时间和空间的限制交换文字、图片、语音、视频等多种形式的信息，极大地拓展与丰富了社交的内涵。对于有些人来说，网络社交甚至成为他们主要的信息来源之一。在网络社交过程中，个体的知识经验、兴趣爱好相互碰撞，很容易带来意料之外的信息。

李嘉是一位网络社交达人，有很多微信好友。有一天，他闲来无事刷着微信朋友圈，突然看到一位好久没有联系的朋友发的一条动态，是一张关爱抑郁症患者心理健康宣传活动的现场照片。这让他不禁想起前段时间刚刚确诊患上抑郁症的表弟。这种心理疾病已经影响到了表弟的生活和学习，而表弟对于去医院治疗非常抵触，让包括李嘉在内的家人们都感到担忧。于是，李嘉马上给朋友发去信息，想了解一下那个宣传活动。朋友谈起自己去参加活动也是因为家人患上了抑郁症，分享了过去陪伴家人治疗抑郁症的经历，并向李嘉推荐了一些关于心理健康的微信公众号。

在与朋友的聊天中，李嘉得到了一些安慰。他随即找到朋友推荐的几个公众号，读了几篇文章后发现这些公众号的内容既简单易懂又生动有趣，并且给出了十分实用的操作性建议，于是关注了这些公众号。过了一会儿，有公众号恰好发布了一个关于抑郁症患者自愈的科普视频。他打开视频认真地从头看到尾，感觉表弟的情况与视频中提到的轻度抑郁比较相符，是可以通过自我调节、与人交流等方式自愈的，这让李嘉感到振奋。然后，他继续在微信上搜索抑郁症相关书籍，挑选了几本专家推荐且读者评分较高的入门级图书，随即在电商平台上下单购买。他下定决心要进一步学习心理健康知识，不仅是为了帮助表弟尽快走出困境，也可以在必要的时候知道如何开导自己和身边的人健康生活。

五　信息偶遇实例解析

以上 4 个实例描述了看似完全不同的经历，但是它们本质上都反映了用户被动地获得了意料之外的信息，因此都属于信息偶遇现象。如表 1-1 所示，这些实例都包含了前景活动、信息刺激、背景需求、交互行为、情绪变化、后续活动等组成部分。前景活动是偶遇发生前人们原本所从事的活动,可以是信息获取活动(如收集资料、刷朋友圈),也可以是线上或线下的日常活动(如自习、购物)。前景活动一般都会发生在特定的环境(如图书馆、电商平台、社交媒体)里,这些环境不仅能够支持前景活动,而且还有意或无意地提供了很多与前景活动不太相关的信息。当人们注意到这些信息的刺激元素(如文字形式的书名、视觉形式的图片)时,可能就会激活已经存在的需求(如准备"用户体验设计"课程课堂展示)或产生新的需求(如考虑购买以前不知道的面包机),这些需求因为与前景活动相关度低而被视为背景需求。当人们决定去满足背景需求时,信息偶遇过程也就开始了。接下来,人们会与偶遇到的信息发生交互,如进一步了解、探索、保存、关注等,以这些方式获取信息。在这一过程中,人们的情绪可能发生各种变化,包括情绪强度的波动以及积极与消极情绪之间的转化。信息偶遇可能中断(如在去图书馆自习区域的途中耽搁了)或终止原本的前景活动(如放弃购买所需用品),或是将人们带入与偶遇信息相关的新活动(如进一步搜索获取抑郁症相关图书)。用户、环境、信息、任务等主要维度的因素可能影响信息偶遇的发生(如肖梓的好奇心驱使她翻看封面显眼的新书、淘宝"发现"页面提供了大量容易引起注意的图片或视频),也可能干扰信息偶遇过程导致其结束(如何欣因为信息可信度低而没有继续了解购买面包机、刘迪因为"电子商务"课程作业任务非常紧急而没有继续阅读社会临场感相关文献)。

表1-1　　　　　信息偶遇实例的主要组成部分

	图书馆(线下)	在线购物(线上)	知识工作(线上)	网络社交(线上)
前景活动	去自习区域	购买洗发水等所需用品	为"电子商务"课程作业收集资料	刷微信朋友圈
信息刺激	心理学图书的封面、书名	面包机自制美食的图片	"社会临场感"术语	关爱抑郁症患者活动照片

续表

	图书馆（线下）	在线购物（线上）	知识工作（线上）	网络社交（线上）
背景需求	开展学科交叉研究	考虑购买面包机	准备"用户体验设计"课程课堂展示	了解抑郁症相关的心理健康知识
交互行为	翻阅、借阅心理学图书	搜索了解面包机	搜索、下载、阅读、保存社会临场感相关文献	找朋友聊天了解详细情况、关注朋友推荐的心理健康公众号
情绪变化	好奇、渴望、兴奋	惊喜、犹豫、烦躁	感兴趣、窃喜、紧张	担忧、安慰、振奋
后续活动	按原计划去自习	放弃购买所需用品和面包机	继续收集"电子商务"课程作业的资料	进一步搜索获取抑郁症相关图书

第二节 信息偶遇领域发展历程

从以上实例可以发现，信息偶遇确实是一种经常发生且很有可能带来价值的现象，只是它不像信息搜寻那样容易被人们意识或观察到。但是在学界，LIS 学者早在半个多世纪之前就开始留意这一现象。通过坚持不懈的科学探索，他们积累了大量的学术成果。时至今日，信息偶遇领域已经在 LIS 学科内占据了举足轻重的地位，并且在新闻传播、公共卫生、市场营销等学科内产生了一定的影响力。本节将分三个主要阶段来介绍信息偶遇领域的发展历程。

一 萌芽阶段（1995 年以前）

信息偶遇领域的萌芽阶段从 20 世纪 60 年代一直持续到 90 年代中期，其间只零星出现了一些浅层次的探讨，在术语的使用上非常个性化，甚至并不确定偶然获取信息是一种系统性的现象。从事信息搜寻行为研究的学者逐渐意识到，人类的信息获取活动具有高度复杂性，信息不仅会偶然地出现，还有可能具有潜在的价值。这为下一阶段"信息偶遇"概念的提出奠定了必要的基础。

（一）LIS 学科内的零星探讨

"信息偶遇"（Information encountering，IE）这一术语直到 1995 年才出现。在此前的相当长一段时间内，LIS 学者就已经在关注人类偶然获取信息的现象，最早可以追溯到 20 世纪 60 年代初。时任《化学文摘》（Chemical Abstracts）编辑的 Charles Bernier 在 American Documentation（LIS 学科权威期刊 Journal of the Association for Information Science and Technology 的前身）上发表了题为《对照索引 Ⅵ：意外发现、联想启示与展示》（Correlative Indexes Ⅵ：Serendipity，Suggestiveness，and Display）的文章。他指出，文献搜索是需要一些运气的，研究人员有时就是依靠偶然获得的新信息突然解决了阻碍研究项目进展的困难，这就是"意外发现"（serendipity），与"纯粹的"研究形成一种有趣的关系。他还认为，意外发现是否经常发生、是否可以被精确观测、是否能够受到控制，都是值得研究的问题。[①] 1977 年，曾任美国加州大学伯克利分校图书情报研究学院院长的 Patrick Wilson 教授在《公众的知识、个人的无知》（Public Knowledge，Private Ignorance）一书中特别提到，"只有部分信息是人们主动搜寻的……并非特意搜寻而获得的信息可以是日常活动的意外衍生物，也可以是纯粹的意外"[②]。

（二）信息搜寻研究中的特别关注

20 世纪八九十年代是信息行为领域发展的黄金时期，绝大多数经典的信息搜寻行为相关理论模型诞生于这个时期，它为信息行为领域抢占 LIS 学科核心地位奠定了基础。此时已有学者开始意识到人类通过偶遇获取信息的可能性。1983 年，美国威斯康星大学麦迪逊分校图书情报学院的 James Krikelas 教授在提出 LIS 学科的首个信息搜寻行为模型时，将"信息收集"定义为接受刺激并将其存储起来以便需要时记起的活动。他

[①] Charles L Bernier, "Correlative Indexes Ⅵ：Serendipity, Suggestiveness, and Display", Journal of the American Society for Information Science, Vol. 11, No. 4, 1960, p. 277.

[②] Patrick Wilson, Public Knowledge, Private Ignorance, Westport：Greenwood Press, 1977.

认为这种活动可能带有一定的目的性，也可能是偶然的、缺乏方向的，将后面一种情况称为"偶然的信息收集"（casual information gathering）。[1] 美国罗格斯大学图书情报研究系的 Carol Kuhlthau 教授在著名的信息搜索过程（information search process，ISP）模型中形成了启动、选择、探索、形成、收集和报告这六个离散的阶段，强调行为、认知和情绪三者之间的相互作用。[2] 她进一步指出，人们在信息搜寻过程中会获得意料之中的、过剩的信息，也会偶遇意料之外的、独特的信息。我们一看就知道前者是否与信息需求相关，而对后者则需要进行重新建构后才知道是否有用，两者的关系会在信息搜寻的过程中发生变化。在开始阶段，过剩信息的存在让人们意识到搜寻的方向是正确的，而大量独特信息的出现会带来不确定感和焦虑感；在中间阶段，独特信息会随着新建构的产生而变得有意义，人们的思维越来越清晰、聚焦；在结束阶段，最初的独特信息逐渐变成过剩信息，人们的焦虑感得到减轻，信心则得到增强。[3] 此外，学术环境中的信息行为研究也发现人们经常偶然地获取学术信息。[4][5]

二 探索性发展阶段（1995—2009 年）

（一）"信息偶遇"概念的提出

现任美国西蒙斯大学图书情报学院院长、知名信息学院联盟 iSchools 主席的 Sanda Erdelez 教授是信息偶遇领域的奠基人。鉴于她为信息偶遇研究做出的突出贡献，ASIS&T 在 2015 年为她颁发了"信息行为研究杰出贡献奖"。1995 年，Erdelez 在美国雪城大学完成了博

---

[1] James Krikelas, "Information-Seeking Behavior: Patterns and Concepts", *Drexel Library Qquarterly*, Vol. 19, No. 2, 1983, p. 5.

[2] Carol Collier Kuhlthau, "Developing a Model of the Library Search Process: Cognitive and Affective Aspects", RQ, Vol. 28, No. 2, 1988, p. 232.

[3] Carol Collier Kuhlthau, "A Principle of Uncertainty for Information Seeking", *Journal of Documentation*, Vol. 49, No. 4, 1993, p. 339.

[4] Xiaolin Zhang, *Information-Seeking Patterns and Behaviors of Selected Undergraduate Students in a Chinese University*, Ph. D dissertation, Columbia University, 1992.

[5] Maxine Reneker, Information-Seeking among Members of an Academic Community, Ph. D dissertation, Columbia University, 1992.

士学位论文《信息偶遇：在信息搜寻之外的探索》（*Information Encountering: An Exploration Beyond Information Seeking*），首次提出了"信息偶遇"的概念，标志着信息偶遇领域的正式诞生。信息偶遇的初始定义为："一种计划之外或意料之外的信息获取形式，其特征主要表现为用户在查找信息过程中的低参与或无参与以及他们对获取信息的低预期或无预期。"①

Erdelez 在博士学位论文研究中主要探讨了两个问题：（1）信息偶遇具有哪些特征？（2）信息偶遇与用户的其他信息行为存在怎样的关联？为此，她开展了一项定性研究：首先，通过问卷调查采集了 132 位高校师生对自身信息偶遇经历的详细描述，然后从中选择 12 位经常偶遇信息的参与者进行深度访谈。依据对问卷和访谈数据内容的分析结果，Erdelez 从用户、环境、信息和需求四个维度总结了信息偶遇的基本特征，为她后来构建信息偶遇经历分析元素模型奠定了基础。她进一步指出，信息偶遇与当时已经受到信息行为研究人员广泛关注的信息搜索和浏览一样，同属于人类获取信息的方式；这些方式之间的差别在于，搜索和浏览都是过程导向型信息获取活动，而偶遇的发生往往就在一瞬间，更像在特定时间点发生的"事件"，而且可能发生在搜索或浏览的过程中。当然，人们也经常在与信息获取无关的日常活动中偶遇信息。如果人们发现偶遇到的信息是有价值的，他们可能会围绕这些信息展开进一步的搜索或浏览。也就是说，信息偶遇的积极体验可能会反过来促进过程导向型信息获取，帮助人们从多个维度审视自己的信息需求。②

（二）"机会性信息获取：信息用户研究的新前沿"专题讨论

1995—2000 年，Erdelez 陆续公开发表了信息偶遇研究的初步成果③，逐步引起了其他学者的研究兴趣。在 2002 年 ASIS&T 年会上，Erdelez 发

---

① Sanda Erdelez, *Information Encountering: An Exploration Beyond Information Seeking*, Ph. D dissertation, Syracuse University, 1995, p. 3.

② Sanda Erdelez, "Information Encountering: It's More Than Just Bumping into Information", *Bulletin of the American Society for Information Science and Technology*, Vol. 25, No. 3, 1999, p. 26.

③ Sanda Erdelez and Kevin Rioux, "Sharing Information Encountered for Others on the Web", *The New Review of Information Behaviour Research*, Vol. 1, No. 9, 2000, p. 219.

起了"机会性信息获取：信息用户研究的新前沿"（Opportunistic Acquisition of Information: The New Frontier for Information User Studies）专题讨论，邀请 Elaine Toms、Kevin Rioux、Makiko Miwa 等几位领域先驱报告他们在模型构建和实证研究方面的进展情况。[1] Toms 采用"意外信息检索"（Serendipitous information retrieval，SIR）这一术语[2]，认为 SIR 可能与用户的隐性信息需求相关，围绕如何在信息系统中触发 SIR 开展研究，旨在识别 SIR 经历的"引子"（Primer）。Erdelez 具体展示了信息偶遇事件的功能要素，包括注意、暂停、检验、捕获和返回，并表示并不是所有的信息偶遇经历中都会出现这些要素，这在很大程度上受到信息环境特征的影响。Rioux 发现互联网环境中的信息获取与分享是存在偶然性的，指出偶然发现的信息可能对人们自身或认识的其他人是有用的，并对此初步构建了过程模型。Miwa 提出了"信息源偶遇"（Source encountering）这一概念，将其定义为主动信息搜寻过程中偶遇到有用的信息源，发现用户会根据自己的相关性判断选择偶遇到的不熟悉的信息源。

（三）层出不穷的术语

在此之后，信息偶遇研究的热度不断上升，越来越多的研究人员开始投身信息偶遇领域。然而，在领域扩张的早期阶段，各种术语层出不穷，曾一度造成概念理解混乱的局面。"意外发现"（serendipity）是使用频率最高的术语之一，其起源可以追溯到 18 世纪，内涵也十分丰富，最初常常指代科学研究中的意外发现，LIS 学者一般用其指代意外而有价值的信息获取。"意外发现"最早是由 Bernier 引入 LIS 研究中的。[3]后来还陆续出现了"意外信息检索"（serendipitous information retrieval）、"意外信息偶遇"（serendipitous information encounters）[4]、"信息搜

---

[1] Sanda Erdelez, et al., "Opportunistic Acquisition of Information: The New Frontier for Information User Studies. Sponsored by Sig Use", *Proceedings of the American Society for Information Science and Technology*, Vol. 39, No. 1, 2002, p. 521.

[2] Elaine G. Toms, "Serendipitous Information Retrieval", Paper delivered to DELOS Conferences, sponsored by Citeseer, Princeton, 2000.

[3] Charles L. Bernier, "Correlative Indexes VI: Serendipity, Suggestiveness, and Display", *Journal of the American Society for Information Science*, Vol. 11, No. 4, 1960, p. 277.

[4] Allen Foster and Nigel Ford, "Serendipity and Information Seeking: An Empirical Study", *Journal of Documentation*, Vol. 59, No. 3, 2003, p. 321.

寻中的意外发现"（serendipity in information seeking）[1] 等相关术语。然而，"信息偶遇"（IE）的使用却相对受限，因为 Erdelez 后来强调 IE 仅指代发生在信息搜寻过程中的偶遇。[2] 由于英语中存在多个表示"意外""偶然"等意思的形容词，信息偶遇领域还出现了"偶然性信息发现"（accidental discovery of information，ADI）[3]、"偶然性信息获取"（incidental information acquisition，IIA）[4]、"机会性信息获取"（opportunistic acquisition of information，OAI）、"机会性信息发现"（opportunistic discovery of information，ODI）[5] 等术语。本书将在后面对这些术语的内涵及其差异进行详细阐述。

（四）三大研究方向初显

尽管信息偶遇领域内的术语表现出多样性，但是经过 15 年的探索性发展，它已经呈现出较为明确的领域结构，形成了概念内涵、发生过程、影响因素三大研究方向，主要针对意外发现或 IE 探讨这一现象是什么、如何发生、为什么发生，等等。以 Foster 和 Ford、McBirnie 等为代表的学者在意外发现概念内涵研究中聚焦它的本质及作用。[6][7] Lawley 和 Tompkins 创建了意外发现感知模型[8]，旨在揭示意外发现的结构化过程。在影响因素研究方面，Björneborn 针对物理图书馆总结了一系列有利于意外发

---

[1] Abigail McBirnie and Stephen A. Roberts, "Seeking Serendipity: The Paradox of Control", *Aslib Proceedings*, Vol. 60, No. 6, 2008, p. 600.

[2] Karen E Fisher, et al., *Theories of Information Behavior*, Medford: Information Today, 2005.

[3] Xiaolin Zhang, *Information-Seeking Patterns and Behaviors of Selected Undergraduate Students in a Chinese University*, Ph. D dissertation, Columbia University, 1992.

[4] Kirsty Williamson, "Discovered by Chance: The Role of Incidental Information Acquisition in an Ecological Model of Information Use", *Library & Information Science Research*, Vol. 20, No. 1, 1998, p. 23.

[5] Ágústa Pálsdóttir, "Opportunistic Discovery of Information by Elderly Icelanders and Their Relatives", *Information Research*, Vol. 16, No. 3, 2011.

[6] Allen Foster and Nigel Ford, "Serendipity and Information Seeking: An Empirical Study", *Journal of Documentation*, Vol. 59, No. 3, 2003, p. 321.

[7] Abigail McBirnie and Stephen A. Roberts, "Seeking Serendipity: The Paradox of Control", *Aslib Proceedings*, Vol. 60, No. 6, 2008, p. 600.

[8] James Lawley and Penny Tompkins, "Maximising Serendipity: The Art of Recognising and Fostering Potential", *Esitetty tilaisuudessa The Developing Group*, Vol. 7, 2008.

现发生的环境特征，包括无障碍访问、多样性、可探索性等①；Heinström 则发现个体的活跃性格、强烈学习动机和积极情绪都可能增加 IIA 发生的概率②。相对而言，IE 相关研究一直是由 Erdelez 所主导的，因而表现出更强的系统性。Erdelez 从发生背景、行为特征及其与其他信息行为的关联等方面对 IE 进行了深入的概念阐释；提出了信息偶遇功能模型③，反映了由注意、暂停、检验、捕获和返回等步骤组成的 IE 过程，同时还提出了信息偶遇经历分析元素模型④，指出信息用户是 IE 的行为主体，并强调用户特征是 IE 的重要影响因素，经常偶遇的人一般性格开放、爱好广泛、对收集信息感兴趣、乐于探索。

三 形成性发展阶段（2010—2020 年）

（一）三大研究方向上的进展

自 2010 年开始，信息偶遇领域进入了形成性发展阶段。LIS 学者纷纷进入这一领域，与 Erdelez 等领域先驱共同努力，贡献了大量具有创新性的研究成果，奠定了信息偶遇作为人类信息行为核心子集的重要地位。在这一阶段，信息偶遇领域基本结构得到进一步巩固，概念内涵、发生过程、影响因素三个方向上都出现了重大研究进展。需要特别指出的是，研究人员所使用的术语仍未统一，领域文献依然可以分为意外发现和 IE 两大类。

意外发现的概念内涵得到了深入阐释，意外性、运气、洞察力、有准备的头脑、价值性等关键特征获得了广泛认同。Rubin 等创建的意外发现分面概念模型、Makri 和 Blandford 提出的"意外发现空间"（serendipity space）、Agarwal 对"信息行为中的意外发现"（serendipity in information behavior）的定义分析都有力地促进了人们对意外发现的理解。相反，研

---

① Lennart Björneborn, "Serendipity Dimensions and Users' Information Behaviour in the Physical Library Interface", *Information Research*, Vol. 13, No. 4, 2008, p. 13.

② Jannica Heinström, "Psychological Factors Behind Incidental Information Acquisition", *Library & Information Science Research*, Vol. 28, No. 4, 2006, p. 579.

③ Sanda Erdelez, "Investigation of Information Encountering in the Controlled Research Environment", *Information Processing & Management*, Vol. 40, No. 6, 2004, p. 1013.

④ Sanda Erdelez, "Information Encountering: It's More Than Just Bumping into Information", *Bulletin of the American Society for Information Science and Technology*, Vol. 25, No. 3, 1999, p. 26.

究人员对于 IE 的概念内涵并未进行过多讨论，只有 Jiang 等提出了"在线信息偶遇"（online information encountering）的概念，认为互联网极大地丰富了人类的信息行为，各种在线情境中都可能发生 IE，它不仅仅是发生在信息搜寻的过程中，因而可以弱化发生情境对 IE 的定义作用。[1]

  信息偶遇现象具有偶发性、转瞬即逝等特点，因而观测起来较为困难。尽管如此，研究人员还是通过访谈、日记等信息行为研究常用方法实现了对各种信息偶遇经历的采集，从中总结出信息偶遇发生过程的一般规律，识别出促进或阻碍信息偶遇发生的影响因素。本书第三章将详细阐述的意外发现过程实证模型、意外发现经历过程模型、在线信息偶遇整合模型[2]、在线新闻偶然接触过程模型等，都是这一时期出现的经典过程模型，为后来的信息偶遇研究奠定了坚实的理论基础。随着研究的深入，研究人员对信息偶遇的影响因素形成了更加全面的认识，将其主要划分为用户、环境和信息三个维度，并致力于确定这些因素对信息偶遇的影响方式和程度。[3] 这为在真实信息活动中控制偶遇的发生提供了可能。值得注意的是，这些研究使用了不同的术语，但是从关于发生过程和影响因素的具体研究发现来看，意外发现和 IE 并不是两种具有明显差别的现象。

  鉴于以上所述的信息偶遇领域发展现状，Erdelez 和 Makri 于 2020 年在 *Journal of Documentation* 上发表了一篇具有里程碑意义的文章。一方面，他们重新定义了 IE，正式彻底去除了 IE 的发生情境限制，在信息获取背景中将 IE 与意外发现等同起来，结束了信息偶遇领域长期以来的术语分裂局面；另一方面，他们基于在领域内耕耘多年的思考，通过回顾大量文献创建了信息偶遇过程改进模型，不仅反映了由偶遇前、中、后三个阶段组成 IE 的过程，并将其细化为可观察的具体行动，从用户、信

---

[1] Tingting Jiang, et al., "Online Information Encountering: Modeling the Process and Influencing Factors", *Journal of Documentation*, Vol. 71, No. 6, 2015, p. 1135.

[2] Tingting Jiang, et al., "Online Information Encountering: Modeling the Process and Influencing Factors", *Journal of Documentation*, Vol. 71, No. 6, 2015, p. 1135.

[3] Victoria L. Rubin, et al., "Facets of Serendipity in Everyday Chance Encounters: A Grounded Theory Approach to Blog Analysis", *Information Research*, Vol. 16, No. 3, 2011.

息、任务和环境四个维度展现了IE的影响因素。① 至此，信息偶遇领域的总体边界与框架形成。我们可以将信息偶遇过程改进模型视为未来研究的发展蓝图，其中的各个元素都关联着一系列具有不同挖掘价值的研究问题。

（二）"机会性信息发现"国际研讨会及期刊特刊

2010年10月，美国密苏里大学主办了首届"机会性信息发现"国际研讨会（International Workshop for the Opportunistic Discovery of Information, IWODI）。来自美国、加拿大、芬兰、英国、日本等国家的17位学者在为期两天的交流中分享了各自的最新成果，探讨了如何在新闻阅读、在线搜索、企业创新、科学研究等背景中研究机会性信息发现。他们的研究范畴广泛，涉及建筑师、记者、儿童、商业人士等用户群体以及社交媒体、在线信息搜寻等网络环境，研究内容包括信息发现的过程、意外发现的触发机制、人格特质的影响等方面。② 研讨会期间，与会学者深入讨论了术语使用不统一的问题，大家比较认同将"机会性信息发现"作为首选术语，但是对于概念内涵的理解并未达成一致。

2011年9月，聚焦于信息行为研究的国际学术期刊《信息研究》（*Information Research*）推出了"机会性信息发现"特刊③，收录了8篇相关研究论文。这些论文大多是学者们在IWODI上分享的研究成果。Pálsdóttir针对冰岛老年人开展研究，发现他们在日常生活中偶然发现的信息通常会涉及社会支持、健康、财务等主题，这些信息主要是从媒体或与家人、朋友、熟人的交谈中偶然获得的。④ Yadamsuren和Heinström

---

① Sanda Erdelez and Stephann Makri, "Information Encountering Re-Encountered: A Conceptual Re-Examination of Serendipity in the Context of Information Acquisition", *Journal of Documentation*, Vol. 76, No. 3, 2020, p. 731.

② Shiobhan Alice Smith, *Information Seeking Needs of Mothers Who Bottle-Feed Their Young Infants: How the Information Seeking Process Affects Them and What Libraries Can Do to Help Them*, Master dissertation, Victoria University of Wellington, 2010.

③ Sanda Erdelez and Stephann Makri, "Introduction to the Thematic issue on Opportunistic Discovery of Information", *Information Research*, Vol. 16, No. 3, 2011, https://informationr.net/ir/16-3/odiintro.html.

④ Ágústa Pálsdóttir, "Opportunistic Discovery of Information by Elderly Icelanders and Their Relatives", *Information Research*, Vol. 16, No. 3, 2011.

探讨了人们对新闻的情感反应如何影响其在线新闻阅读行为，发现偶然接触到的新闻和日常读到的新闻可能引起不同的情感反应，新闻获取方式的意外性和新闻内容的意外性所带来的情感也是不同的。[①] McCay-Peet 和 Toms 在前人研究的基础上开发了一个面向数字环境的意外发现维度量表，通过探索性因子分析抽取出支持意外发现的五个核心要素，包括提供关联（enabled connections）、嵌入意外（introduced the unexpected）、呈现多样（presented variety）、引起发散（triggered divergence）和催生好奇（induced curiosity）。[②] Erdelez 等分析了在美国教育界受到广泛欢迎的五个信息素养模型，发现这些模型都没有明确提及信息偶遇或是偶然的信息发现，但是每个模型都包含可能发生信息偶遇的阶段。[③]

以上研究主要采取问卷、访谈等传统方法，本期特刊的其他几篇论文则体现了研究方法上的创新。Miwa 等首次在信息偶遇研究中引入了眼动追踪技术，在参与者执行探寻式搜索任务的过程中，结合视频录像、出声思维、眼动追踪等多种手段进行数据采集，在搜索后的访谈中展示眼动数据能够帮助参与者回想起当时的信息偶遇经历。[④] Sun 等则开发了一款移动日记应用，方便参与者以文字、图片、视频的形式记录日常研究工作中发生的意外发现经历，通过该应用采集到的日记条目主要在随后的访谈中起到提示的作用，帮助参与者深入思考意外发现的本质以及背景因素的影响。[⑤] Rubin 等通过关键词搜索在博客平台上采集了用户分享的意外发现事件，基于事件描述分析识别了意外发现的四个分面，包括有准备的头脑（prepared mind）、注意行动（act of noticing）、运气

[①] Borchuluun Yadamsuren and Jannica Heinström, "Emotional Reactions to Incidental Exposure to Online News", *Information Research*, Vol. 16, No. 3, 2011, p. 16.

[②] Lori McCay-Peet and Elaine Toms, "Measuring the Dimensions of Serendipity in Digital Environments", *Information Research*: *An International Electronic Journal*, Vol. 16, No. 3, 2011, p. 3.

[③] Sanda Erdelez, et al., "Potential for Inclusion of Information Encountering within Information Literacy Models", *Information Research*: *An International Electronic Journal*, Vol. 16, No. 3, 2011, p. n3.

[④] Makiko Miwa, et al., "A Method to Capture Information Encountering Embedded in Exploratory Web Searches", *Information Research*, Vol. 16, No. 3, 2011, p. 16.

[⑤] Xu Sun, et al., "A User-Centred Mobile Diary Study Approach to Understanding Serendipity in Information Research", *Information Research*, Vol. 16, No. 3, 2011, p. 16.

(chance)和意外的结果（fortuitous outcome），并最终将这些分面整合起来形成"意外发现分面概念模型"（the conceptual model of serendipity facets）。① McBirnie 和 Urquhart 利用一种能够生成正式随机网络模型的序列探测新技术，对科学家们在实证论文中关于意外发现的反思性叙述内容进行分析，最终探测到四种显性网络序列，包括交换式序列（the exchange motif）、独立式序列（the solo motif）、协作式序列（the collaboration motif）及链式序列（the chain motif）。②

首届"机会性信息发现"国际研讨会是信息偶遇领域开启形成性发展阶段的标志性事件，它第一次将这个新兴领域与信息检索、人机交互、意义建构等相关领域区分开来。《信息研究》上的同名特刊将此次研讨会的精华内容通过正式学术交流渠道展示给更为广泛的读者，旨在增加人们对信息偶遇现象的了解，吸引更多的人关注并从事相关研究。从主动的、有目的的信息搜寻行为延伸至被动的、意外的信息偶遇行为，信息行为研究边界得到了极大扩展。

（三）"促进交互系统中的意外发现"研讨会

2011年9月，国际信息处理联合会人机交互技术委员会（International Federation for Information Processing Technical Committee on Human-Computer Interaction）在葡萄牙里斯本召开了第13届 INTERACT 会议。会上，Stephann Makri、Elaine Toms、Lori McCay-Peet 和 Ann Blandford 四位学者共同组织了"促进交互系统中的意外发现"（Encouraging Serendipity in Interactive Systems）研讨会。他们认为，交互系统本身不具有引起意外发现的特质，如果将意外"设计"到交互系统中，即使用户获得了有价值的发现，似乎也不是真正意义上的意外发现，如何让交互系统为用户带来惊喜和愉悦的同时又不影响用户对偶然或运气的感知是一个值得探讨的问题。此次研讨会围绕三个主题展开讨论：首先是了解意外发现的触发条件有哪些；其次是如何将这些

---

① Victoria L Rubin, et al., "Facets of Serendipity in Everyday Chance Encounters: A Grounded Theory Approach to Blog Analysis", *Information Research*, Vol. 16, No. 3, 2011.

② Abigail McBirnie and Christine Urquhart, "Motifs: Dominant Interaction Patterns in Event Structures of Serendipity", *Information Research*, Vol. 16, No. 3, 2011, p. 16.

触发条件融入交互系统的设计;最后是如何评价经过设计的交互系统能否成功触发意外发现。①

(四)"意外发现、运气与机会性信息发现研究"研讨会

2012年4月,加拿大麦吉尔大学主办了"意外发现、运气与机会性信息发现研究"(Serendipity, Chance and the Opportunistic Discovery of Information Research, SCODIR)研讨会。为期四天的会议被划分为七大板块:(1)定义与范围(Sanda Erdelez主持),探讨意外发现和机会性信息发现的定义并确定会议讨论范围;(2)理论、模型与过程(Lori McCay-Peet主持),审视有助于解释意外发现的模型、框架或理论;(3)个体差异(Jannica Heinström主持),识别可能影响意外发现行为的人类特质和个体差异;(4)背景(Jamshid Beheshti主持),了解意外发现的发生背景及任务;(5)评价与方法论(Elaine Toms主持),探讨意外发现现象及相关系统的研究、测量与评价方法;(6)系统(Stephann Makri主持),分析技术如何支持意外发现以及潜在触发物的特点;(7)未来(Sanda Erdelez主持),总结以上板块所讨论的研究需求,制定未来研究总体议程。会议期间,与会学者还以口头报告或海报的形式展示了与意外发现相关的最新研究成果,具体展示内容详见会议网站。②

(五)"意外发现的影响因素:数字环境示能性评价"研讨会

2016年3月,首届人类信息交互与检索会议(Conference on Human Information Interaction and Retrieval, CHIIR)在美国北卡罗来纳州教堂山召开。会上,Lori McCay-Peet、Elaine Toms和Anabel Quan-Haase三位学者共同组织了"意外发现的影响因素:数字环境示能性评价"(The Serendipity Factors: Evaluating the Affordance of Digital Environments, SEADE)

---

① Stephann Makri, et al., "Encouraging Serendipity in Interactive Systems", Paper delivered to 13th International Conference on Human-Computer Interaction, sponsored by ACM, Sweden, 30 August – 2 September, 2011.

② Sanda Erdelez, et al., "Serendipity, Chance and the Opportunistic Discovery of Information Research", School of Information studies McGill University, https://sites.google.com/site/scoreworkshop/.

研讨会。① 他们指出，意外发现的定义和过程模型日渐成熟，支持意外发现的工具不断出现，接下来的研究重点应该转向评价，即通过新颖、可靠的方法和原则去评价新工具、新功能是否按照预期为用户提供了意外发现。科学、系统的评价将有助于平衡数字环境的多样性和新颖性，并最终破除过滤气泡。此次研讨会主要讨论了两个问题：一是评价数字环境是否或如何支持意外发现；二是通过数字环境的设计促进意外发现。

（六）ASIS&T 2016"意外发现与信息偶遇研究视角"专题讨论

2016年10月，ASIS&T年会在丹麦哥本哈根召开。会上举行了"意外发现与信息偶遇研究视角"（Research Perspectives on Serendipity and Information Encountering）专题讨论。Sanda Erdelez、Jamshid Beheshti、Jannica Heinström、Elaine Toms、Stephann Makri、Naresh Kimar Agarwal、Lennart Björneborn 七位领域核心作者参与了该专题讨论，他们结合自身的研究经历和思考，从不同的视角对信息偶遇研究发展中的问题与挑战发表看法并进行讨论。② Agarwal 从 Wilson 的信息行为嵌套模型出发，将"意外信息发现"（serendipitous information finding）置于该模型形成新的概念空间，对意外发现的维度及关键特征假设进行阐述，并最终对信息行为研究中的意外发现提出了一个操作性更强的定义。Erdelez 和 Beheshti 展示了意外发现相关文献的计量研究，这些文献来自包括情报学在内的不同学科，计量分析结果显示各学科之间界限分明，研究合作仅限于学科内部。Toms 聚焦于意外发现的触发物，尤其是计算机媒介上呈现的触发物及其特征，触发物是促使人们与外界环境进行交互的线索，它可能是一个人、一个文档、界面的一部分或是环境中的任何元素。Makri 分享了在数字信息环境中采集意外发现研究数据的方法，包括即时的直接观察法、日记法、回顾式的"关键事件"访谈法和焦点小组法。Heinström 对意外发现在年轻人日常信息搜寻活动中的作用进行了访谈和调查研究，

---

① Lori McCay-Peet, et al., "SEADE Workshop Proposal-the Serendipity Factor: Evaluating the Affordances of Digital Environments", Paper delivered to Proceedings of the 2016 ACM on Conference on Human Information Interaction and Retrieval, sponsored by ACM, Carrboro, United States, November, 2016.

② Sanda Erdelez, et al., "Research Perspectives on Serendipity and Information Encountering", *Proceedings of the Association for Information Science and Technology*, Vol. 53, No. 1, 2016, p. 1.

初步结果表明人们已经在不同程度上将意外发现当作获取信息的一种方式。Björneborn 将意外发现视为一种示能性,即环境与个人因素相匹配时的使用潜力,多样性、横贯性、感知性是有利于意外发现发生的基本环境特征。

(七) ASIS&T 2017 "意外发现与信息偶遇"分会场

2017 年 10 月,在美国华盛顿召开的 ASIS&T 年会安排了以 "意外发现与信息偶遇"(serendipity and information encountering)为主题的分会场,来自意外发现研究学会(The Serendipity Society,SerSoc)的几位成员在分会场报告了最新的研究进展,并首次公开了该研究团体的存在。Martin 和 Quan-Haase 调查了历史学家的意外发现经历,发现他们不仅会有意识地选择可能带来意外发现的数字环境(一般具有支持探索、触发物显著、允许关键词搜索、在用户间建立联系等特点),而且会想办法将意外发现整合到自己的研究工作中去。[1] Makri 等开展日记研究发现,人们对偶遇信息价值的判断是非常主观的,他们会在一系列动机驱使下从偶遇到的信息中创造价值,包括认为该信息可能更有用、可以解决当前问题、提升自身知识水平、对他人有用、与自身兴趣相关、会令人愉悦等,而阻碍人们从偶遇到的信息中创造价值的因素则包括时间不足、当前没有用处、实际并没那么有用等。[2] O'Hare 和 Erdelez 研究了个人、情境、情感和环境这四方面的因素与法律信息获取频率之间的关系,发现年龄、种族以及过往接触法律体系的经历都与法律信息偶遇相关,接触多个信息源和大众媒体的人也会更频繁地搜索、偶遇法律信息。[3]

(八) 意外发现研究学会

意外发现研究学会由 Samantha Copeland 和 Lori McCay-Peet 共同创立。

---

[1] Kim Martin and Anabel Quan-Haase, "'A Process of Controlled Serendipity': An Exploratory Study of Historians'and Digital Historians' Experiences of Serendipity in Digital Environments", *Proceedings of the Association for Information Science and Technology*, Vol. 54, No. 1, 2017, p. 289.

[2] Stephann Makri, et al., "After Serendipity Strikes: Creating Value from Encountered Information", *Proceedings of the Association for Information Science and Technology*, Vol. 54, No. 1, 2017, p. 279.

[3] Sheila O'Hare and Sanda Erdelez, "Legal Information Acquisition by the Public: The Role of Personal and Environmental Factors", *Proceedings of the Association for Information Science and Technology*, Vol. 54, No. 1, 2017, p. 298.

Samantha Copeland 是荷兰代尔夫特理工大学价值、技术与创新系副教授，主要从哲学和认知论的角度研究意外发现。Lori McCay-Peet 是加拿大新斯科舍省政府信息管理专家、达尔豪斯大学信息管理学院兼职教授，主要从事数字信息环境中的意外发现和用户体验研究。意外发现研究学会的成员来自不同的学科和组织，该研究团体旨在为相关研究人员创设一个活跃的学术网络，支持新老学者合作和进行跨学科研究，促进理论研究，将意外发现研究发展成为独立领域。自 2017 年在 ASIS&T 年会上首次公开，意外发现研究学会陆续组织了一系列学术活动。2017 年 8 月，意外发现研究学会联合世界人文大会（World Humanities Conference，WHC）举办了"变化的世界，意外发现的未来"（The "Future of Serendipity" in a Changing World）研讨会，与会成员 Sylvie Catellin、Samantha Copeland 和 Selene Arfini 在发言中都提到意外发现研究对于人文学科发展的作用。2019 年 9 月，意外发现研究学会第一届国际会议在英国伦敦召开，由 Stephann Makri、Wendy Ross、Samantha Copeland 和 Lori McCay-Peet 担任联合主席，会议主题为"最新进展：正在成为新兴领域的意外发现研究"（state of the art: serendipity research as an emerging field）。这是一次关于意外发现的跨学科会议，与会者来自心理学、人机交互、信息科学、哲学以及创意与革新研究等学科领域。2020 年 9 月，意外发现研究学会举办了"认知科学与意外发现"（Serendipity for Cognitive Science）线上研讨会。意外发现是能力和运气相结合的产物，其中的不确定性、突现、迭代、期望、感知和行动等诸多因素也在认知研究中发挥着作用，因而此次研讨会围绕认知科学与意外发现研究的关系展开讨论。2021 年 2 月，意外发现研究学会举办了"意外发现与大数据"（Serendipity and Big Data）线上研讨会，围绕将大数据分析应用于意外发现研究可能产生认识论、实用性和伦理意义进行讨论。同年 11 月，该研究学会举办了"意外发现与推荐系统"（Serendipity and Recommender Systems）线上研讨会，针对推荐系统是否以及如何促进意外发现、推荐系统是否会对用户意外发现的敏感性产生影响等问题进行研讨。2022 年 2 月，该研究学会以"意外发现与城市"（Serendipity and the City）为主题举行了一次线上研讨，多位学者围绕城市在意外发现中的作用各抒己见。

四　国内信息偶遇研究发展概况

信息偶遇领域在探索性发展阶段的中期迎来了国内学者的加入。"信息偶遇"这一中文名称术语首次出现在一项关于企业经理人环境扫描行为的研究中，被类比为环境扫描理论中的非定向观察，表现为信息需求处于一种未定义的模糊状态和信息是通过随意的非常规方式获取的。[①] 然而，在此之后，信息偶遇研究在较长一段时间内并未得到国内学者的充分关注，这一现象在人类信息获取活动中的重要性却逐渐得到认可。[②] 直至信息偶遇领域进入形成性发展阶段，国内才出现了专门的相关研究。潘曙光采用"用户—信息—问题"框架分析了信息偶遇的特点，并对信息偶遇的发生机制进行了初步探析。[③] 王知津等进一步指出，信息偶遇是一种非线性的信息获取行为，具体特征体现为随机性和不可预测性，会受到诸多因素的影响，偶遇的信息可以用于解决过去、现在或未来的问题。[④] 2013年，田立忠和俞碧飏首次采用关键事件和扎根理论的分析手段，对科研人员信息偶遇的影响因素进行了调查分析。[⑤] 郭海霞采用问卷和访谈相结合的方式研究了网络浏览中信息偶遇的特点。[⑥]

综观国内相关文献，它们几乎都使用了"信息偶遇"这一术语，并未像国外那样出现术语混用的情况。由于"信息偶遇"是"information encountering"的中文翻译，国内学者对信息偶遇概念内涵的理解与Erdelez一脉相承，并在此基础上围绕发生过程和影响因素两大方向开展研究。信息偶遇发生过程研究大多采用了偶遇前、中、后三阶段框架，针对短视频、社会化问答、碎片化阅读等不同情景分析展现信息偶遇发生的行为过程。[⑦]

[①] 王琳：《网络环境下情报学的应用模式研究》，硕士学位论文，天津师范大学，2004年，第53页。

[②] 朱婕：《网络环境下个体信息获取行为研究》，博士学位论文，吉林大学，2007年，第101页。

[③] 潘曙光：《信息偶遇研究》，硕士学位论文，西南大学，2010年，第79页。

[④] 王知津、韩正彪、周鹏：《非线性信息搜寻行为研究》，《图书馆论坛》2011年第6期。

[⑤] 田立忠、俞碧飏：《科研人员信息偶遇的影响因素研究》，《情报科学》2013年第4期。

[⑥] 郭海霞：《网络浏览中的信息偶遇调查和研究》，《情报杂志》2013年第4期。

[⑦] 龚稳稳、舒宝淇、王晋：《短视频信息偶遇影响因素及行为过程研究》，《数字图书馆论坛》2019年第10期。

在更受关注的信息偶遇影响因素研究中,研究人员也是主要在用户、环境和信息三个维度上去识别具体的影响因素并检验其作用方式。① 此外,研究人员还将偶遇发生时的前景活动作为情景维度纳入考虑。②

第三节　本书结构与内容

本书围绕信息偶遇研究展开,共包含 8 章,具体结构安排如图 1-1 所示。总的来说,第一章旨在帮助读者初步理解信息偶遇现象,了解信息偶遇研究领域。第二、第三、第四章分别阐述了开展信息偶遇研究所需掌握的概念、理论模型和研究方法,它们共同组成了领域研究的基础知识体系。第五章创建了信息偶遇过程通用模型,为后续章节中的研究设计提供了理论依据。接下来的章节依次展示了针对信息偶遇领域多个前沿问题开展的实证研究。其中,第六、第七章均围绕文字刺激触发的信息偶遇开展研究,分别探讨了符号学特征和修辞学特征的作用;第八章则关注视觉刺激触发的信息偶遇,检验了视觉刺激内外在特征的影响。

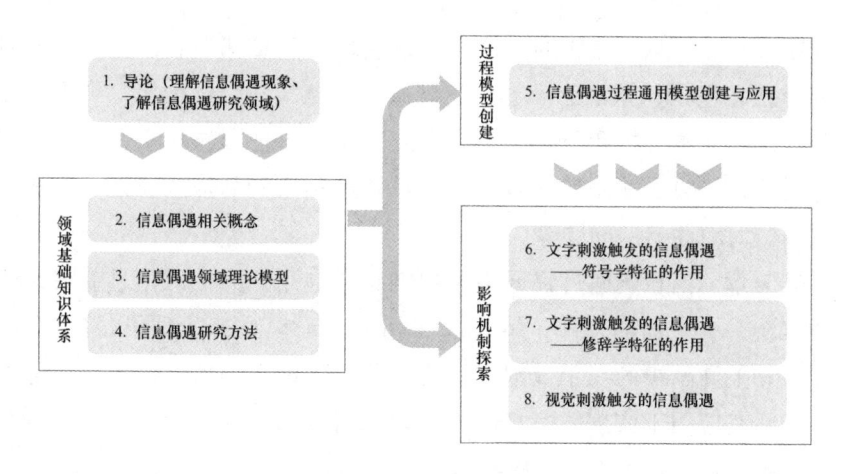

图 1-1　本书组织结构

---

① 管家娃、张玥、赵宇翔等:《社会化搜索情境下的信息偶遇研究》,《情报理论与实践》2018 年第 12 期。

② 胡媛、李美玉、艾文华等:《过程视域下科研人员信息偶遇影响因素动力学分析》,《图书情报工作》2020 年第 4 期。

第一章　导论。以叙事的方式讲述了4个发生在人们日常生活、工作或学习中的信息偶遇实例，从多个维度对这些实例的组成部分进行解析；按年代顺序论述了信息偶遇这一研究领域从萌芽到探索再到形成的发展历程，展现了对领域发展具有重要意义的标志性事件，刻画了该领域主要研究方向和主题的发展特点。

第二章　信息偶遇相关概念。考虑到信息偶遇与信息搜寻、信息规避之间的紧密关联，分别阐释了这三个研究领域的核心概念并构建了由其组成的信息行为概念空间，重点剖析了信息偶遇领域中"意外发现"和"信息偶遇"两个概念内涵的演变过程，对信息偶遇进行重新定义；然后将相关概念范围延伸至信息茧房、回音室和过滤气泡，这些都是以不同方式长期规避信息偶遇的不利结果。

第三章　信息偶遇领域理论模型。系统回顾了信息偶遇领域的十大经典理论模型，对每个模型的主要内容、形成和演变、价值或影响等方面进行了详细阐述。这些模型以图表的形式对信息偶遇或意外发现的概念内涵、发生过程和影响因素进行了直观展示，为相关研究的开展奠定了坚实的理论基础。

第四章　信息偶遇研究方法。细致梳理了信息偶遇领域常用的8种研究方法，包括访谈法、问卷法、观察法、档案法、日记法、事务日志分析、网络文本分析和受控实验，全面阐述了每种方法对于信息偶遇研究的适用性、方法使用的一般流程、具体应用实例和应用特点、应用于未来研究时应注意的问题等。

第五章　信息偶遇过程通用模型创建与应用。为了对信息偶遇发生过程有统一、全面的理解，解决以往相关理论模型普适性不足的问题，通过对相关文献中的二手数据进行主题分析，创建了信息偶遇过程通用模型，将其应用于信息偶遇日记研究并取得成功，为日记记录表设计和日记数据分析提供了可行的指导框架。

第六章　文字刺激触发的信息偶遇——符号学特征的作用。以在线新闻偶遇为背景，识别了新闻标题刺激的七个重要符号学特征维度，包括位置、格式、长度、是否使用数字、是否使用标点符号、时效性、受欢迎程度，采用非介入性的点击流数据分析方法检验了新闻标题符号学特征与新闻选择行为之间的关系，为信息偶遇中文字刺激的呈现形式设计提供了启示。

第七章　文字刺激触发的信息偶遇——修辞学特征的作用。以在线健康信息偶遇为背景，重点关注语言修辞学中的信息框架，将其依次应用于健康信息标题和文章内容中，在两项受控实验中分别观察了用户对标题的选择以及与内容的交互，从而揭示了信息框架对于健康信息偶遇过程中刺激趋避和内容交互阶段的作用，为信息偶遇中文字刺激及内容语言表达技巧的使用提供了启示。

第八章　视觉刺激触发的信息偶遇。相比于文字刺激，视觉刺激在处理速度和感知体验上有一定的优势，但并未得到信息偶遇研究人员的关注。为了填补这一空白，本章以社交媒体为研究平台，利用关键事件日记法采集图片或视频触发的信息偶遇事件，从中提取了视觉刺激的两个外在特征（包括格式和状态），测量了三个内在特征（包括可理解性、新颖性和幽默性），分析了这些特征与用户趋近行为强度之间的关系，推动了信息偶遇领域中信息刺激的研究。

第二章

信息偶遇相关概念

本章的核心任务是梳理信息偶遇领域的重要概念,但并不将局限于这些概念,因为信息偶遇不是一个孤立发生的现象。作为人类信息行为的一个子集,信息偶遇与信息搜寻、信息规避之间存在着千丝万缕的联系。在信息行为经典著作《寻找信息:信息搜寻、需求和行为研究调查》(*Looking for Information*: *A Survey of Research on Information Seeking*, *Needs*, *and Behavior*)中,美国肯塔基大学教授 Donald Case 将信息行为定义为:"信息搜寻以及其他无目的或偶然性行为的总和,此外还包括不涉及搜寻的有目的行为,例如主动规避信息。"[1] 也就是说,除了主动的、有目的的信息搜寻外,以低参与、低预期为特点的信息偶遇也是信息行为的核心组成部分。人们可以将两者看作人类获取信息的不同方式。[2] 信息规避处于获取的反面,即避免或推迟获取可以得到却又不想要的信息。[3] 本章将依据 Case 对信息行为的理解,依次阐释信息搜寻、信息偶遇和信息规避三个领域中的核心概念。从信息搜寻领域开始研究信息偶遇是非常有必要的,因为其中一些概念是信息偶遇领域学者提出或定义新概念的基础。

---

[1] Donald O. Case and Lisa M. Given, *Looking for Information*: *A Survey of Research on Information Seeking*, *Needs*, *and Behavior*, Bingley: Emerald Group Publishing, 2016, p. 49.

[2] Sanda Erdelez, "Information Encountering: It's More than Just Bumping into Information", *Bulletin of the American Society for Information Science and Technology*, Vol. 25, No. 3, 1999, p. 26.

[3] Kate Sweeny, et al., "Information Avoidance: Who, What, When, and Why", *Review of General Psychology*, Vol. 14, No. 4, 2010, p. 340.

第一节　信息搜寻领域核心概念

一　信息搜寻与信息需求

20世纪70年代以前，信息搜寻研究大多采用"使用"（use）这一术语。比如说，研究人们如何使用公共图书馆或学术图书馆，其本质实际上是探讨人们如何在图书馆中搜寻信息。[1] 后来"信息搜寻"（information seeking）在相关文献中逐渐普及，很多学者基于"信息需求"（information need）来定义信息搜寻，即信息搜寻源自人们对信息需求的感知，是为了满足特定需求而做出的行为。[2] 信息需求的产生有两方面的原因：一种是为了丰富长期记忆中存储的知识，人们对相关信息产生了兴趣以及有了获取信息的动机；另一种是人们发现自身知识出现缺口，因而有必要获取新的信息。[3] 领域内著名的意义建构理论[4]、异常知识状态假设以及降低不确定感的观点[5]，都强调了第二种原因：人们意识到自己当前的知识水平不足以解决所面临的问题，从而引发了信息需求。信息需求的产生过程具有动态性。从本能需求到意识需求、正式需求，人们对需求的语言表达越来越明确。最后，人们还必须考虑信息来源的限制，在初始需求之间取得折中。[6]

Zerbinos指出，人们暴露于信息之下可能是有目的的，也可能是无目的的。[7] 信息搜寻就是以满足信息需求为目的的主动行为，这种理解已经

---

[1] Clements D. W. G, "Use Made of Public Reference Libraries: A Survey of Personal Users and Telephone, Telex, and Postal Inquiries", *Journal of Documentation*, Vol. 23, No. 2, 1967, p. 131.

[2] James Krikelas, "Information-Seeking Behavior: Patterns and Concepts", *Drexel Library Quarterly*, Vol. 19, No. 2, 1983, p. 5.

[3] Eugenia Zerbinos, "Information Seeking and Information Processing: Newspapers Versus Videotext", *Journalism Quarterly*, Vol. 67, No. 4, 1990, p. 920.

[4] Brenda Dervin, "Strategies for Dealing with Human Information Needs: Information or Communication?", *Journal of Broadcasting & Electronic Media*, Vol. 20, No. 3, 1976, p. 323.

[5] Charles Atkin, "Instrumental Utilities and Information Seeking", *Sage*, No. 76, 1973.

[6] Robert S. Taylor, "The Process of Asking Questions", *American Documentation*, Vol. 13, No. 4, 1962, p. 391.

[7] Zerbinos Eugenia, "Information Seeking and Information Processing: Newspapers Versus Videotext", *Journalism Quarterly*, Vol. 67, No. 4, 1990, p. 920.

获得了普遍认同。目前的主流定义都包含了一个关键术语——"有目的"（purposeful，purposive）。

（1）Marchionini：信息搜寻是人类为了改变知识状态而有目的地参与的过程，这一过程与学习和解决问题密切相关。[1]

（2）Johnson 和 Meischke：信息搜寻可以定义为从选定的信息载体中有目的地获取信息。[2]

（3）Wilson：信息搜寻行为作为需求的结果，是为了满足某个目标而有目的地搜寻信息。在这一过程中，人们可能与人工信息系统（如报纸、图书馆）或计算机系统（如网络）发生交互。[3]

（4）Spink 和 Cole：信息搜寻是信息行为的一个子集，包括有目的地搜寻与目标相关的信息。[4]

二 浏览与搜索

人们开展信息搜寻活动的策略主要包括浏览（browsing）和搜索（searching）。两者的区别在于：浏览是人们依赖感知能力从环境中识别与需求相关的信息，搜索则要求人们消耗认知资源从记忆中唤起能够表示需求的查询式。[5] 人类的浏览活动如此普遍，一方面可以归因于认知惰性，另一方面也可能与信息需求本身的属性有关，诸如概览、梳理、探索等活动只能通过浏览实现。"浏览"这一术语的使用范围极其广泛，以至于它拥有很多近义词，它也确实涵盖了以"用户—环境"交互为特征的一系列行为，包括扫描（scanning）、观察（observing）、导航（naviga-

---

[1] Marchionini Gary, *Information Seeking in Electronic Environments*, New York: Cambridge University Press, 1995, p. 9.

[2] J. David Johnson and Hendrika Meischke, "A Comprehensive Model of Cancer-Related Information Seeking Applied to Magazines", *Human Communication Research*, Vol. 19, No. 3, 1993, p. 343.

[3] Thomas D. Wilson, "Human Information Behavior", *Informing Science*, Vol. 3, No. 2, 2000, p. 49.

[4] Amanda Spink and Charles Cole, "Human Information Behavior: Integrating Diverse Approaches and Information Use", *Journal of the American Society for Information Science and Technology*, Vol. 57, No. 1, 2006, p. 25.

[5] Tingting Jiang, "An Exploratory Study on Social Library System Users' Information Seeking Modes", *Journal of Documentation*, Vol. 69, No. 1, 2013, p. 6.

ting)、追踪（monitoring）等。扫描是较简单的感知识别活动，人们只需将确切的对象与目标对象进行比对；观察表示对环境中的各种刺激进行反应，离不开对观察对象的阐释和思考；导航是用户与系统进行交互的过程，强调了系统的反馈会影响用户；追踪要求用户能够在内部概念和外界表示之间建立起联系。

与浏览相对，搜索则是一种正式的、分析式的策略。搜索一般表现为一个系统的过程，由识别定义信息问题、选择搜索系统、构造查询式、执行搜索、查看结果、抽取信息等多个子过程组成。① 可以发现，信息搜索与信息检索（information retrieval）关系密切，两者都以"查询式—结果"机制为基础。② 尽管如此，检索通常指"已知"对象经过人为组织后再供用户"获知"，这是从系统角度形成的理解；搜索更具有人本导向和开放性的特点，作为一种人类行为表征强调知识获取的过程。

简单的查询式搜索（lookup search）模型强调的是系统对用户查询式与文档集合索引的匹配，即具体的查询式能够带来准确的结果，几乎不需要用户对结果进行评价或比较。③ 探寻式搜索（exploratory search）理论则认为，对于模糊或复杂的信息需求，人们很难将其一次性表达为恰当的查询式，而是首先通过试探性的查询逐步完善自己对需求的认识，基于初步结果了解已经知道什么以及需要知道什么，待信息需求形成后搜索系统的自动匹配功能才能开始发挥最大效用，但最终满足需求的情况还取决于用户理解、利用结果集合的能力。探寻式搜索就像是与搜索交织在一起的学习和研究，为了解决结构不完整的信息问题，用户将在查询式构造、结果查看、信息抽取等阶段与搜索系统产生大量交互。④

---

① Gary Marchionini, *Information Seeking in Electronic Environments*, Cambridge: Cambridge University Press, 1995.

② Ramana Rao, "From Ir to Search, and Beyond: Searching Has Come a Long Way since the 60s, but Have We Only Just Begun?", *Queue*, Vol. 2, No. 3, 2004, p. 66.

③ Marcia J. Bates, "The Design of Browsing and Berrypicking Techniques for the Online Search Interface", *Online Review*, Vol. 13, No. 5, 1989, p. 407.

④ Chuanfu Chen and Ronald Larsen, eds., *Library and Information Sciences: Trends and Research*, Berlin: Springer Berlin Heidelberg, 2014, p. 79.

第二节　信息偶遇领域核心概念

前文提到，信息偶遇领域的探索性发展阶段出现过术语层出不穷、概念理解混乱的情况。"意外发现"是最为特殊的一个术语，其英文词汇"Serendipity"最早出现于18世纪，于20世纪60年代被引入LIS研究。其他术语都是由LIS学者创造的，其中最重要的是Erdelez于1995年提出的"information encountering"（信息偶遇，IE），它已经成为整个研究领域的名称。[1] 信息偶遇研究人员对意外发现和信息偶遇的使用最为频繁，两者时至今日依然交替出现在信息偶遇的前沿研究中。

在相关文献中多次出现的术语还包括：

偶然性信息发现（ADI）：1992年，Zhang在博士学位论文中首次提出ADI，它被视为人类信息活动中不可或缺且有益的组成部分，与有意的信息搜寻存在着一定关联。[2] 另一研究者在其博士学位论文中使用ADI时将其定义为："在没有刻意寻找的情况下，偶然获得有用的或与个人兴趣相关的信息。"[3]

偶然性信息获取（IIA）：1998年Williamson提出IIA时表示，它是ADI的同义词，指的是人们在从事其他活动时意外地获得信息。[4] Heinström在研究心理因素对信息偶遇的影响时也使用了IIA，并将其定义为："获取并非有意识寻找的（有用或有趣）信息。"[5]

机会性信息获取（OAI）：OAI是Erdelez在信息偶遇领域提出的另一

---

[1] Sanda Erdelez, *Information Encountering: An Exploration Beyond Information Seeking*, Ph.D dissertation, Syracuse University, 1995.

[2] Xiaolin Zhang, *Information-Seeking Patterns and Behaviors of Selected Undergraduate Students in a Chinese University*, Ph.D dissertation, Columbia University, 1992.

[3] Chi-Jung Lu, *Accidental Discovery of Information on the User-Defined Social Web: A Mixed-Method Study*, Ph.D dissertation, University of Pittsburgh, 2012.

[4] Kirsty Williamson, "Discovered by Chance: The Role of Incidental Information Acquisition in an Ecological Model of Information Use", *Library & Information Science Research*, Vol. 20, No. 1, 1998, p. 23.

[5] Jannica Heinström, "Psychological Factors Behind Incidental Information Acquisition", *Library & Information Science Research*, Vol. 28, No. 4, 2006, p. 579.

个术语，最早出现在 2002 年 ASIS&T 年会的专题讨论，后来多次被 Erdelez 提及，但并未用于特定研究问题的探索。下文将详述 OAI 和 IE 的区别。

"机会性信息发现"（ODI）：ODI 首次出现在 2010 年"机会性信息发现"国际研讨会上。Pálsdóttir 在其报告中使用了这个术语，用于表示"碰巧发现信息"；后来 Smith 指出，ODI 是一种非定向的信息获取形式，用户以此偶遇有用的信息；Million 等则认为 ODI 囊括了 IE 和几乎所有的浏览行为。

不难看出，上述四个术语并未受到明确或严格的定义，从字面意思来看，可以分为 ODI/ADI、OAI/IIA 两组。"发现"（discovery）仅表示意外地找到信息，而"获取"（acquisition）则暗示所找到的信息进一步被拥有。遗憾的是，这四个术语如今基本上都销声匿迹了。

因此，本书将意外发现和信息偶遇视为信息偶遇领域的两个核心概念，进一步剖析其内涵的演变过程，从而帮助读者更深入地理解信息偶遇的本质。

一 意外发现（Serendipity）

Serendipity 是一个历史悠久的英文词汇，牛津英语词典将其解释为："偶然获得令人愉快的意外发现的才能。"据记载，Serendipity 最早出现在 1754 年英国小说家 Horace Walpole 写给朋友的信件中。他引用《锡兰三王子》（The Three Princes of Serendip）的故事来解释这一颇具表现力的单词，故事的主人公依靠意外的契机和自身的聪明才智在旅途中不断地发现一些他们原本并未追求的东西。[1] 当然，意外发现的"东西"并不局限于信息。事实上，这一单词最初也常常被用于描述偶然性的科学发现，如诺贝尔发明炸药、弗莱明发现青霉素等。[2] 与纯粹碰运气不同的是，这些成功的科学家都拥有"有准备的头脑"。这一观点得到了普遍认同。美

---

[1] Allen Foster and Nigel Ford, "Serendipity and Information Seeking: An Empirical Study", *Journal of Documentation*, Vol. 59, No. 3, 2003, p. 321.

[2] Herbert M. Evans, et al., "The Houssay Journal Fund", *Science*, Vol. 102, No. 2641, 1945, p. 161.

国神经学家 Walter Bradford Cannon 甚至在《研究者的道路》(*The Way of an Investigator*) 一书中引用"机遇只青睐有准备的头脑"这句名言来区分纯粹的偶然与意外发现。

自 20 世纪 60 年代初 Bernier 将 Serendipity 一词引入 LIS 学科之后，LIS 学者纷纷开始思考其概念内涵，陆续提出了不同的 Serendipity 分类框架。Bawden 在 Austin 观点的基础上总结出 4 类偶然发现：（1）侥幸（blind luck）——与信息获得者自身的行动或特质无关；（2）幸运的意外（happy accidents）——看似不相关的信息正好能够解决手头上的问题；（3）有准备的头脑（prepared mind）——接触到很多与手头上问题相关的信息，从中发现了新的关联；（4）因人而异（individual）——机遇往往偏袒拥有独特知识、兴趣或生活方式的人。[1] Liestman 针对图书馆研究中的意外发现提出了 6 种方法：（1）巧合（coincidence）——随机出现的运气带来了意外的信息发现；（2）先在恩典（prevenient grace）——有人在事前对信息组织做了不为人知的努力；（3）同步（synchronicity）——两个有意义但不存在因果关系的事件同时发生；（4）持之以恒（perseverance）——不断地努力寻找信息会增加意外发现的概率；（5）个人特质（altamirage）——个体因为自身的品质、习惯、知识等受到好运眷顾；（6）睿智（sagacity）——潜伏在脑海里的零散信息因为特定的外界事件而汇聚到一起。[2]

1995 年之后，Serendipity 的使用频率并未因为 Information encountering 的提出而减少，越来越多的学者加入对 Serendipity 概念内涵的探讨。Foster 和 Ford 认为，Serendipity 所包含的意外性可以指信息的存在或者信息所在的地方是令人意外的，也可以指信息具有令人意外的价值；同时，Serendipity 所带来的结果可能是帮助人们思考或解决已有的问题，也可能是将人们带向一个全新的方向。他们进一步指出，Serendipity 虽然是难以预料或控制的，但也不是纯粹偶然的，有时人们会主动寻求 Serendipity，

---

[1] David Bawden, "Information Systems and the Stimulation of Creativity", *Journal of Information Science*, Vol. 12, No. 5, 1986, p. 203.

[2] Daniel Liestman, "Chance in the Midst of Design: Approaches to Library Research Serendipity", *RQ*, Vol. 31, No. 4, 1992, p. 524.

这需要人们具有开放的态度和更广阔的视野。[1] McBirnie 借用物理学中光的波粒二象性提出 Serendipity 的本质是"过程—感知"(process-perception) 二象性。[2] 其中，过程指的是人们具体是怎么做的，Serendipity 的过程与信息搜寻过程是有区别的；而感知则是指人们是否意识到 Serendipity 的发生。尽管个体无法控制 Serendipity 的过程，但是也许能够控制自己对于过程结果的感知。

在信息偶遇领域进入形成性发展阶段以后，LIS 学者对 Serendipity 概念内涵的探讨变得更加全面、系统。Rubin 等于 2011 年提出了意外发现分面概念模型，以图形的形式展示了有准备的头脑、注意行为、运气、意外结果这四个主要分面的关系。Makri 和 Blandford 强调，Serendipity 不是一个离散的概念，人们应该在一个多维的概念空间中去理解它。[3] 他们提出了由意外性、洞察力、价值性三个维度组成的"意外发现空间"(serendipity space)，每个维度上都存在高低程度的变化。当一段信息获取的经历在三个维度上都表现出很高的程度时，可以将其称为"纯意外发现"(purer serendipity)，而在三个维度上都很低时就是"稀意外发现"(dilute serendipity)，其他的高低程度组合对应着不同强度的 Serendipity。除了这三个维度以外，Agarwal 还考虑到了其他维度，包括用户从事前景活动的主动性（被动→主动）、意图性（无目的→有目的）、用户当时的警觉性（自然→偶然）以及行为形式（事件→过程）等，并在此基础上将"信息行为中的意外发现"定义为："处于自然警觉状态的用户从事被动且无目的或主动且有目的的活动时意外发现信息的事件，为用户创造惊喜，并经过一段潜伏期后带来洞察和价值。"[4]

---

[1] Foster Allen and Nigel Ford, "Serendipity and Information Seeking: An Empirical Study", *Journal of Documentation*, Vol. 59, No. 3, 2003, p. 321.

[2] Abigail McBirnie, "Seeking Serendipity: The Paradox of Control", Paper delivered to Aslib Proceedings, sponsored by Emerald Group Publishing Limited, England, 2008.

[3] Stephann Makri and Ann Blandford, "Coming across Information Serendipitously-Part 2: A Classification Framework", *Journal of Documentation*, Vol. 68, No. 5, 2012, p. 706.

[4] Naresh Kumar Agarwal, "Towards a Definition of Serendipity in Information Behaviour", *Information Research: An International Electronic Journal*, Vol. 20, No. 3, 2015, p. 3.

二 信息偶遇（Information encountering）

Erdelez 在提出 Information encountering 概念时受到了管理学、认知心理学等多个学科早期文献的启发。"环境扫描"（environmental scanning）是管理学中的概念，指的是企业管理者为了及时了解周围商业环境中的进展而从事的各种信息活动。Aguilar 在《扫描商业环境》（*Scanning the Business Environment*）一书中指出，环境扫描涉及不同的信息接触和感知模式：非正式搜索（informal search）和正式搜索（formal search）都属于有意的环境扫描，是信息搜寻的不同方式；有条件查看（conditioned viewing）和非定向查看（undirected viewing）则属于偶然的信息收集，前者往往包含了具体的目标，而后者指的是一般的信息接触，并不是为了获取特定信息，只是想要探索环境。① 在认知心理学的思维方式研究中，Bono 很早就关注到了人们与信息的"偶然交互"（chance interactions）对于创新思维的作用。② 他将个体的思维方式分为纵向和横向两大类：纵向思维是一种在现代教育环境中形成的传统思维方式，体现为从一种信息状态直接进入另一种状态；横向思维的关键特征在于非连续性，通过模式的变化和更新帮助人们最大限度地利用身边的信息。在 Bono 的分类框架下，纵向思维对应着信息搜寻，横向思维对应的则是信息偶遇，它们可以促进人们利用那些看似不相关的信息来创造性地解决问题。

在 LIS 学科内，"浏览"这一概念也对 Information encountering 的提出产生了较大的影响。浏览和搜索被视为两种基本的信息搜寻策略，两者都是由信息需求驱动的。搜索的核心在于查询式构造，而浏览却不具有这样突出的行为特征，这使得浏览的概念范畴较为宽泛。早期 LIS 学者认为，浏览可以是有方向的、系统性的、半确定的、可分辨的、具体的，这类浏览是以获取特定信息为目的的，只是人们不知道如何找到信息；同时，浏览也可以是无方向的、非系统性的、非正式的、随机的、休闲

---

① Francis Aguilar Joseph, *Scanning the Business Environment*, New York: The Macmilan Company, 1967, p. 369.

② Edward De Bono, *Lateral Thinking*, New York: Penguin Books, 1970, p. 174.

的，这意味着人们并没有明确的目标，获得信息纯属偶然。[1] Vickery 将第二类浏览称为"半目的性浏览"(semi purposive browsing)——尽管人们并未搜寻特定信息，但是他们"对获得某种长远的知识回报抱有合理的期待"[2]。可以发现，第一类浏览就是如今我们所理解的需求驱动的浏览，属于信息搜寻，而第二类浏览的结果是难以预测的，在某种意义上非常接近信息偶遇。

基于多学科的概念梳理与分析，Erdelez 于 1995 年在博士学位论文中正式提出了"Information encountering"，并将其定义为："一种计划之外或意料之外的信息获取形式，其特征主要表现为用户在查找信息过程中的低参与或无参与以及他们对获取信息的低预期或无预期。"[3] 这一初始定义从用户的参与性和预期性这两个维度来刻画 IE，有效地将其与信息搜寻区分开来，因为信息搜寻者是主动获取所需信息，信息搜寻具有高参与性和高预期性。

然而，可能是为了将 IE 与 Serendipity 区别开来，Erdelez 在后续研究中对 IE 的内涵进行了限定[4]，将其特指信息搜寻活动中的信息偶遇，即当人们针对特定主题搜寻信息时，却无意中发现与另外一个主题相关的信息[5]，可以用来解决已有的问题或满足兴趣。2005 年，由 Fisher、Erdelez 和 McKechnie 主编的《信息行为理论》(*Theories of Information Behavior*) 一书问世，这是信息行为领域的经典著作之一，汇集了 80 多位学者对信息行为理论的重要论述。[6] Erdelez 在为该书撰写的《信息偶遇》一章中再次明确指出，IE 是人们"主动搜索其他信息时的偶然发现"；同

---

[1] Saul Herner, "Browsing", *Encyclopedia of Library and Information Science*, Vol. 3, 1970, p. 408.

[2] J. E. Vickery, "A Note in Defense of Browsing", *BLL Review*, Vol. 5, No. 3, 1977, p. 110.

[3] Sanda Erdelez, *Information Encountering: An Exploration Beyond Information Seeking*, Ph. D dissertation, Syracuse University, 1995, p. 180.

[4] Sanda Erdelez, "Information Encountering: It's More Than Just Bumping into Information", *Bulletin of the American Society for Information Science and Technology*, Vol. 25, No. 3, 1999, p. 26.

[5] Sanda Erdelez, "Information Encountering: A Conceptual Framework for Accidental Information Discovery", paper delivered to Proceedings of an international conference on Information seeking in context sponsored by ACM, Tampere, Finland, August, 1997.

[6] Karen E. Fisher, et al., *Theories of Information Behavior*, Medford: Information Today, 2005.

时，她还提倡使用范围更广的新概念——"机会性信息获取"（OAI），它是在 2002 年 ASIS&T 年会的专题讨论中首次提出的概念，用以指代包括 IE 在内的所有类型的被动信息获取。[①] 然而事与愿违，其他研究人员并未广泛使用 IE，而 OAI 在文献中的出现更是寥寥。对 IE 概念内涵的狭义理解在《信息行为理论》一书重大影响力的推动下而深入人心，以至于国内学者早期对"信息偶遇"中文概念的理解也局限于信息获取过程中的意外信息发现。[②]

2015 年，Jiang 等在对信息偶遇发生过程和影响因素构建模型时提出了"在线信息偶遇"（online information encountering）。这并不是一个全新的概念，在 IE 基础上增加的"在线"一词旨在强调网络是现代社会人们获取信息的重要来源，网络环境中信息的丰富性和易获取性使信息偶遇变得极为普遍。值得注意的是，Jiang 等在概念阐释时明确表示，以往研究发现人们在阅读、听音乐、使用社交媒体时都有可能偶遇信息，在 IE 定义中限定发生背景既不利于概念的推广，也不利于相关研究的开展。[③] Jiang 等后来在社会问答平台这一新背景下开展信息偶遇研究时也使用了 IE[④]，体现了对 IE 概念理解去背景化的持续倡导。2020 年，Erdelez 和 Makri 对此做出回应。他们在《信息偶遇的再次遇见：重新审视信息获取中的意外发现》（Information Encountering Re-encountered: A Conceptual Re-examination of Serendipity in the Context of Information Acquisition）一文中专门对 IE 的定义和范围进行了扩展——"在寻找其他特定信息、没有寻找特定信息或根本没有在寻找信息的时候找到有趣、有用或潜在有用

[①] Sanda Erdelez, et al., "Opportunistic Acquisition of Information: The New Frontier for Information User Studies. Sponsored by Sig Use", *Proceedings of the American Society for Information Science and Technology*, Vol. 39, No. 1, 2002, p. 521.

[②] 朱婕：《网络环境下个体信息获取行为研究》，博士学位论文，吉林大学，2007 年，第 101 页。

[③] Tingting Jiang, et al., "Online Information Encountering: Modeling the Process and Influencing Factors", *Journal of Documentation*, Vol. 71, No. 6, 2015, p. 1135.

[④] Tingting Jiang, et al., "Information Encountering on Social Q&A Sites: A Diary Study of the Process", Paper delivered to Transforming Digital Worlds: 13th International Conference, sponsored by Springer, Sheffield, UK, March 25 – 28, 2018.

的信息"①，并期待未来的信息偶遇研究都能够使用 IE 来指代信息获取中的意外发现，这样信息获取就可以清楚地划分为主动的信息搜寻和被动的信息偶遇。

三　重新定义信息偶遇

通过以上对 Serendipity 和 Information encountering 概念内涵的详细阐述，笔者发现，二者都描述了偶然性的信息获取现象，但是同时也存在着一些差异。首先，最为明显的不同在于是否限定偶遇发生背景。作为 IE 概念的提出者，Erdelez 曾在早期定义中明确指出 IE 发生在人们从事信息搜寻活动的过程中，而研究人员在探析 Serendipity 概念内涵时始终并未强调发生背景。其次，两个概念对偶遇结果的理解是不同的。由于"Serendipity"一词本身就包含了积极的结果，Serendipity 的定义中经常会出现好运、惊喜、价值等积极元素，也就是说偶遇到的信息都是有益的，而这一点在 IE 的定义中却并未得到体现。最后，Serendipity 和 Information encountering 在描述偶遇现象时的侧重点是不同的，前者侧重于反映用户的心理机制——能够将信息和问题关联起来的睿智、洞察力、有准备的头脑，后者则侧重于表现用户的行为特征——低参与和低预期。

经历过 ODI、ADI、OAI、IIA 等术语的昙花一现，信息偶遇研究如今仍在使用 Serendipity 和 Information encountering。Erdelez 和 Makri 于 2020 年重新定义了 IE，去掉了对于 IE 发生背景的限定，强调了偶遇到的信息的价值性，并提议将 IE 作为信息偶遇领域的统一基础概念。本书十分认同概念统一对领域长期发展的重要性，也认为 IE 比 Serendipity 更加适合作为基础概念。"信息偶遇"/"Information encountering"（IE）是 LIS 学科的原生概念，而且在术语形式上与"信息搜寻"/"Information seeking"类似，便于区分理解。IE 所侧重的外在行为特征比 Serendipity 所侧重的内在心理机制更容易被观测甚至是量化，有利于实际研究的开展。但是需要特别指出的是，本书认为 IE 概念并不需要强调偶遇的结果，因

---

① Sanda Erdelez and Stephann Makri, "Information Encountering Re-Encountered: A Conceptual Re-Examination of Serendipity in the Context of Information Acquisition", *Journal of Documentation*, Vol. 76, No. 3, 2000, p. 731.

为偶遇到的信息有可能被规避，以下将对此进行详细论述。相应地，本书主张采用 Erdelez 于 1995 年提出的原始定义来理解 IE："一种计划之外或意料之外的信息获取形式，其特征主要表现为用户在查找信息过程中的低参与或无参与以及他们对获取信息的低预期或无预期。"[1] 如图 2-1 所示，我们构建了参与性和预期性连续体：信息搜寻位于两个连续体的高端——搜寻者为了满足明确信息需求而主动查找信息；信息偶遇则与之相对，位于两个连续体的低端——偶遇者既没有采取具体行动去获取信息，也没有预料到这些信息会出现。总的来说，广义的概念理解可以涵盖信息偶遇现象的各种复杂情形，将有利于未来研究的深入。

图 2-1 信息偶遇与信息搜寻的本质差异

第三节 信息规避领域核心概念

一 信息规避

信息搜寻和信息偶遇的结果都是获取信息；与之相反，信息规避反映了对信息不加获取的特殊现象。人们可能避免或推迟获取可以得到却又不想要的信息，具体可以表现为主动远离可能揭露信息的人或事（即信息源），或者通过分散注意力避免了解信息内容，甚至是偏颇地理解、有意地忘却信息内容。信息规避能够给人们的决策活动带来直接后果，有时这种后果是积极的，比如降低情感不确定性，但更多时候，人们可能因为规避掉了有价值的信息而无法做出最优决策。[2] 信息规避在人们的

---

[1] Erdelez Sanda, *Information Encountering: An Exploration Beyond Information Seeking*, Ph. D dissertation, Syracuse University, 1995.

[2] Bhuva Narayan, et al., "The Role of Information Avoidance in Everyday-Life Information Behaviors", *Proceedings of the American Society for Information Science and Technology*, Vol. 48, No. 1, 2011, p. 1.

日常生活中时有发生，尤其是对医疗健康信息①、政治信息等的规避。自我价值确认、意图思考、威胁管理资源、社会排斥、无意识态度、应对风格、不确定性倾向、自我效能感、乐观倾向、烦躁或抑郁程度等因素，都有可能对信息规避产生影响。②

在信息行为领域，20世纪90年代提出的两个经典模型都暗示了信息规避行为的存在。Wilson的信息行为模型在"需求—搜寻—满足"环路中引入了"压力/应对理论"（stress/coping theory），考虑到有的信息需求可能因为给人带来压力并没有触发信息搜寻行为。③ Johnson和Meischke的信息搜寻综合模型包含了"重要性"（salience）和"信念"（beliefs）两个先决变量：如果人们没有意识到信息可以应用于自己所面临的问题，或是认为问题无法解决或代价高昂，这将阻碍他们开展信息搜寻活动。④ 然而，在大多数时候，信息规避并不是拒绝搜寻信息，而是拒绝使用信息。即使人们不主动搜寻，也无法避免偶遇到不想要的信息，但是他们可以不去进一步处理或采纳这些信息。

Case等将信息规避作为与信息搜寻相对的概念来探讨，并指出信息搜寻是为了降低不确定性，但是人们有时会故意保持甚至增加不确定性，以避免知晓所造成的心理不适感，规避、忽略或拒绝信息（例如癌症和基因筛查相关信息）是人类行为中的异常现象，焦虑和害怕的感觉以及自我效能感和外控倾向与规避行为密切相关。⑤ 为了揭示信息规避现象的特征，Narayan等区分了两种规避行为：一种是主动信息规避，指的是在

---

① Donald O. Case, et al., "Avoiding Versus Seeking: The Relationship of Information Seeking to Avoidance, Blunting, Coping, Dissonance, and Related Concepts", *Journal of the Medical Library Association*, Vol. 93, No. 3, 2005, p. 353.

② Sanda Erdelez, et al., "Opportunistic Acquisition of Information: The New Frontier for Information User Studies. Sponsored by Sig Use", *Proceedings of the American Society for Information Science and Technology*, Vol. 39, No. 1, 2002, p. 521.

③ Tom D. Wilson, "Models in Information Behaviour Research", *Journal of Documentation*, Vol. 55, No. 3, 1999, p. 249.

④ J. David Johnson and Hendrika Meischke, "A Comprehensive Model of Cancer-Related Information Seeking Applied to Magazines", *Human Communication Research*, Vol. 19, No. 3, 1993, p. 343.

⑤ Donald O. Case, et al., "Avoiding Versus Seeking: The Relationship of Information Seeking to Avoidance, Blunting, Coping, Dissonance, and Related Concepts", *Journal of the Medical Library Association*, Vol. 93, No. 3, 2005, p. 353.

短期内规避某些具体信息，主要涉及个人健康、财务、人际关系等问题，这些信息通常给人造成情感上的压力，而规避可以视作一种应对手段；另一种是被动信息规避，即对抽象信息的长期规避，主要涉及世界观、宗教信仰和政治观点等方面，这些信息往往是无意中出现的，由于无法避免信息偶遇，只能拒绝处理偶遇到的信息。[1]

二 选择性接触

心理学中的一个重要概念——选择性接触（selective exposure）与信息规避密切相关，指的是人们对于暴露在面前的信息会进行倾向性选择，即选择与自身知识、观点、态度、决定等一致的信息，而有意无意地忽略或拒绝与之对立的信息。[2] 从本质上讲，人们希望自己对世界的认识与真实世界相符，这是一种认知平衡；当矛盾观点或态度出现时，这种平衡被打破，人们会产生心理上的不舒适感，即认知失调（cognitive dissonance）；某种心理防御机制由此激活，人们试图通过忽略或拒绝矛盾观点或态度来减轻认知失调。[3] 当然，选择性接触只是信息规避的一种情况，因为人们还经常规避具有其他特点的信息，包括要求他们采取不愿意做或难以做到的行动，或是会带来不愉快的情绪，或驱走愉快的情绪。

在20世纪40年代的美国，由于政治运动激活并强化了民众固有的偏好和倾向，人们更愿意接触那些与自身政治信仰相一致的信息，而挑战其政治观点的信息很容易被边缘化。美国民众对政治信息源的接触也存在一定的选择性：保守党更倾向于使用FOX新闻和保守派的广播与电视媒体，自由党则倾向于使用PBS和Facebook。政治领域的选择性接触会造成党派之间思想差异的难以弥合，促使社会两极分化日益严重。

除政治领域外，健康领域的选择性接触现象也非常普遍。举例来说，

---

[1] Bhuva Narayan, et al., "The Role of Information Avoidance in Everyday-Life Information Behaviors", *Proceedings of the American Society for Information Science and Technology*, Vol. 48, No. 1, 2011, p. 1.

[2] Jennifer L. Howell and James A. Shepperd, "Reducing Information Avoidance through Affirmation", *Psychological Science*, Vol. 23, No. 2, 2012, p. 141.

[3] William Hart, et al., "Feeling Validated Versus Being Correct: A Meta-Analysis of Selective Exposure to Information", *Psychological Bulletin*, Vol. 135, No. 4, 2009, p. 555.

有烟瘾的人往往不愿看吸烟有害健康的信息，酗酒的人比不常喝酒的人更喜欢看酒类广告。对健康信息的选择性接触会干扰人们对健康风险的判断，使人们不能够及时采取相应的预防或治疗措施，不利于大众健康水平的提升。[1] 也有观点认为，选择性接触是人们进行自我调节的一种手段，可以用来保持现有的健康行为或是促进向健康行为的转变。

第四节　信息行为概念空间

本书基于对信息搜寻、信息偶遇和信息规避三个领域内核心概念的分析，构建了如图2-2所示的信息行为领域概念空间。该概念空间首先反映了三种信息现象之间的关系——信息搜寻能够为信息偶遇的发生提供背景，而进一步信息偶遇又能够为信息规避的发生提供背景。然而，信息搜寻和信息规避之间不存在直接的关系，因为信息搜寻源于信息需求，人们一般不会对主动搜寻的信息进行规避。

相对而言，信息搜寻相关概念最为丰富，主要可以划归于信息浏览和信息搜索两种策略。浏览和搜索行为都是由信息需求驱动的，均要求人们有意识地投入精力去查找信息；但两种行为所强调的内在能力是不同的，高效的浏览者应该能够敏锐地识别出环境中的信息线索并循着线索逐步向目标靠近，而高效的搜索者则应该能够准确地回想起相关词汇并将其表达为搜索系统能够理解的查询式快速定位目标。由于识别相对于回想来说更加容易（recognition over recall），浏览行为其实也更为普遍，并且表现出多种多样的行为模式，主要包括扫描、观察、导航和追踪，它们在目标的明确程度、用户的投入程度以及环境的组织程度上存在着差异。当然，当信息需求非常清晰时，搜索行为的效率更高，此时表现为查寻式搜索；随着信息需求确切程度下降或复杂程度上升，用户需要不断地重构查询式，探索精练搜索结果，这就是探寻式搜索。

在信息行为领域的经典模型中，信息偶遇经常被视为与浏览和搜索并列的信息搜寻行为或模式。但是通过以上细致的概念辨别，我们可以

---

[1] Ilan Yaniv, et al., "On Not Wanting to Know and Not Wanting to Inform Others: Choices Regarding Predictive Genetic Testing", *Risk Decision and Policy*, Vol. 9, No. 4, 2004, p. 317.

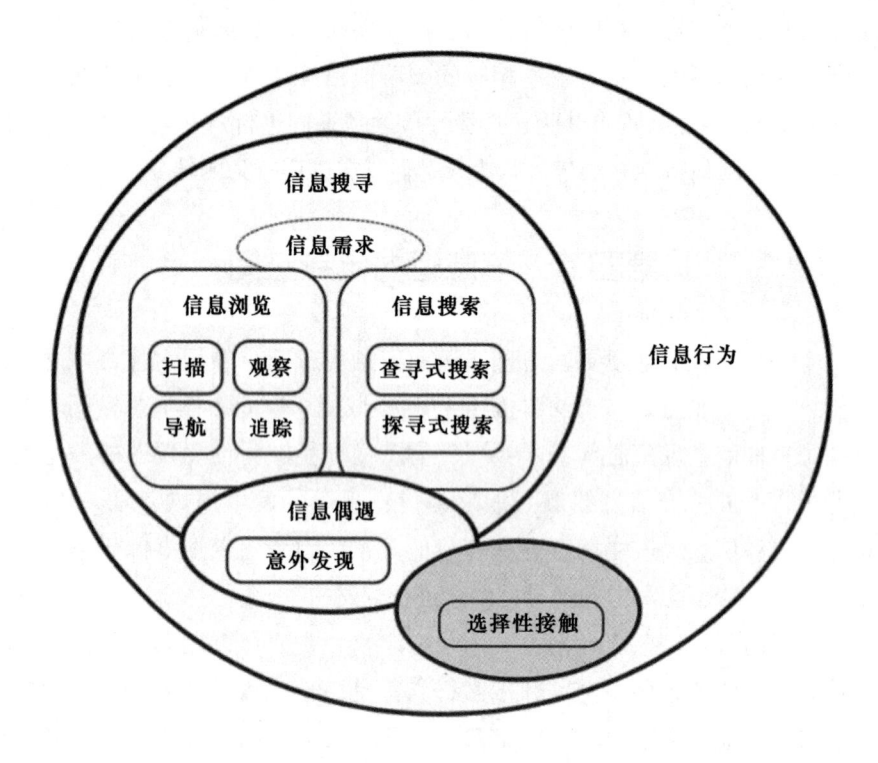

图 2-2　信息行为领域概念空间

发现，信息偶遇应该是与信息搜寻并列的信息获取方式，两者在用户的参与度和预期性方面正好形成鲜明的对比，即前者低、后者高。偶遇的发生不以信息需求为前提，而是在信息经过身边的时候将其抓住。这些信息可能单纯引起了人们的兴趣，或是可以帮他们解决已有的问题。经过本书的重新定义后，信息偶遇的概念内涵不再强调其发生背景——人们在从事信息搜寻或各种日常活动时都有可能偶遇信息，同时也不像意外发现那样强调偶遇到的信息由于具有价值而被获取，因而成为信息偶遇领域的基础概念。如果只是在低参与和低预期的情况下发现了信息，那么这些信息有可能不被获取。不获取无用信息是信息评价与选择活动的自然结果，而人们也可能拒绝有用信息，这就属于信息规避的范畴，其中选择性接触特指规避与自身认知不符的信息。当然，人们也可能规避并非偶遇到的个人相关信息,并且因为信息可能带来不想要的行动要求或情绪变化而对其进行规避。

第五节 延伸概念

尽管信息偶遇是无法控制的,但是人们可以决定自己是趋近还是规避偶遇到的信息。由于以往的 Serendipity 和 IE 概念理解中都强调了偶遇的积极结果,即获取了有价值的信息,这表明研究人员默认只有趋近偶遇信息的情况才值得研究。然而,信息规避现象的存在意味着,即使偶遇到的信息是有价值的,人们也可能出于各种理由远离它,并因此面临诸多不利的后果。近年来,已有研究开始关注信息偶遇过程的中断[1],这正是信息规避的体现。在信息偶遇的背景中,如果人们习惯于趋近自己想要的信息,同时又规避自己不想要的信息,他们所能接触到的信息将逐渐同质化,长此以往将深陷于窄化的信息世界。信息茧房、回音室、过滤气泡都是窄化信息世界的不同表现形式,可以将其视为信息偶遇的延伸概念。

一 信息茧房

"信息茧房"(information cocoons)由美国学者 Case Sunstein 于 2006 年在《信息乌托邦:众人如何生产知识》(*Infotopia*: *How Many Minds Produce Knowledge*)一书中首次提出。[2] 他认为信息茧房是人们对信息进行选择的结果,并将其定义为一种特殊的信息世界,身处其中的人只会听到令自己感到舒适和愉悦的信息。他还指出,信息茧房的存在会严重阻碍民主发展的进程,社会需要更多具有公益精神的信息传播者,不仅能

---

[1] Stephann Makri and Lily Buckley, "Down the Rabbit Hole: Investigating Disruption of the Information Encountering Process", *Journal of the Association for Information Science and Technology*, Vol. 71, No. 2, 2020, p. 127.

[2] Cass R. Sunstein, *Infotopia*: *How Many Minds Produce Knowledge*, New York: Oxford University Press, 2006, p. 9.

够包容多样化的观点，而且还会为普通民众提供接触到不同观点的机会。① 不难看出，信息茧房的概念内涵与选择性接触具有一定的重合，都描述了人们对可获得的信息进行选择的现象。但是两者又存在细微的差异：选择性接触主要指由认知倾向引起的信息选择，强调"趋同避异"，信息茧房则暗示人们有可能是为了追求或保持积极情绪而选择信息。虽然选择性接触的相关研究成果已十分丰富，但令人意外的是，自信息茧房概念提出至今，国外以"信息茧房"为主题的研究几乎为空白。相反，国内以"信息茧房"为主题的研究数量非常可观，而实际上绝大多数与个性化推荐算法有关，也就是与"过滤气泡"发生了混用。

二　回音室

"回音室"同样由 Sunstein 在《信息乌托邦：众人如何生产知识》一书中提出。② 他发现人们每天都在跟与自己想法一致的人交流互动，从而陷入了设计好的封闭小圈子，这就是"回音室"。在回音室内部，同质化的声音不断得到加强，滋生出盲目自信和极端主义。从早期致力于揭示西方国家的政治极化问题开始，研究人员逐步在政治、健康、学术、性别、谣言等不同领域和背景下发现了"回音室效应"（echo chamber effect）。以上研究大多认为社交媒体上的同质化群体就是回音室。然而，对于回音室究竟是否存在，一直有着不一致的声音。少量针对单个平台的研究认为社交媒体环境下不存在回音室，或回音室效应由此被削弱。③ 也有另一种观点认为，针对单个平台的研究不足以反映用户实际信息获取情况的全貌，判断一个人是否处于回音室之中，应该充分考虑其与自

---

① Cass R. Sunstein, "Neither Hayek nor Habermas", *Public choice*, Vol. 134, No. 1, 2008, p. 87.

② Cass R. Sunstein, *Infotopia: How Many Minds Produce Knowledge*, Oxford: Oxford University Press, 2006, p. 8.

③ Sujin Choi and Han Woo Park, "An Exploratory Approach to a Twitter-Based Community Centered on a Political Goal in South Korea: Who Organized It, What They Shared, and How They Acted", *New Media & Society*, Vol. 16, No. 1, 2014, p. 129.

身所处的整体媒介环境是如何交互的。①

从 Sunstein 对两个概念的原始定义来看，信息茧房的核心是仅获取想要的信息，而回音室的核心则是仅与志同道合的人交流。交流的本质即是对信息的交换，而今互联网在人际交流中充当着不可或缺的媒介，人类的交流模式不再仅限于实时的话语交流，在社交媒体上对用户贡献的信息进行阅读、点赞、转发、评论都属于人际交流的范畴，以往回音室相关研究也的确大多以社交媒体为背景针对上述交流模式开展。在网络环境中，信息茧房与回音室之间的边界变得不是那么明显，两者均反映了对信息的选择性趋近/规避现象，但区别在于，前者并未对信息的来源进行限定，而后者则强调信息来源于普通用户。因此，信息茧房和回音室都是由个体自身的心理倾向导致外界异质信息无法进入的不利后果，即人们的信息行为不断固化、信息视野不断窄化，最终受困于狭小、封闭的个人信息世界中。

三　过滤气泡

"过滤气泡"（filter bubbles）这一术语由互联网信息传媒平台 Upworthy 的联合创始人及 CEO Eli Pariser 在《过滤气泡：互联网没有告诉你的事》（*The Filter Bubble: What the Internet Is Hiding from You*）一书中提出。②他认为以 PageRank 为代表的搜索算法已经成为过去，现在的搜索引擎可以时刻捕捉用户的偏好，并据此为其定制个性化的搜索结果。这使得每个人都身处一个独有的信息世界，即过滤气泡，阻碍人们偶遇异质信息。过滤气泡的理论基础可以追溯到传播学领域于 20 世纪 40 年代提出的"守门人理论"（gate-keeping theory），即信息在向受众传播的过程中存在着"门区"，那里的守门人决定了哪些信息可以通过，而哪些信息被拒之

---

① Elizabeth Dubois and Grant Blank，"The Echo Chamber Is Overstated: The Moderating Effect of Political Interest and Diverse Media"，*Information, Communication & Society*，Vol. 21，No. 5，2018，p. 729.

② Eli Pariser，*The Filter Bubble: What the Internet Is Hiding from You*，England: Penguin UK，2011，p. 32.

门外。① 在传统媒体向 Web 2.0 时代过渡的过程中，各类社交媒体、搜索引擎等网络平台逐渐替代了传统媒体中的记者和编辑，在一定程度上成为现代社会信息传播过程中的"守门人"。② 这些新的守门人引入了"个性化"这一手段，通过设计并应用各种个性化推荐算法来实现信息的精准推送。当前的个性化推荐算法主要包括基于内容的过滤、协同过滤和混合过滤三种。

过滤气泡的初始定义非常清晰，强调了其与个性化推荐算法之间的密切关系，然而在后来的使用过程中却与信息茧房发生了概念混用的情况。但两者本质上并不能等同：信息茧房是人们主动对信息进行选择的结果，而过滤气泡则是人们被动接受算法推荐的个性化信息的结果。因此，过滤气泡可以通过以下三个基本特征来定义：（1）过滤气泡是在网络平台个性化推荐算法的作用下产生的；（2）每个过滤气泡内部的信息多样性一定是很低的，且不同过滤气泡之间的信息差异性有可能很高；（3）过滤气泡是一种针对个体的存在，即一个过滤气泡包裹着一位用户。

第六节　本章小结

术语概念是一个研究领域的显著标志，能够为本领域的研究提供一套通用的学术话语体系，从而将本领域与其他相关领域区分开来。概念内涵本身就是信息偶遇领域的重要研究方向之一，而术语的多样性又为准确、全面理解概念内涵造成了一定的障碍。为了避免混淆，本章在重点呈现了信息偶遇领域的两个核心概念——意外发现和信息偶遇，对两者内涵进行了详细的阐述与辨析，在此基础上主张在领域内统一使用"信息偶遇"/"Information encountering"术语，并利用"参与性"和"预期性"两个连续体直观展示出其内涵本质。

作为人类信息行为的一个子集，信息偶遇可能发生在信息搜寻的过

---

① David DeIuliis, "Gatekeeping Theory from Social Fields to Social Networks", *Communication Research Trends*, Vol. 34, No. 1, 2015, p. 4.

② Engin Bozdag, "Bias in Algorithmic Filtering and Personalization", *Ethics and Information Technology*, Vol. 15, 2013, p. 209.

程中，而信息偶遇的过程中又可能发生信息规避。事实上，目前的信息行为研究领域也是由信息搜寻、信息偶遇和信息规避三个子领域共同组成的。因此，本章并未局限于信息偶遇领域中的概念，而是将信息搜寻和信息规避领域中的核心概念也都涵盖在内，通过信息行为概念空间的提出，将所有的相关概念都整合到一起，便于读者对概念之间的区别和关联形成更清晰的认识。此外，对于偶遇到的信息，人们可以选择趋近自己想要的而规避不想要的，长期接触同质的信息会使他们困在窄化的个人信息世界中。为了体现信息偶遇研究的丰富意义，本章还将概念梳理工作拓展到信息茧房、回音室和过滤气泡，这些现象是窄化信息世界的不同表现形式，都是从信息偶遇现象中延伸而来的，已经逐步发展成为未来的研究重点。

第三章

信息偶遇领域理论模型

第一节 日常生活信息使用生态模型

1998年，Williamson在信息科学权威期刊 *Library and Information Science Research* 上发表论文[①]，基于实证研究的结论提出了日常生活信息使用生态模型（everyday life information: an ecological model of use），首次明确指出目的性信息搜寻（purposeful information seeking, PIS）和偶然性信息获取（IIA）都是人类获取日常生活信息的基本方式。

Williamson采用日记和访谈方法对200多位老年人的信息获取活动开展研究，发现他们的日常生活信息来源可以分为四类：私人关系网络（家人和朋友）、广泛关系网络（俱乐部、教堂和志愿者组织）、大众媒体（报纸、电视、广播和杂志）以及机构信息来源（专业人士、政府部门、图书馆等）。在她提出的日常生活信息使用生态模型中，这四类信息来源被由里及外依次展示到以"用户"为中心的同心圆上，如图3-1所示。对前三类信息来源而言，PIS和IIA都可能发生，分别用向外指和向内指的箭头表示；但是机构信息来源不是那么容易接触到，人们一般在有具体信息需求时才会用到，因此通常只会发生PIS。此外，该模型还反映了信息获取活动的各方面影响因素，包括个人特征、价值观、生活方式以及人们所处的物理环境和社会经济环境，因此被称为"生态模型"。Wil-

---

[①] Williamson Kirsty, "Discovered by Chance: The Role of Incidental Information Acquisition in an Ecological Model of Information Use", *Library and Information Science Research*, Vol. 20, No. 1, 1998, p. 23.

liamson 还指出，IIA 这种方式的出现说明人们有时意识不到自身的信息需求，尤其是对于老年人这一弱势群体来说，他们对通过电脑访问的信息来源会有一个更长的接受过程，因此现有的主要信息来源应该主动了解特殊群体的信息需求并为他们提供服务，从而避免新技术的出现造成进一步的信息不平等。

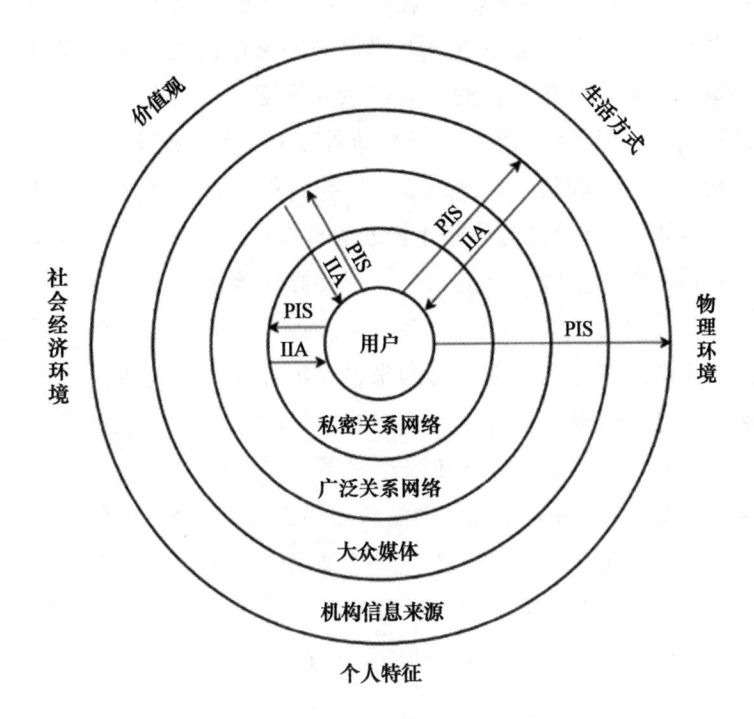

图 3-1　日常生活信息使用生态模型①

Williamson 的日常生活信息使用生态模型一经提出就受到了广泛关注。Ross 发现人们在挑选日常休闲阅读的图书时也会同时采取 PIS 和 IIA 这两种策略：如果想获得安全感和肯定、消除疑虑，人们经常会重读经典或是阅读他们信任的作者发布的新书；但有时他们也想获得意外的惊

---

① Williamson Kirsty, "Discovered by Chance: The Role of Incidental Information Acquisition in an Ecological Model of Information Use", *Library and Information Science Research*, Vol. 20, No. 1, 1998, p. 23.

喜，这时会心血来潮地去发现新的作者或类型，为自己的阅读增添新意。① Ooi 和 Liew 进一步采用该模型作为概念框架研究了读者如何挑选小说类图书：首先考虑模型中心的"用户"要素，识别阅读动机、情绪、价值观和阅读品位、生活方式和财务等个体因素；同时，私人关系网络中的家人和朋友、图书俱乐部，大众媒体中的互联网和社交媒体、传统媒体都会对人们的图书选择产生影响。读者在挑选图书时一般不会首先想到公共图书馆，但是会在挑选好之后去图书馆借阅。该研究发现，书籍图书选择中同时存在着目的性和偶然性维度，虽然人们往往是有目的地去选择图书，但是他们也乐于接受意外碰上的图书推荐。②

随着互联网的普及，上述模型中所包含的日常生活信息来源也得到了扩展。Williamson 等通过研究年轻人的日常生活信息获取活动发现，传统印刷媒体依然扮演着一定的角色，社交媒体逐渐成为他们与朋友沟通的重要工具。目的性信息搜寻更多发生在线上，而报纸和在线新闻平台则都提供了偶遇信息的可能。总的来说，年轻人会广泛地利用各种信息来源满足自己的需求和目标，让他们能够接触到这些信息来源是非常有必要的。③ 针对私人关系网络和广泛关系网络这两大信息来源，Ahmadi 和 Wohn 比较了它们在社交媒体上的新闻偶遇活动中所起到的作用，发现广泛关系网络所包含的弱连接比私人关系网络所包含的强连接更有利于新闻偶遇的发生，而新闻偶遇则会促使人们愿意在社交媒体上花费更多的时间，并且更频繁地关注最新新闻、点击新闻链接等。④

第二节　信息搜寻模式模型

Williamson 的日常生活信息使用生态模型既包含了 PIS 和 IIA 这两种

---

① Catherine Sheldrick Ross, "Finding without Seeking: The Information Encounter in the Context of Reading for Pleasure", *Information Processing & Management*, Vol. 35, No. 6, 1999, p. 783.

② Kamy Ooi and Chern Li Liew, "Selecting Fiction as Part of Everyday Life Information Seeking", *Journal of Documentation*, Vol. 67, No. 5, 2011, p. 748.

③ Kirsty Williamson, et al., "Young Adults and Everyday-Life Information: The Role of News Media", *Library & Information Science Research*, Vol. 34, No. 4, 2012, p. 258.

④ Mousa Ahmadi and Donghee Yvette Wohn, "The Antecedents of Incidental News Exposure on Social Media", *Social Media + Society*, Vol. 4, No. 2, 2018.

信息获取方式，又包含了信息获取的影响因素。Bates 在 2002 年提出的信息搜寻模式（modes of information seeking）模型则专门针对人类的信息获取方式进行了更为细致的划分。需要说明的是，尽管 Bates 在模型的名称中使用了"信息搜寻"这一术语，但是她实际上指的是更高层次的"信息获取"，前文已经清楚阐述了两个概念的内涵并辨析了两者之间的关系。

如图 3-2 所示，该模型基于主动性和方向性两个维度划分出四种模式——搜索、浏览、觉察和追踪，并将其放置于四个象限之中。主动性指的是用户是否积极投入时间和精力去获取信息，分为主动和被动两种情况；方向性则是一个连续变化的维度，从无向到定向，表示信息获取活动的目标由模糊到明确。据 Bates 估计，我们获取的所有信息中有 80% 都是觉察到的，搜索仅带来了 1% 的信息，剩下的则是通过浏览和追踪获取的。

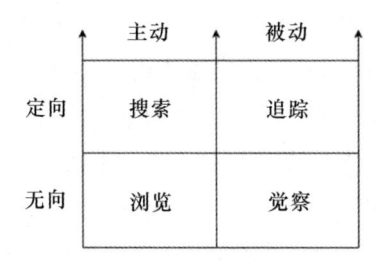

	主动	被动
定向	搜索	追踪
无向	浏览	觉察

图 3-2　信息搜寻模式模型[①]

该模型左侧的两个象限分别呈现了搜索和浏览这两种主动模式，两者都属于信息搜寻的范畴。搜索是为了解决特定问题或是对特定主题领域形成理解而进行的主动尝试。搜索要求用户消耗认知资源，从记忆中唤起合适的查询式来表达具体的信息需求，查询式的构造和重构以及结果的查看与评价都是搜索模式的主要活动。一般来说，人们会在搜索过程中采取最省力原则，即他们倾向于接受更容易获得或使用的信息，即

---

① Marcia J. Bates, "Toward an Integrated Model of Information Seeking and Searching", *The New Review of Information Behaviour Research*, Vol. 3, No. 1, 2002, p. 1.

使知道信息的质量不高。与搜索同属主动模式的浏览则表现出较弱的方向性,虽然用户也是有意识地去获取信息,但是他们的信息需求往往并不是很明确,只是在好奇心的驱使下主动去接触可能带来新发现的信息。

位于该模型右侧两个象限的觉察和追踪都属于信息偶遇的范畴。这两种被动模式的共同之处在于,人们既未预料到自己会获取信息,也未专门为获取信息而付出努力,只是在信息经过身边的时候将其捕获。两种模式的区别体现在方向性上:觉察的信息完全是随机的,环境中的任何信息都有可能引起人们的注意;而追踪到的信息往往是与人们之前已有的问题或兴趣相关的,即存在具体的信息需求,但并不是那么急于解决。Bates指出,觉察和追踪这两种模式就可以提供人们日常生活所需的绝大部分信息,主动的信息搜寻只占很小的比例。

值得一提的是,Wilson在1997年提出的信息行为模型(model of information behavior)中区分了信息搜寻行为的四种类型:被动注意(passive attention)、被动搜索(passive search)、主动搜索(active search)和持续搜索(ongoing search)。[1] 虽然他使用了不同的术语,但是这四种行为类型与上述模型中的觉察、浏览、搜索和追踪具有一一对应的关系。

与Williamson的日常生活信息使用生态模型一样,Bates的信息搜寻模式模型并没有反映信息偶遇现象本身的细节,而是在宏观层面展示不同信息获取方式的区别。Jiang在研究社会图书馆系统用户的信息获取行为时,将Bates的模型作为核心的理论基础并据此设计了在线调查问卷。研究结果显示,用户在社会图书馆系统中获取图书/电影/音乐资源的方式也主要分为搜索、浏览、觉察和追踪四种,大多数用户会结合两种或多种方式,但是会以其中一种方式为主。总的来说,搜索是用户广泛使用的方式,而浏览者所占的比例最高。特别地,主要使用觉察方式(习惯于觉察接受系统主页资源推荐)的用户一般是使用系统还不到半年的新用户;倾向于通过浏览标签找到资源的用户往往已经贡献了大量的标签;喜欢浏览相关资源的用户每次访问都会查看较多资源,而以搜索为

---

[1] T. D. Wilson, "Information Behaviour: An Interdisciplinary Perspective", *Information Processing & Management*, Vol. 33, No. 4, 1997, p. 551.

主的用户查看资源的数量则较少。[①]

Mansour在一项访谈研究中识别了Facebook小组用户在组内获取信息的四种方式：发帖、追踪、评论和搜索。她对这四种方式的区分考虑了信息搜寻模式模型所依据的主动性和方向性两个维度，同时引入了可见性（visibility）维度，即个人的信息活动对其他人是否可见。发帖是一种主动的、有方向的可见活动，用户可以直接在组内发布帖子表达自己的信息需求，其他人可以立即看到并回复；评论是与其他人发布的帖子进行互动的一种方式，属于主动的可见活动，既可以是无向的（如回答偶遇到的问题），也可以是有向的（如受邀回答特定的问题）；追踪是对其他人不可见的活动，用户可能并没有具体的信息需求，而只是想持续关注小组最新动态，他们可以主动去小组主页按时间顺序查看，也可以被动等待系统推送；搜索是传统意义上的主动的、有方向的活动，用户可以通过关键词搜索去了解特定的信息或主题是否已经在小组内讨论过，但这对其他人是不可见的。[②]

在一项在线健康信息渠道选择的调查研究中，Zhang等特别提到了信息搜寻模式模型在LIS领域内的代表性，并将其作为渠道划分的依据之一。他们将中国用户常用的9个在线健康信息渠道分为搜索渠道、浏览渠道和扫描渠道三类。前两类渠道对应着Bates模型中的两种主动模式，而扫描渠道支持信息偶遇，囊括了觉察和追踪模式，例如在日常翻看微信朋友圈或访问与健康无关的微博、论坛、门户时偶遇健康信息。数据分析结果表明，人们对搜索渠道的使用主要是由情绪和健康知识需求驱动的，对浏览渠道的使用受信息主观规范和当前知识感知的影响，而对扫描渠道的使用仅受信息主观规范的影响。[③]

[①] Tingting Jiang, "An Exploratory Study on Social Library System Users' Information Seeking Modes", *Journal of Documentation*, Vol. 69, No. 1, 2013, p. 6.

[②] Ameera Mansour, "Affordances Supporting Mothers'Engagement in Information-Related Activities through Facebook Groups", *Journal of Librarianship and Information Science*, Vol. 53, No. 2, 2021, p. 211.

[③] Di Zhang, et al., "Classification of the Use of Online Health Information Channels and Variation in Motivations for Channel Selection: Cross-Sectional Survey", *Journal Med Internet Res*, Vol. 23, No. 3, 2021, p. e24945.

第三节 信息偶遇经历分析元素模型

1999 年，Erdelez 在 ASIS&T 通报杂志 *Bulletin of the American Society for Information Science*（现名 *Bulletin of the Association for Information Science and Technology*）上发表关于信息偶遇的论文，介绍了信息偶遇经历分析元素（the elements for analysis of an information-encountering experience）模型。[①] 这也是信息偶遇领域的首个理论模型。该模型源自于 Erdelez 在 1995 年完成的博士论文研究，当时她基于问卷和访谈研究确定了信息偶遇的四个维度——用户、环境、信息和需求。[②] 这四个维度正是信息偶遇经历分析元素模型的主要组成部分，如图 3-3 所示。

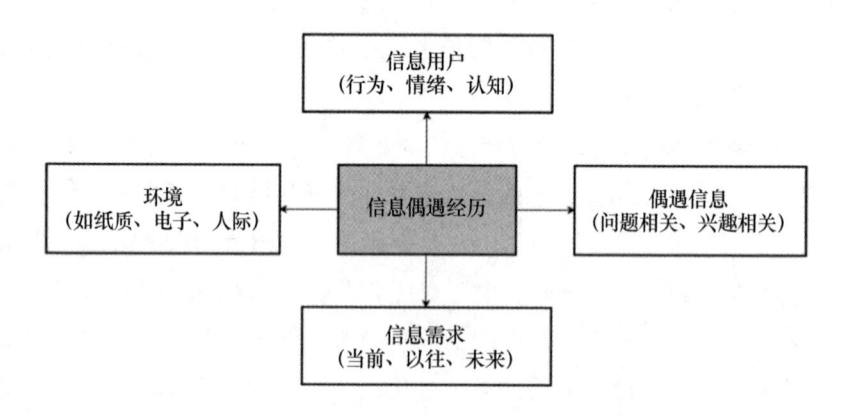

图 3-3 信息偶遇经历分析元素模型[③]

信息用户是信息偶遇的行为主体。Erdelez 将用户划分为"非偶遇者"（non-encounterers）、"偶尔偶遇者"（occasional encounterers）、"偶

[①] Sandra Erdelez, "Information Encountering: It's More Than Just Bumping into Information", *Bulletin of the American Society for Information Science and technology*, Vol. 25, No. 3, 1999, p. 26.

[②] Sanda Erdelez, *Information Encountering: An Exploration Beyond Information Seeking*, Ph. D dissertation, Syracuse University, 1995.

[③] Sandra Erdelez, "Information Encountering: It's More Than Just Bumping into Information", *Bulletin of the American Society for Information Science and technology*, Vol. 25, No. 3, 1999, p. 26.

遇者"（Encounterers）以及"超级偶遇者"（super-encounterers）。这四类用户偶遇信息的频率依次递增——非偶遇者几乎无法回忆起自己有过偶遇的经历；超级偶遇者则将偶遇作为自己获取信息的重要方式，他们偶遇到的信息不仅仅能够满足自己的信息需求，也可能是朋友、亲人、同事等其他人所需要的。Erdelez 强调，研究信息偶遇主体时需要全面考虑他们的行为、情绪和认知。就行为而言，人们在偶遇前一般都处于一种"信息获取氛围"之中，他们可能正在从事主动搜索或其他可能接触到信息的活动，当然也可能正在做与信息获取无关的事情（如等车）；就情绪而言，人们经常会在偶遇前后经历从消极（如不安、不满）到积极（如积极、乐观）的情绪转变；就认知而言，偶遇同样可能给人们带来认知状态的变化，从找不到所需信息时的自责到偶遇到有用信息时的自信。

信息环境是信息偶遇发生的地方。人们以往经常在实体图书馆、书店等地方偶遇到印刷类的信息资源，而互联网的普及为信息偶遇提供了更为便利的条件。由于网络信息资源十分丰富且易获得，即使是不太敏感的偶尔偶遇者和偶遇者都更容易偶遇信息，反而是超级偶遇者会尽可能远离网络而仅从印刷资源中偶遇信息，因为网络会给他们造成信息过载，即可以获取的信息量超过他们可以处理的范围。

信息本身是信息偶遇的客体。Erdelez 将人们偶遇到的信息划分为"问题相关"（problem-related）和"兴趣相关"（interest-related）两种类型。与问题相关的信息可以用于解决人们已有的具体问题，但这个问题并不是他们当前主动探究的，而是早些时候尝试解决却并未成功的问题。与兴趣相关的信息通常是人们以前从未尝试获取的信息，这样的信息对于他们来说具有潜在的价值，但当时可能还不太清楚其用途。

信息需求的满足是信息偶遇的结果。偶遇到的信息可能用于满足当前的、以往的或是未来的需求。人们更希望发生能够满足当前或未来需求的信息偶遇，因为他们不必付出努力就能获得所需信息；而能够满足以往需求的信息偶遇会由于为时已晚反而令他们感到不快。Erdelez 特别指出，信息偶遇会使得人们在多个需求之间——有可能是在多个并存的当前需求之间，也可能是不同时间段存在的需求之间——发生跳转，这种复杂性反映了人类信息活动的真实情况。

信息偶遇经历分析元素模型从总体上反映了构成信息偶遇现象的特征维度，此后研究人员通过不同背景中的实证研究验证了用户、环境和需求维度中各因素对信息偶遇的影响。Solomon 和 Bronstein 针对家庭法律律师群体开展问卷调查，由于难以直接从数据库获取所需的法庭裁决信息，这一群体在很大程度上依赖意外发现。研究结果表明，家庭法律律师经常在执业过程中偶遇与家庭/宗教法庭裁决相关的信息，偶遇的高频率足以使其成为上述模型中的超级偶遇者；他们认为电子信息源是最有利于偶遇发生的信息环境。此外，偶遇到的信息可以帮助他们解决四类问题——正在处理的法律案件、考虑可能处理的法律案件、过去处理的已结案法律案件、同事正在处理或考虑可能处理的法律案件。这些问题体现了超级偶遇者当前的、以往的和未来的信息需求。[①] 在一项公众的法律信息获取研究中，O'Hare 和 Erdelez 通过调查未接受过专业法律培训的成年人发现，用户个人特征和环境因素与信息偶遇频率显著相关。具体而言，年轻人、非白种人、与法律体系打过更多交道的人偶遇法律信息的频率更高；同时，接触多个信息源和大众媒体的人也更经常搜寻及偶遇法律信息。[②]

为了揭示物理环境设计对信息偶遇的影响，Makri 等观察了 9 位参与者在某书店里执行一项目标导向型任务（找到一本具体的书）和一项探索型任务（自由逛书店）的情况，并在观察结束后对其进行访谈。研究发现，该书店的设计对目标导向性任务不太友好，但能够很好地支持探索型任务，两种任务的执行过程中都发生了信息偶遇，而且所有的参与者都偶遇到了有趣的书。该书店的几项物理设计特色促进了偶遇的发生：在书架上连续放置书籍能够促使人们沿着书架横向浏览；在书店内提供座椅能够使人们更愿意停留，阅读时感受不到压力；将一些图书的封面向外展示有利于吸引读者的注意力。此项研究体现了信息环境所提供的

---

① Yosef Solomon and Jenny Bronstein, "Serendipity in Legal Information Seeking Behavior", *Aslib Journal of Information Management*, Vol. 68, No. 1, 2015, p. 112.

② Sheila O'Hare and Sanda Erdelez, "Legal Information Acquisition by the Public: The Role of Personal and Environmental Factors", *Proceedings of the Association for Information Science and Technology*, Vol. 54, No. 1, 2017, p. 298.

可查找性（findability）和可发现性（discoverability）之间的竞争关系。①

第四节　信息偶遇功能模型

Erdelez 提出的信息偶遇功能模型（a functional model of information encountering）是首个信息偶遇功能模型。该模型同样萌芽于 Erdelez 的博士论文研究②，然后在她后续的一项探索性研究中初见雏形。她采用小组访谈、个人访谈以及问卷调查方法对网络用户的信息偶遇经历开展研究，认为信息偶遇事件是人们在从事与信息相关的主线活动中发生的"插曲"，并且是由以下功能要素组成的。

·注意（noticing）——意料之外的信息吸引了用户的注意；

·暂停（stopping）——用户暂时从正在从事的其他活动中抽离出来，将注意力转移到偶遇信息上；

·检验（examining）——用户通过阅读或其他方式进一步了解偶遇到的信息；

·存储（storing）——用户将偶遇到的信息存储在记忆中或是物理载体上以供未来使用；

·使用（use）——将偶遇到的信息用于满足个人需求或是与他人分享；

·返回（returning）——用户回到被信息偶遇打断的原始活动中。

2004 年，Erdelez 在 LIS 领域权威期刊 *Information Processing and Management* 上发表论文，首次以图形的方式展现了信息偶遇事件的功能要素，如图 3-4 所示。可以发现，她引入"捕获"（capturing）这一要素代替了上述的"存储"和"使用"，并将其定义为："用户对偶遇到的信息进行抽取与保存以供未来使用。"2005 年，Erdelez 在由 ASIS&T 出版的

---

① Stephann Makri, et al., "Discovering the Unfindable: The Tension between Findability and Discoverability in a Bookshop Designed for Serendipity", paper delivered to Human-Computer Interaction-INTERACT 2019: 17th IFIP TC 13 International Conference, sponsored by Springer, Paphos, Cyprus, September 2–6, 2019.

② Sanda Erdelez, *Information Encountering: An Exploration Beyond Information Seeking*, Ph.D dissertation, Syracuse University, 1995.

《信息行为理论》一书中贡献了《信息偶遇》一章,正式提出信息偶遇功能模型,将"注意""暂停""检验""捕获""返回"视为信息偶遇事件的五个步骤。

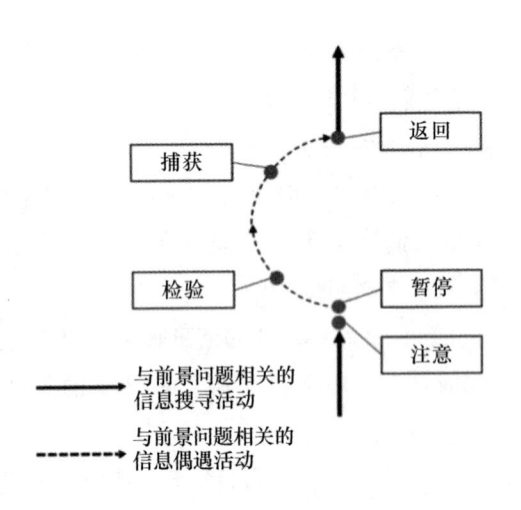

图 3-4　信息偶遇功能模型①

在信息偶遇功能模型中,信息偶遇是内嵌于信息搜寻过程中的——实线箭头表示与"前景问题"相关的信息搜寻活动,虚线箭头则表示与"背景问题"相关的信息偶遇活动。其中,前景问题是人们主动搜寻信息想要解决的问题,而背景问题是可能同时存在的其他问题,与当前需要解决的问题无关,但恰好与偶遇到的信息有关。由于人类感知系统存在局限,大多数人通常一次只能关注一个问题,这就需要对并存的问题分配优先级。因此,信息偶遇的发生意味着前景问题和背景问题的优先级发生了对调。Erdelez 特别指出,该模型反映的是一个完整的信息偶遇事件,但实际中可能并不是所有的功能要素都会出现,这会受到用户特征(如用户注意到潜在信息的能力、脱离当前任务的意愿)和环境特征(如环境是否为用户识别、检验、捕获信息提供了便利)的

---

① Karen E. Fisher, et al., *Theories of Information Behavior*, Medford: Information Today, 2005.

影响。[1]

信息偶遇功能模型反映了用户注意力从前景问题向背景问题的转移，这为受控环境中信息偶遇的触发提供了理论基础。由于以往研究大多采取回溯式的自我报告方法采集人们的信息偶遇经历，Erdelez试图评估根据研究需要触发信息偶遇的可行性，以期推动信息偶遇研究方法的发展。她为信息偶遇的触发进行了巧妙的研究设计：首先为研究参与者（选课学生）布置统一任务（课程作业），形成背景问题；然后邀请他们参与一项搜索研究并完成给定任务（购物搜索），形成前景问题；在为前景问题进行信息搜索得到的结果列表中会出现一个"误检"的结果条目——与前景问题无关，但与背景问题有关——作为"信息偶遇触发物"（IE trigger）。Erdelez认为这次尝试并没有成功触发"完整"的信息偶遇事件，因为绝大多数参与者只表现出了注意，仅有一位参与者进行了捕获，而完全没有观察到暂停、检验或返回等要素。这一方面可能是由于参与者按要求专注于执行前景搜索任务，抑制了信息偶遇的自然发生；另一方面，则可能归因于前景任务的人为属性，与参与者的真实信息需求无关。Erdelez进一步指出，这次触发信息偶遇的尝试对于理解信息偶遇事件中的"注意"要素具有重要的意义，并提出三个相关假设：（1）用户对信息偶遇触发物的感知并不意味着他们在认知层面联想起了背景问题；（2）用户在信息偶遇触发物和背景问题之间建立起了认知关联，但是他们可能决定继续专注于与前景问题相关的信息活动；（3）用户可能在感知到信息偶遇触发物后，将其与背景问题关联起来，将焦点从前景问题转移到背景问题上，然后进入信息偶遇的下一个步骤。[2]

该模型后来被应用于信息素养和个人信息管理研究中。Stewart等将个人信息管理（personal information management）定义为："个人为了扮演好自己在生活中的各种角色而对数字化的个人物品进行收集、存储、组

---

[1] Sanda Erdelez, "Investigation of Information Encountering in the Controlled Research Environment", *Information Processing & Management*, Vol. 40, No. 6, 2004, p. 1013.

[2] Sanda Erdelez, "Investigation of Information Encountering in the Controlled Research Environment", *Information Processing & Management*, Vol. 40, No. 6, 2004, p. 1013.

织和检索的能力。"因而,他们认为个人信息管理对应的就是信息偶遇功能模型中的捕获。① Stewart 和 Basic 在后续研究中针对参加信息素养课程学习的本科生开展问卷调查,问卷的问题参照已有的信息偶遇量表设计,涉及信息偶遇功能模型中的注意、暂停、检验和捕获等步骤。他们发现绝大部分本科生经常在网上偶遇意想不到的有用信息,并且停下来去了解信息内容,但是他们很少会利用浏览器自带的书签功能对偶遇信息进行捕获,留待以后使用。②

作为首个信息偶遇过程模型,Erdelez 的信息偶遇功能模型在之后 20 年时间内得到了多次改进,较具有影响力的改进模型包括 Jiang 等的在线信息偶遇整合模型③以及 Erdelez 和 Makri 的信息偶遇过程改进模型④,下文将对这两个模型进行详细阐述。

第五节 意外发现分面概念模型

尽管 Erdelez 早在 1995 年就提出了"信息偶遇"的概念并且构建了两个以"信息偶遇"命名的模型,后来很多学者还是使用"意外发现"这一术语开展研究,从而出现了一系列以"意外发现"命名的模型,其中最早的是由 Rubin 等于 2011 年提出的意外发现分面概念模型(the conceptual model of serendipity facets)。他们采取了名为"精选博客挖掘"(Selective blog mining)的新方法开展研究,通过 16 个查询式在 GoogleBlog Search 平台上搜索得到 56 条描述。这些描述都满足三个基本要求:(1)明确提到偶然的发现;(2)内容丰富,提供了偶然发现的背景细节;(3)强调意外结

---

① Kristine N. Stewart, et al., "Odi and Information Literacy: Personal Information Management in a World of Information Overload", *Proceedings of the American Society for Information Science and Technology*, Vol. 49, No. 1, 2012, p. 1.

② Kristine N. Stewart and Josipa Basic, "Information Encountering and Management in Information Literacy Instruction of Undergraduate, Students", *International Journal of Information Management*, Vol. 34, No. 2, 2014, p. 74.

③ Tingting Jiang, et al., "Online Information Encountering: Modeling the Process and Influencing Factors", *Journal of Documentation*, Vol. 71, No. 6, 2015, p. 1135.

④ Sanda Erdelez and Stephann Makri, "Information Encountering Re-Encountered", *Journal of Documentation*, Vol. 76, No. 3, 2020, p. 731.

果的发生。每一条描述都反映了一次偶然发现的经历，这样的经历通常都是在搜索无关信息或是开展其他无关活动时发生的。在所有描述中，有24条涉及在线环境中的偶然发现，其余都是线下环境中的偶然发现。在数据分析阶段，Rubin等使用已有文献中的关键概念来指导编码工作，同时关注数据集中浮现出来的新概念，最终归纳出意外发现的多个分面及其之间的内在关联，从而构建了意外发现分面概念模型。[①]

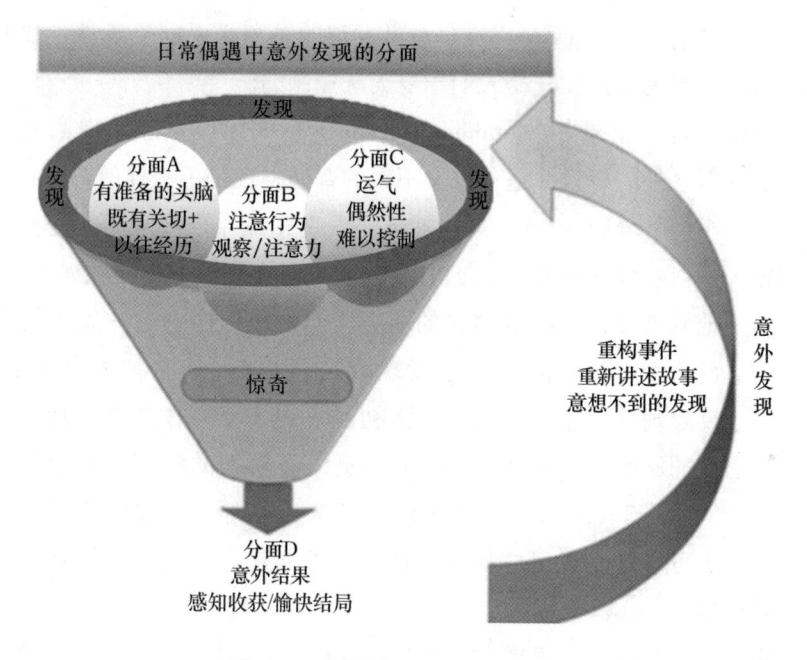

图3-5 意外发现分面概念模型

如图3-5所示，意外发现分面概念模型包含一个核心概念——"发现"（the find），即人们偶遇到的东西，可以是物品、地点、人物，也可以是信息或想法，这些东西对于偶遇者来说具有某种价值。该模型以漏斗的形式来展示"发现"，将意外发现的所有分面联系起来。这些分面包括：

[①] Victoria L. Rubin, et al., "Facets of Serendipity in Everyday Chance Encounters: A Grounded Theory Approach to Blog Analysis", *Information Research*, Vol. 16, No. 3, 2011, p. 27.

- A."有准备的头脑"（prepared mind）——进一步由"既有关切"（prior concern）和"以往经历"（prior experience）组成。前者指的是预先存在、有待解决的问题，它可能会影响注意，与现有问题相关的发现更有可能引起注意；后者则是指个人积累的知识或技能，它能够帮助人们更好地理解发现的独特性、相关性或重要性。
- B."注意行为"（act of noticing）——将注意力从当前主动从事的活动转移到环境中的线索上。
- C."运气"（chance）——意外发现的一个必要前提条件，强调发现的偶然性或无计划性，是人们本身无法控制的。
- D."意外结果"（fortuitous outcome）——强调意外发现给人们所带来的意料之外的好处，这与意义不大的普通发现是不一样的。

以上模型将分面 A、B、C 放置于"发现"漏斗内部来反映它们之间的紧密关系：意外发现要求人们必须具备有准备的头脑，当相关的发现出现时，他们需要具备注意到它的能力，但是他们遇到这一发现是全凭运气。漏斗下方的分面 D 表示发现给人们带来了有价值的意外结果，只有经过反思确认了结果的价值，最初的发现才能算作意外发现，这正是模型右侧的回溯箭头所表示的观点。此外，模型的漏斗中还包含一个元素——"惊奇"（surprise）。Rubin 等认为，惊奇可能起到两种不同的作用，它有可能是注意反应的触发物，也可能是人们对意外发现的认知或情感反应。

意外发现分面概念模型中的各个元素在后来的研究中不断得到验证。Martin 和 Quan-Haase 专门针对历史学家的意外发现经历开展了访谈研究，发现他们会在工作中提前创造一种有利于意外发现发生的环境，并且认为关键词搜索无法向外扩展或显示可能相关的信息，从而在很大程度上降低了意外发现的可能性。该研究指出，历史研究工作中的意外发现十分强调"有准备的头脑"和"注意行为"，历史学家擅长搜索、浏览、发现，他们会有意识地注意身边的信息并与自己的研究建立关联。[①]

[①] Kim Martin and Anabel Quan-Haase, "The Role of Agency in Historians' Experiences of Serendipity in Physical and Digital Information Environments", *Journal of Documentation*, Vol. 72, No. 6, 2016, p. 1008.

Workman 等探讨了基于文献的意外知识发现（serendipitous knowledge discovery）。他们认为意外发现分面概念模型中的"既有关切"和"以往经历"是意外知识发现的两个重要影响因素，并在此基础上识别出意外知识发现的四个关键特点：（1）意外知识发现是一个不断迭代的过程；（2）人们的初始信息需求可能在意外知识发现过程中变得更清晰或融入新的主题；（3）意外知识发现基于用户的先验知识；（4）信息的组织和呈现方式对意外知识发现非常重要。[①]

惊奇是六种基本的人类情绪之一。Sun 等在研究情绪对信息偶遇的影响时，设计了一款素描游戏来激发参与者的积极或消极情绪并为其提供潜在的意外信息。在利用皮肤电活动（electrodermal activity）测量了他们的情绪反应后，研究者发现，遇到信息前产生了积极情绪的参与者对意外发现的感知要高于带有消极情绪的参与者，这说明意外发现分面概念模型中的"惊奇"元素可以起到触发注意反应的作用。[②]

Yadamsuren 和 Erdelez 对意外发现分面概念模型中"意外结果"的内涵进行了扩展，认为该元素也包括意外发现带来的情绪结果。她们指出，偶遇到糟糕的或是令人不安的新闻可能造成消极情绪，有时人们甚至可能因为觉得偶遇新闻让自己浪费了时间或无法集中精力工作而感到愧疚。此外，她们也认同"惊奇"元素对注意反应的触发作用，因为人们看到令人惊奇的新闻故事时会出于好奇而经历新闻偶遇。[③] 在此基础上，Yadamsuren 和 Erdelez 提出了在线新闻偶然接触概念框架，下文将对其进行详细阐述。

---

① T. Elizabeth Workman, et al., "Framing Serendipitous Information-Seeking Behavior for Facilitating Literature-Based Discovery: A Proposed Model", *Journal of the Association for Information Science and Technology*, Vol. 65, No. 3, 2014, p. 501.

② Xu Sun, et al., "Investigating the Impact of Emotions on Perceiving Serendipitous Information Encountering", *Journal of the Association for Information Science and Technology*, Vol. 73, No. 1, 2022, p. 3.

③ Borchuluun Yadamsuren and Sanda Erdelez, "Incidental Exposure to Online News", *Synthesis Lectures on Information Concepts, Retrieval, and Services*, Vol. 8, No. 5, 2016, p. 1.

第六节 意外发现过程实证模型

2012 年，Makri 和 Blandford 在发表于信息科学权威期刊 *Journal of Documentation* 的论文中提出了意外发现过程实证模型（*empirically-grounded process model of serendipity*）。他们对 28 位跨学科研究人员开展了半结构化的关键事件访谈，要求参与者提供并讨论自己在研究工作或日常生活中偶然发现信息的难忘经历。他们在分析、理解访谈数据时借鉴了 Rubin 等的意外发现分面概念模型以及 Lawley 和 Tompkins 的意外发现感知模型（perceptual model of serendipity）。[1] 这两个模型分别反映了意外发现的本质特征和结构化过程。

然而，Makri 和 Blandford 认为，模型未能清楚揭示什么样的事件才可被视为意外发现，而且没有区分"事件"及其导致的"结果"。因此，他们在创建意外发现过程实证模型（见图 3-6）时强调了意外情况所激发的心理关联（mental connection），并对该过程中的各个阶段进行了详细阐释。

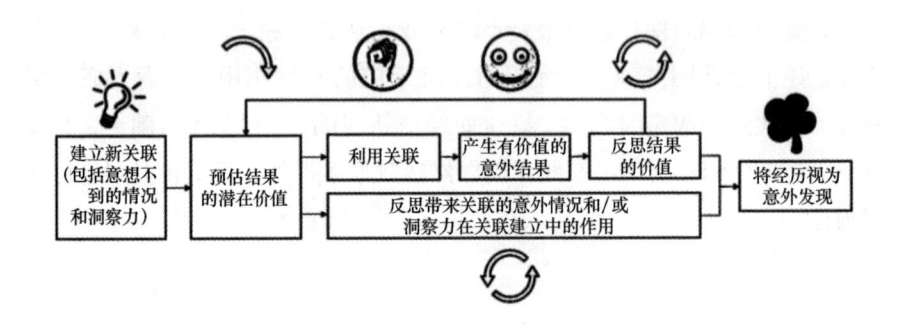

图 3-6 意外发现过程实证模型[2]

---

[1] Lawley J., Tompkins P., "Maximising Serendipity: The Art of Recognising and Fostering Potential", *Esitetty Tilaisuudessa The Developing Group*, Vol. 7, 2008.

[2] Stephann Makri and Ann Blandford, "Coming across Information Serendipitously-Part 1: A Process Model", *Journal of Documentation*, Vol. 68, No. 5, 2012, p. 684.

建立新关联（make new connection）。人们的需求包括信息需求和非信息需求、已知需求和无意识需求，身边的人、事件、场所、信息或实物都有可能帮助人们解决需求。在当前发生或过往发生事情的激发下，人们在需求和可能解决需求的事物之间建立起心理关联。他们可能并不是在事情发生时就立即建立起关联，而是在以后的某个时候，甚至到最后都有可能未建立起关联。在人们的主观判断中，起到激发作用的事情一般都具有较强的意外性，而且关联的建立离不开较高的洞察力。此外，能够建立关联的个体需要具备开放的、有准备的头脑；反之，闭塞的、无准备的头脑可能阻碍关联的建立。

预估结果的潜在价值（project potential value of outcome）。一旦心理关联建立起来，人们就可以对结果的潜在价值进行预估。结果的价值可能在关联建立时就显现出来，也可能在以后才逐渐显现出来。因此，在价值完全显现出来以前，人们随时都有可能进行预估。结合之后的反思，人们会发现结果的潜在价值可能与之前认为的不太一样，但是这种主观感知会随着时间的推移稳定下来。

利用关联（exploit connection）。如果人们认为新建立的关联可能带来有价值的结果，就会主动采取各种行动利用该关联，例如保持可能有用的人际关系、分享或使用偶遇到的信息等。个体具备利用关联的意愿和能力对于结果价值最大化至关重要，而意愿经常会受到情绪状态的影响。比如说，人们在心情愉悦、感到放松时更愿意采取行动，而在心情糟糕、紧张、疲惫、时间压力大时则会降低意愿。

产生有价值的意外结果（valuable, unanticipated outcome）。利用关联得到的结果以意料之外的方式帮助人们解决了需求。结果的价值可能体现在不同的方面，包括提供了能够拓宽现有知识边界的新洞察和新观点、具有较大或长期的影响、及时解决了问题、节省了时间等。

反思结果的价值（reflect on value of outcome）。人们对结果价值的反思开始于价值初显之时，直至价值完全显现出来时结束。这是一个循环的过程，需要不断地预估价值、利用关联、反思价值，才能对真实价值形成准确的认识。在反思结果价值的同时，人们也会反思带来新关联的意外情况以及建立关联所需的洞察力。

将经历视为意外发现（consider as serendipity）。基于对结果价值以及意外性、洞察力的反思，人们可以将这段经历视为意外发现，但并不是明确为其贴上一个"意外发现"标签，而是关于心理关联对结果价值影响的模糊判断。

　　Makri 和 Blandford 表示，意外发现过程实证模型为意外发现经历的描述与理解提供了一种结构化的手段，其中建立新关联、预估结果的潜在价值、利用关联、产生有价值的意外结果这四个阶段都是基于实证数据分析形成的，而反思结果的价值、将经历视为意外发现这两个阶段则是通过理论推断形成的。由于该模型比较抽象，后来的研究针对意外发现过程各阶段的具体实现方式进行了深入的探讨，尤其为心理关联的建立和结果价值的反思提供了可行的思路或可用的工具。

　　为了理解移动用户如何与新信息建立关联，Kefalidou 和 Sharples 开展了一项由三个阶段组成的日记研究。第一阶段，初步了解 16 位参与者的背景信息、日常习惯和个人喜好等，并基于此为他们定制一些文字建议；第二阶段，连续五天向参与者发送定制的文字建议，参与者需要根据自己收到的内容记录日记；第三阶段，回顾参与者提供的日记，对他们记录的经历进行讨论分析。该研究发现，建立关联是一个多层次的过程，技术环境、物理环境和社会环境都会在其中起到中介作用，移动建议系统（mobile suggestion systems）应该支持包容关联建立、反思以及意外发现的整体框架，提出建议时须注重趣味性，这样可以促使用户将建议分享给家人和朋友，有助于他们拓展社会交往。[1] 在 Rahman 和 Wilson 的研究中，一款名为 Feegli 的技术探索性搜索引擎可以将与用户在 Facebook 上点赞过的内容相关的搜索结果高亮显示出来，从而帮助用户在网络搜索的过程中建立关联。该研究邀请 14 位参与者连续七天使用 Feegli 进行搜索并每日填写结构化的日记记录表，将搜索日志和日记条目结合起来开展数据分析。研究结果表明，休闲和工作情境下的搜索过程中，人们都会有意外发现，用户的"洞察力"对于关联的建立

---

[1] Genovefa Kefalidou and Sarah Sharples, "Encouraging Serendipity in Research: Designing Technologies to Support Connection-Making", *International Journal of Human-Computer Studies*, Vol. 89, 2016, p. 1.

起到了关键作用。①

　　Maxwell 等采用意外发现过程实证模型作为基本框架，设计了一款名为 SerenA 的语义速写工具，用以支持整个意外发现过程，特别是结果价值反思阶段，旨在为用户创造更多的意外发现机会。SerenA 允许用户创建多模态（包括文本、超链接、图片、音频、视频）的笔记、在笔记中添加元数据、编辑或删除笔记、通过多种方式（按分类、日期、标题、标签等）访问笔记、定制速写本的封面和标题、导入/导出/移动笔记或在不同速写本间共享笔记等，这些功能为用户提供了"思考"或"反思"的空间。② 进一步地，Makri 等认为人们会试图从获得的结果中创造价值，因而邀请 12 位参与者对自己偶遇到的信息进行截图，随后就截图内容对参与者开展深度访谈。访谈结果显示，参与者对偶遇信息价值的评估是非常主观的，取决于他们对价值的期望和实际情况。促使他们挖掘偶遇信息价值的动机包括该信息可能比初始目标更有用、用于实现既有目标、提升当前知识水平、对身边的人有用、与个人兴趣相关、令人感到愉悦等。同时，意外发现过程中的价值创造也可能受到一些阻碍，例如没有充足的时间探索信息、该信息在当下没有用处或是不如一开始认为的那么有用。③

第七节　意外发现经历过程模型

　　McCay-Peet 和 Toms 长期针对工作相关的意外发现开展研究，于 2015 年提出了意外发现经历过程模型（the process of a serendipitous experience），并将其发表在 LIS 领域权威期刊 *Journal of the Association for Information*

---

① Ataur Rahman and Max L. Wilson, "Exploring Opportunities to Facilitate Serendipity", Paper delivered to Proceedings of the 38th International ACM SIGIR Conference on Research and Development in Information Retrieval, sponsored by ACM, Santiago, August 2015.

② Deborah Maxwell, et al., "Designing a Semantic Sketchbook to Create Opportunities for Serendipity", Paper delivered to The 26th BCS Conference on Human Computer Interaction, sponsored by the BookMetaHub, United States, 12 – 14 September 2012.

③ Stephann Makri, et al., "After Serendipity Strikes: Creating Value from Encountered Information", *Proceedings of the Association for Information Science and Technology*, Vol. 54, No. 1, 2017, p. 279.

Science and Technology 上。① 该模型的雏形最早于 2010 年问世，反映了知识工作中的意外发现过程：正在为任务 A 寻找解决办法的个体感知到的触发物（trigger）或外界刺激激发起一种异类联想（bisociation），让原来看似无关的信息或想法在心智模型中产生碰撞，为任务 A 或任务 B 带来意想不到的解决办法（unexpected solution）；而促成条件（precipitating conditions）为整个过程提供了基础，对于意外发现来说是不可或缺的。②

McCay-Peet 和 Toms 对 12 位学者或专业人员提供的 15 个意外发现实例进行了主题分析，将研究发现与上述雏形结合起来，参考了 Rubin 等人的意外发现分面概念模型和 Makri 与 Blandford 的意外发现过程实证模型等，正式提出了意外发现经历过程模型。如图 3-7 所示，该模型包含以下七个主要元素。

· 触发物（trigger）——引起人们注意的外界线索，可能表现为语言、文字、视觉等形式，是意外发现的催化剂。

· 延迟（delay）——人们感知到触发物后到将其与自身知识、经验关联起来之前的间隔。

· 关联（connection）——对触发物与自身知识、经验之间关系的认识：包括对已有问题的关联，即触发物具有解决既有问题或需求的潜力；也包括对新方向的关联，即触发物可能为以前未意识到的问题或兴趣开拓新的机会。

· 跟进（follow-up）——为了获得有价值的结果而采取的行动，包括捕获（发邮件、加书签、记录或复印等）、准备应用（如测试、反思、学习、研究等）、抓住机会。这些行动在粒度、深度和重要性上都存在一定差异，旨在充分利用前面的触发物或关联。

· 有价值的结果（valuable outcome）——意外经历对个人、组织或社区甚至是在全局范围内已产生的或预期产生的积极影响，新颖性是决

---

① Lori McCay-Peet and Elaine G. Toms, "Investigating Serendipity: How It Unfolds and What May Influence It", *Journal of the Association for Information Science and Technology*, Vol. 66, No. 7, 2015, p. 1463.

② Lori McCay-Peet and Elaine G. Toms, "The Process of Serendipity in Knowledge Work", Paper delivered to IIiX '10: Proceedings of the Third Symposium on Information Interaction in Context, sponsored by ACM, United States, August 12-14, 2010.

定结果价值的重要因素。

·意外的线索（unexpected thread）——在以上触发物、关联、跟进、有价值的结果等元素中出现的意料之外的、偶然的、令人惊奇的线索，这样的线索可能贯穿意外发现的整个过程。

·对意外发现的感知（perception of serendipity）——对意外经历的反思或重构，触发物、关联、有价值的结果、意外的线索都是其中的必要元素，而延迟和跟进并不一定会发生。

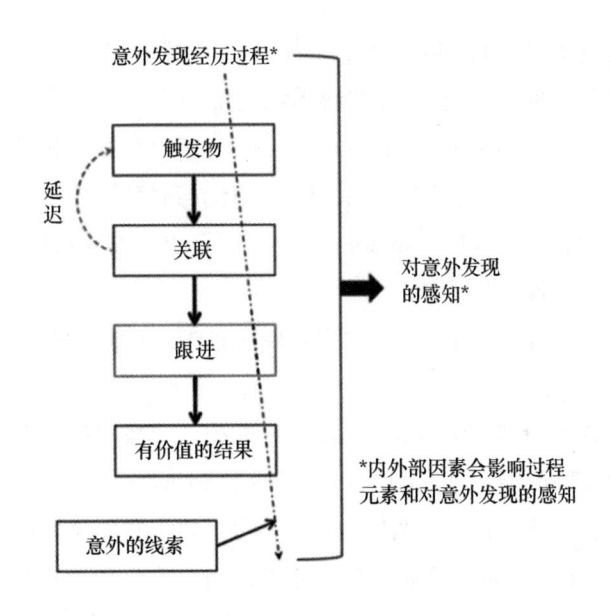

图3-7 意外发现经历过程模型①

总的来说，图3-7所反映的意外发现过程从注意"触发物"开始，接下来是在触发物和个人知识、经验之间建立"关联"，如果未能成功建立关联，就会出现"延迟"，在模型中以反向的虚线箭头表示。"跟进"以特殊的灰色长方形表示，这是因为跟进可能持续一段时间，在其结束

---

① Lori McCay-Peet and Elaine G. Toms, "Investigating Serendipity: How It Unfolds and What May Influence It", *Journal of the Association for Information Science and Technology*, Vol. 66, No. 7, 2015, p. 1463.

前有可能发生"有价值的结果"和"对意外发现的感知"。"意外的线索"并不能单独存在,而是与其他元素交织在一起的。最后,人们对触发物、关联、有价值的结果和意外的线索这四个关键元素的意识与理解共同组成了"对意外发现的感知"。需要特别指出的是,这些元素会受到内外部因素的影响。McCay-Peet 和 Toms 在论文中总结了可能影响意外发现过程的四个环境相关因素和三个用户相关因素。

·触发物丰富（trigger-rich）——环境中存在很多可能激发意外发现的感官线索。

·触发物显著（highlights triggers）——环境中存在能够突出、指向触发物的事物,使个体更容易注意到触发物。

·支持关联（enables connections）——环境中存在能够促进探索、批判性思考、知识和观点分享的事物,帮助个体看到信息和想法之间的联系。

·支持捕获（enables capturing）——环境中存在能够帮助个体保存触发物以待以后使用的事物。

·开放性（openness）——用户表现出好奇、开放、乐于接受的个人特质。

·有准备的头脑（prepared mind）——个人的知识和经验。

·建立关联的能力（ability to make connections）——用户能够通过批判性或创造性的思考,在偶遇到的信息与自身知识和经验之间建立联系。

Wopereis 和 Braam 以表现出较高不可预测性的专业即兴音乐领域为背景,对 McCay-Peet 和 Toms 的意外发现经历过程模型进行验证。他们通过半结构化访谈获得的数据与该模型非常契合,模型中的"触发物""关联""有价值的结果""意外的线索""对意外发现的感知"等主要元素以及"触发物丰富""开放性""有准备的头脑"等影响因素都在数据中得以体现。该研究还揭示了可能影响意外发现的其他因素,例如好奇心、兴趣、主动性等。这意味着意外发现并不是完全随机的现象,人们也可以设法"寻求"意外发现。[①] Bird-Meyer 等则以新闻领域为背景开展访谈

---

① Lori McCay-Peet and Elaine G. Toms, "Investigating Serendipity: How It Unfolds and What May Influence It", *Journal of the Association for Information Science and Technology*, Vol. 66, No. 7, 2015, p. 1463.

研究，发现新闻工作者的"新闻判断"与意外发现经历过程模型中的"关联"存在高度相似，他们进而会将自己的价值观与关联进行配对，这类似于"跟进"。此外，"有准备的头脑"在新闻工作者的新闻判断和故事创作中发挥了重要作用。① 意外发现经历过程模型中的"有价值的结果"强调了新颖性的重要性。Zhuang 等以此为依据，将新颖性作为意外发现的预测指标，用于分析用户的开放式浏览行为。②

尽管意外发现经历过程模型并未将内外部影响因素直接展示出来，但这些影响因素还是受到了广泛关注，为后来的相关研究提供了理论基础。O'Brien 和 McCay-Peet 在设计数字环境意外性量表（serendipitous digital environment scale）时充分考虑了 McCay-Peet 和 Toms 提出的环境相关因素，将该量表分为四个子量表，分别为支持关联、触发物显著、触发物丰富、指向意料之外的事物，旨在从不同维度测量数字环境对意外发现的促进作用。③ 一项针对 YouTube 用户的问卷调查研究表明，支持关联和引入意料之外的信息能够对意外发现感知产生显著影响，进而影响用户的心流体验。④

第八节　在线信息偶遇整合模型

Jiang 等于 2015 年提出了在线信息偶遇整合模型（an integrated model of online information encountering），并将其发表在 LIS 领域权威期刊 *Journal of Documentation* 上，全面反映了在线信息偶遇过程及其影响因素。她

---

① Matthew Bird-Meyer, et al., "The Role of Serendipity in the Story Ideation Process of Print Media Journalists", *Journal of Documentation*, Vol. 75, No. 5, 2019, p. 995.

② Mengdie Zhuang, et al., "Can User Behavior Sequences Reflect Perceived Novelty?", Paper delivered to Proceedings of the 27th ACM International Conference on Information and Knowledge Management, sponsored by ACM, Torino, Italy, October 22 – 26, 2018.

③ Heather L. O'Brien and Lori McCay-Peet, "Asking" "Good" Questions: Questionnaire Design and Analysis in Interactive Information Retrieval Research", Paper delivered to Proceedings of the 2017 Conference on Conference Human Information Interaction and Retrieval, sponsored by ACM, Oslo, Norway, March 7 – 11, 2017.

④ Hsi-Peng Lu and Yi-Hsiu Cheng, "Sustainability in Online Video Hosting Services: The Effects of Serendipity and Flow Experience on Prolonged Usage Time", *Sustainability*, Vol. 12, No. 3, 2020, p. 1271.

们对 16 名参与者开展了关键事件访谈和半结构化访谈,要求参与者回忆并描述新近发生的在线信息偶遇事件并基于自己提供的事件经历进一步谈论影响信息偶遇发生的各种潜在因素。该研究一共采集到 27 个有效的在线信息偶遇事件并对其进行分面编码,然后对半结构化访谈数据进行开放编码,最后将定性分析结果整合起来形成了在线信息偶遇整合模型(见图 3-8)。①

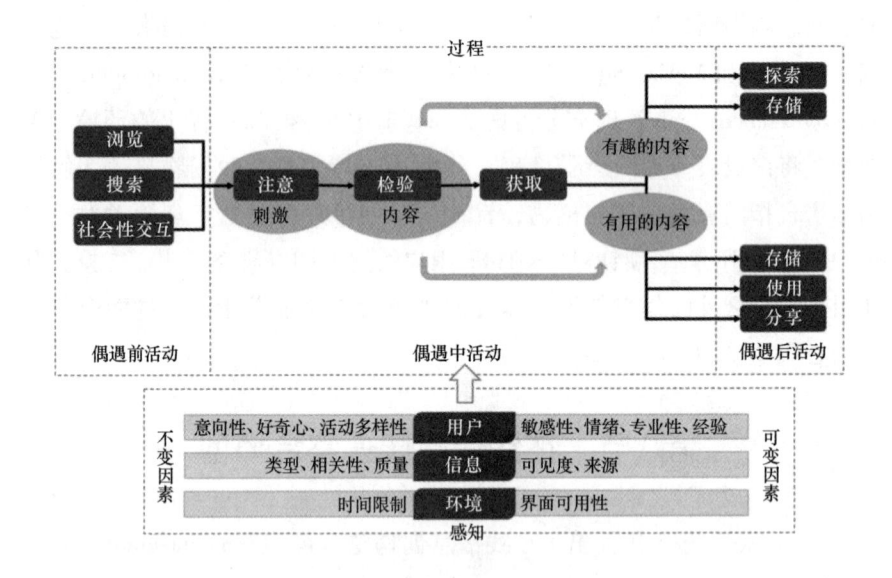

图 3-8 在线信息偶遇整合模型②

Jiang 等提出的在线信息偶遇整合模型由"过程"和"感知"两个部分组成,它们相对独立,又存在一定的关联。位于模型上方的"过程"部分将信息偶遇的物理过程分为三个阶段——偶遇前、偶遇中和偶遇后。不同于 Erdelez 在信息偶遇功能模型中将偶遇事件视为信息搜寻过程中的"插曲",该模型是以信息偶遇本身为中心的,重点反映了信息偶遇的

---

① Tingting Jiang, et al., "Online Information Encountering: Modeling the Process and Influencing Factors", *Journal of Documentation*, Vol. 71, No. 6, 2015, p. 1135.

② Tingting Jiang, et al., "Online Information Encountering: Modeling the Process and Influencing Factors", *Journal of Documentation*, Vol. 71, No. 6, 2015, p. 1135.

"微过程"（micro-process），即偶遇中阶段。

　　Jiang 等在描绘偶遇中阶段时沿用了信息偶遇整合模型中的两个步骤——注意和检验，但是首次强调了注意和检验的客体分别是信息刺激（stimuli）和内容（content）。在以往的信息偶遇研究中，研究人员总是在讨论并试图阐明"偶遇"的内涵，却从未觉得有必要关注"信息"的意义。Case 主张将"信息"作为一个无所不包的原始概念来理解，而这却为偶遇事件的描述带来了困难。举个例子，我们可以说"偶遇"了一个电话号码或地址，但是"偶遇"一篇上千字的新闻报道或一个两小时的电影视频，这样的说法从常识上讲就是存在问题的。实际上，人们在大多数情况下获取的信息都不是简单的事实性信息，它是无法在短时间内就地消费的。尤其对于在线信息来说，用户在看到信息内容的完整展示之前往往会先接触其"导航表示"（navigational representations）。比如说，新闻标题是对新闻报道的表示，缩略图是对电影视频的表示，只有点击了标题或缩略图才能打开相应的内容页面，因此这些表示起到了导航的作用。在线环境中的信息偶遇通常开始于对导航表示的注意，从人类与环境交互的角度讲可以称其为"刺激"。如果用户与注意到的刺激发生了某种关联，就会产生点击选择的动机，这表明他们接受了偶遇的发生，但是否会接受偶遇的信息还要看随后对内容的检验情况。

　　信息偶遇的发生离不开一定的前景活动，即人们当时主动从事的活动，在线信息偶遇整合模型将其视作偶遇前阶段。在线信息偶遇最常发生在浏览活动中，其次是搜索活动，两者都属于信息搜寻活动，区别在于目标的清晰程度不同。此外，人们在社交媒体上通过交流、分享、合作等方式交换信息时也有可能发生信息偶遇。因此，在该模型中，"社会性交互"（social interaction）是与浏览、搜索并列的前景活动。偶遇后阶段是对信息偶遇整合模型中捕获步骤的扩展，有用的信息可能被立即使用或分享给他人，有趣的信息则可能引起人们的进一步探索，如果无法立即采取行动，也可以先存储起来。

　　位于在线信息偶遇整合模型下方的"感知"部分直接作用于信息偶遇的微过程。这部分共展示了 14 个影响因素，分别属于用户、信息和环境三个维度，与 Erdelez 的信息偶遇经历分析元素模型具有一定的对应关系。不同的是，Jiang 等进一步将这些影响因素划分为不变因素

(constant factors）和可变因素（dynamic factors）。前者是不受外界干扰或在较长一段时间内保持相对稳定的因素，包括用户与生俱来的意向性、好奇心和活动多样性，信息固有的类型、相关性和质量，以及环境给定的时间限制；后者则是在较短一段时间内加以控制调节可以发生改变的因素，包括用户的信息敏感性、情绪状态、知识技能、态度，信息的可见度和来源，以及环境交互界面的可用性。可变因素的存在意味着信息偶遇的发生并不完全是"听天由命"的，设法影响用户的当前状态或提升其现有水平，对信息或环境特征进行有意识的设计，都有可能按需引发信息偶遇或是改变意外的程度。这也体现了信息偶遇研究的实践价值。

在线信息偶遇整合模型是首个面向线上场景创建的模型，为5年后Erdelez和Makri改进信息偶遇过程奠定了重要基础，他们评价该模型为"迄今为止对信息偶遇过程最全面的提升"[1]。在线信息偶遇整合模型"过程"部分的偶遇前和偶遇后阶段均表现为在线信息行为，尤其是指出社会性交互中也可能发生偶遇，反映了社交媒体在互联网上的兴起为信息偶遇提供了新的机会，后来的健康信息行为研究也对此表示认同。[2] 对应偶遇中阶段的"微过程"是该模型的突出贡献之一，它首次区分了信息刺激和信息内容，将信息偶遇行为中关键却不易观察的环节清晰地展示出来。另一个贡献在于模型的"感知"部分，从用户、信息和环境三个维度列出了可能影响信息偶遇发生概率的具体因素，这在以往模型中都未得到明确体现。部分因素的影响方式已陆续获得验证。[3]

该模型为教育学领域的学者Greene等构建"技术偶然学习效应模型"（the technology incidental learning effects model）提供了重要启示。[4]

---

[1] Sanda Erdelez and Stephann Makri, "Information Encountering Re-Encountered", *Journal of Documentation*, Vol. 76, No. 3, 2020, p. 731.

[2] Yuxiang Chris Zhao, et al., "Online Health Information Seeking Behaviors among Older Adults: Systematic Scoping Review", *Journal of Medical Internet Research*, Vol. 24, No. 2, 2022, p. e34790.

[3] Annelien Smets, et al., "Serendipity in the City: User Evaluations of Urban Recommender Systems", *Journal of the Association for Information Science and Technology*, Vol. 73, No. 1, 2022, p. 19.

[4] Jeffrey A. Greene, et al., "A Model of Technology Incidental Learning Effects", *Educational Psychology Review*, Vol. 33, 2021, p. 883.

他们将"偶然学习"理解为人们在追求娱乐等学习以外的目标时偶然遇到一些能够带来思想或行为转变的知识,在提出新模型时借鉴了在线信息偶遇整合模型、意外发现经历过程模型和在线新闻偶然接触过程模型。偶然学习受到用户兴趣和动机的驱动,从注意到内容开始,有的内容会进入快速、凭直觉、无意识的自动加工过程,有的则会进入以思考和意义建构为特点的主动加工过程;内容的注意和主动加工过程都有可能受到用户、信息和环境相关因素的影响;自动加工会反过来影响用户的兴趣和动机,主动加工还会带来返回、响应、选择并阅读这三种行为。[1] 技术偶然学习效应模型的独特之处在于展示了偶然学习的各种作用,在图中以虚线框表示。

第九节 在线新闻偶然接触概念框架与过程模型

Yadamsuren 和 Erdelez 长期针对在线新闻偶然接触(incidental exposure to online news,IEON)开展研究。她们合著的《在线新闻偶然接触》于 2016 年由 Morgan & Claypool 出版社出版并收入《信息概念、检索与服务综述文集》(*Synthesis Lectures on Information Concepts, Retrieval, and Services*)。该书以在线新闻消费为背景开展信息偶遇研究,采用解释性的混合方法研究设计,首先通过问卷调查参与者的日常新闻阅读行为及其对 IEON 的自我认知,然后结合关键事件技术、解释性访谈和出声思维对 20 位参与者进行了深度访谈,最后基于扎根理论方法对采集到的定性数据开展归纳式分析。[2] Yadamsuren 和 Erdelez 在书中提出了如图 3-9 所示的在线新闻偶然接触概念框架(conceptual framework of IEON),依次由新闻消费者、新闻消费类型、新闻/信息来源类型、IEON 感知四部分组成。

---

[1] Jeffrey A Greene et al., "A Model of Technology Incidental Learning Effects", *Educational Psychology Review*, Vol. 33, 2021, p. 883.

[2] Borchuluun Yadamsuren and Sanda Erdelez, "Incidental Exposure to Online News", *Synthesis Lectures on Information Concepts, Retrieval, and Services*, Vol. 8, No. 5, 2016, p. 1.

```
┌─────────────────┐    ┌─────────────────┐              ┌─────────────┐
│ 新闻消费者       │    │ 新闻消费类型     │              │ IEON感知    │
│ · 对新闻的感知   │───▶│ · 热衷的新闻读者 │   新闻/信息  │ · 意向      │
│ · 兴趣/爱好     │    │ · 新闻回避者     │──▶ 来源类型 ─▶│ · 主题/内容 │
│ · 对传统媒体的信任│    │ · 新闻偶遇者     │              │ · 结果      │
│ · 价值观        │    │ · 大众冲浪者     │              │ · 可记忆性  │
│ · 生活方式/时间可用性│ └─────────────────┘              │ · 意识      │
└─────────────────┘                                      └─────────────┘
```

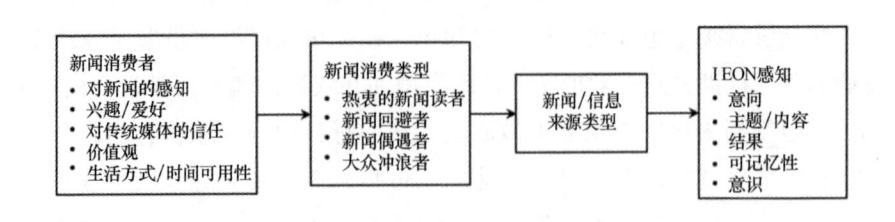

图 3-9 在线新闻偶然接触概念框架[①]

新闻消费者对新闻的感知、对传统媒体的信任及其兴趣爱好、价值观、生活方式等都会影响他们对 IEON 的感知。根据个体新闻消费习惯划分，新闻消费者主要包括以下四类。

·热衷的新闻读者（avid news reader）——非常信任传统媒体，习惯于访问专业新闻机构的新闻网站及其 Facebook 和 Twitter 账号。

·新闻回避者（avoider）——不会追踪主流媒体报道的新闻事件，也不会访问其他新闻来源或新闻聚合网站，从而避免了解可能使其感到不安、沮丧或愤怒的负面新闻。

·新闻偶遇者（encounterer）——并未形成日常查看特定新闻来源的习惯，而是随机阅读各种情境中偶遇到的新闻。

·大众冲浪者（crowd surfer）——相信"大众智慧"（wisdom of the crowd），喜欢阅读大多数人认为"有价值的"新闻以及与新闻相关的评论和讨论，同时对主流媒体的报道非常挑剔。

在线新闻来源为 IEON 的发生提供了环境。其类型多种多样，包括传统新闻媒体组织的网站、电子邮件、网络上的其他媒体来源、社交网站等。

基于以上理解，Yadamsuren 和 Erdelez 进一步将 IEON 定义为一种难忘的经历，即人们在互联网上浏览新闻或从事与新闻无关的活动（如检查邮件、访问社交网站）时偶遇与自身信息需求或兴趣相关的新闻或是出人意料的新闻。她们认为，IEON 通常是与主动的、有目的的新闻消费

[①] Borchuluun Yadamsuren and Sanda Erdelez, "Incidental Exposure to Online News", *Synthesis Lectures on Information Concepts, Retrieval, and Services*, Vol. 8, No. 5, 2016, p. 1.

交织在一起的，因而根据 Erdelez 的信息偶遇功能模型构建了 IEON 过程模型（见图 3-10）。

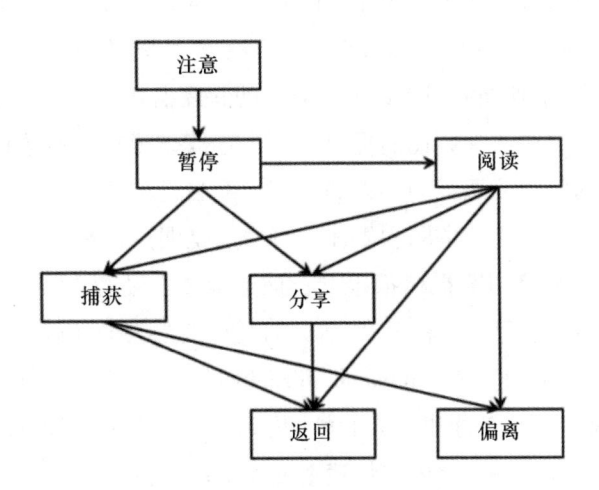

图 3-10　在线新闻偶然接触过程模型①

IEON 过程也是从"注意"开始的，用户注意到在线环境中的新闻触发元素；然后发生"暂停"，将注意力从当前的主要活动转移到偶遇到的新闻上，决定是否要进一步了解。接下来，用户有可能"阅读"偶遇到的新闻或观看新闻视频，将偶遇到的新闻故事"捕获"下来供以后阅读或是"分享"给其他人。最后，用户可能"返回"原来的主要活动或是"偏离"该活动而转向其他活动。

对于在线新闻消费而言，社交媒体为 IEON 的发生提供了合适的环境。尽管人们访问社交媒体的主要目的不是阅读新闻，但他们在社交媒体上随时都可能偶遇当前的热点新闻事件。此外，大多数人对新闻价值的判断更多依赖自己信任的熟人，而不是专业记者或新闻媒体，这意味他们都属于"大众冲浪者"。② 社交媒体上的新闻呈现模态多种多样，其

---

① Borchuluun Yadamsuren and Sanda Erdelez, "Incidental Exposure to Online News", *Synthesis Lectures on Information Concepts, Retrieval, and Services*, Vol. 8, No. 5, 2016, p. 1.

② Pablo J. Boczkowski, et al., "'News Comes across When I'm in a Moment of Leisure': Understanding the Practices of Incidental News Consumption on Social Media", *New Media & Society*, Vol. 20, No. 10, 2018, p. 3523.

中视觉元素（包括图片和视频）比文字更容易引起人们的注意。大约70%的情况下，IEON 是从注意到新闻图片开始的[1]。

Yadamsuren 和 Erdelez 贡献的 IEON 概念框架和过程模型为新闻传播领域的学者深入探讨该现象提供了理论参考。[2] Mitchelstein 等认为，IEON 并不是一个独立的现象，大多数人的新闻消费活动可能包含了不同程度的意图性和偶然性。他们提出了一个连续体模型。连续体的左边是意图性最强的新闻消费行为，人们能够控制自己的行为，并且可以自主选择新闻消费的时间、主题和媒体；右边则是偶然性最强的新闻消费行为，人们的控制权和选择权都很低；该连续体上还存在一些中间状态，比如有的人会有意营造有利于 IEON 的环境，有的人会在偶然遇到新闻后对其进行更深入的挖掘。[3] Wieland 和 Kleinen-von Königslöw 针对社交媒体新闻推送引起的 IEON 指出，人们可能采取三种不同的路径处理偶遇到的新闻：（1）路径 A——个体在快速滚动浏览新闻推送时，直觉思维起到主导作用，特定的视觉或文字线索会被无意识地印入脑海；（2）路径 B——如果个体注意到新闻标题并感到意外，就会有意识地停下来对其进行启发式评估；（3）路径 C——当新闻内容的相关度超过了一定阈值，个体就会开始对其进行系统性处理。[4]

第十节　信息偶遇时序模型与过程改进模型

2020 年，Erdelez 和 Makri 在 *Journal of Documentation* 上发表了一篇具有里程碑意义的文章，回顾了信息偶遇领域的发展历史和重要研究，对

---

[1] Adrián Vergara, et al., "The Mechanisms of 'Incidental News Consumption': An Eye Tracking Study of News Interaction on Facebook", *Digital Journalism*, Vol. 9, No. 2, 2021, p. 215.

[2] Borchuluun Yadamsuren and Jannica Heinström, "Emotional Reactions to Incidental Exposure to Online News", *Information Research*, Vol. 16, No. 3, 2011, p. 16.

[3] Eugenia Mitchelstein, et al., "Incidentality on a Continuum: A Comparative Conceptualization of Incidental News Consumption", *Journalism*, Vol. 21, No. 8, 2020, p. 1136.

[4] Mareike Wieland and Katharina Kleinen-von Königslöw, "Conceptualizing Different Forms of News Processing Following Incidental News Contact: A Triple-Path Model", *Journalism*, Vol. 21, No. 8, 2020, p. 1049.

信息偶遇概念进行了扩展定义,分析了信息偶遇在"信息获取空间"中的位置,并构建了信息偶遇时序模型(a temporal model of information encountering)和信息偶遇过程改进模型(refinement of the information encountering process)。[①]

正如前文所述,用于指代信息偶遇现象的术语多种多样,这使得信息偶遇领域缺乏清晰的边界,不利于研究人员进一步探讨相关问题。因此,Erdelez 和 Makri 认为有必要将"机会性信息发现"(ODI)、"偶然性信息获取"(IIA)、"机会性信息获取"(OAI)等术语都统一为"信息偶遇"(IE),指出人们在寻找其他信息、未寻找特定信息或是未寻找信息时都有可能发现有趣的、有用的或是潜在有用的信息,这些情况都可以被视为"信息偶遇"。信息偶遇是信息获取背景中的意外发现,与信息搜寻共同构成了信息获取。

在重新界定信息偶遇的基础上,Erdelez 和 Makri 对该现象的本质进行了更深入的思考,首先提出了信息偶遇时序模型(见图 3-11)。时序图的 x 轴表示时间,从"过去"到"现在"再到"未来";y 轴表示可能存在的问题和兴趣领域。图中展示了信息需求的丰富形态:例如长期存在的兴趣领域(a)、中途消失(d)或中途出现的兴趣领域(c);人们有时面对的是需要利用信息解决的问题领域(b、c、d、e),在有些情况下,兴趣领域可能转变为问题领域(c、d)。当用户处于主动的、有方向的信息获取模式时,信息偶遇可以激活背景中不活跃的兴趣和问题:例如 $x1$ 促使人们意识到与以后某个问题相关的需求,$x2$ 促使人们意识到与当前兴趣相关但并未主动了解的需求,$x3$ 促使人们意识到与过去某个问题相关的需求。该模型强调了人类信息行为的时间维度,能够反映用户在不同问题和兴趣领域之间的跳转,也能够灵活表现信息偶遇发生的各种情形。

[①] Sanda Erdelez and Stephann Makri, "Information Encountering Re-Encountered", *Journal of Documentation*, Vol. 76, No. 3, 2020, p. 731.

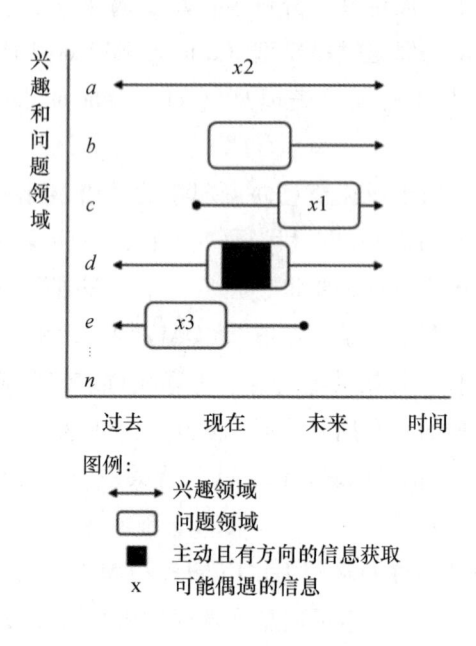

图 3-11 信息偶遇时序模型①

随后，Erdelez 和 Makri 对上述的信息偶遇功能模型和在线信息偶遇整合模型进行了整合与细化，从而形成了迄今为止最为全面、精细的信息偶遇过程模型，如图 3-12 所示。类似于在线信息偶遇整合模型，该模型也划分了偶遇前、中、后三个阶段。

偶遇前人们所从事的任务主要分为三大类：（1）主动的信息搜寻——包括方向明确、程度不同的信息搜索或浏览任务；（2）被动的信息获取——事先并不确定对哪些信息感兴趣，而是从环境中吸收有趣的或可能有用的信息，例如浏览社交媒体动态、接收提示通知等；（3）与信息无关的日常生活——例如看电视、购物、逛街等不以获取信息为目的的活动。

---

① Sanda Erdelez and Stephann Makri, "Information Encountering Re-Encountered: A Conceptual Re-Examination of Serendipity in the Context of Information Acquisition", *Journal of Documentation*, Vol. 76, No. 3, 2000, p. 731.

第三章　信息偶遇领域理论模型

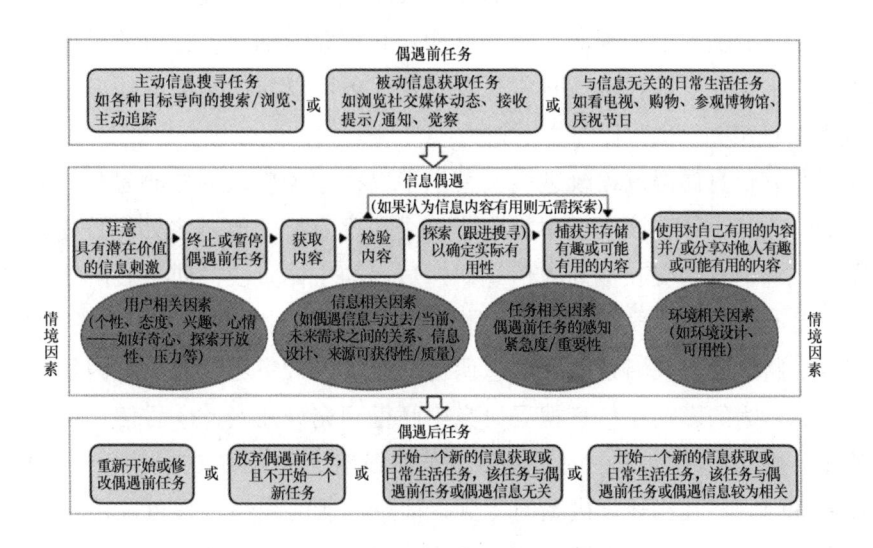

图 3-12　信息偶遇过程改进模型①

　　信息偶遇过程的主体阶段表现为一系列线性发生的行动，包括注意到具有潜在价值的信息刺激、终止或暂停偶遇前的任务、获取信息内容、检验信息内容、进一步探究信息内容是否确实有用（如果前一步通过初步检验就足以确定信息内容的有用性，这一步可省略）、捕获并存储有趣或潜在有用的信息内容、使用有用的信息内容以满足自己的需求或与他人分享。当然，这些行动线性发生是一种理想的情况。一旦人们认为偶遇到的信息不够有趣或有用时，他们可能随时中断当前行动，或是转而从事他们认为更有价值的任务。

　　该模型在这一阶段展现了可能产生影响的四类情境因素：(1) 个性、态度、兴趣、心情等用户相关因素；(2) 信息来源、信息质量、信息设计、信息与需求之间的关系等信息相关因素；(3) 偶遇前任务的感知紧急度、感知重要性等任务相关因素；(4) 环境设计、可用性等环境相关因素。

---

① Sanda Erdelez and Stephann Makri, "Information Encountering Re-Encountered", *Journal of Documentation*, Vol. 76, No. 3, 2020, p. 731.

偶遇后，人们可能会继续偶遇前的任务或是对其进行一定的修改，也可能放弃偶遇前的任务。放弃可能意味着完全抽离，也可能是因为开始了新的信息获取任务或日常任务。新任务可以与偶遇前的任务或偶遇到的信息相关，也可以与之不相关。

尽管信息偶遇过程改进模型继承了以往相关模型的核心思想，但是Erdelez和Makri在该模型中提出了三个非常重要的改进之处。首先，人们与偶遇信息的交互被划入信息偶遇过程的主体阶段，偶遇后阶段相对独立，与偶遇前阶段相互呼应，体现出信息偶遇对前景任务产生的影响。其次，将任务相关因素纳入信息偶遇的情境因素集合，这一类因素对人类信息行为的影响在信息搜寻研究中已得到充分证实，今后信息偶遇研究也有必要将其考虑在内。最后，虽然没有直接反映在模型图中，Erdelez和Makri在描述该模型时提到，信息偶遇的线性过程可能由于各种原因在任何环节发生中断，这意味着真实世界中的信息偶遇现象具有高度的复杂性和灵活性，未来研究人员必须开展相应的研究设计才能获得实践价值更高的科学发现。

第十一节　本章小结

理论模型是研究领域的一个重要基石，它能够为本领域研究的长远发展提供动力与指引。信息搜寻领域在20世纪六七十年代初步形成，其经典模型大多创建于八九十年代。虽然信息偶遇领域的形成相对较晚，但是自1995年Erdelez提出"信息偶遇"概念起，研究人员就开始致力于相关模型的构建并一直持续到现在，以图表的形式对信息偶遇的概念内涵、发生过程和影响因素进行直观展示。

本章按时间先后顺序依次对信息偶遇领域的十大经典模型进行了系统回顾，包括日常生活信息使用生态模型、信息搜寻模式模型、信息偶遇经历分析元素模型、信息偶遇功能模型、意外发现分面概念模型、意外发现过程实证模型、意外发现经历过程模型、在线信息偶遇整合模型、在线新闻偶然接触概念框架与过程模型、信息偶遇时序模型与过程改进模型。每个小节详细阐述了模型产生的基础和过程、主要内容、演变发展情况，以及对相关研究的价值或影响等。

上述模型并不是相互孤立的，后期模型的建立很多是从不同角度或在不同程度上借鉴了前期模型。这些模型总体上可以分为三大类。（1）信息获取方式分类法模型：日常生活信息使用生态模型和信息搜寻模式模型均在宏观层面对信息获取方式进行分类，并没有反映信息偶遇现象本身的细节，而是强调除了主动的、有目的的信息搜寻外，还存在偶然性信息获取、觉察、追踪等方式，揭示了人类信息行为的多样性。（2）信息偶遇系列模型：信息偶遇经历分析元素模型、信息偶遇功能模型、在线信息偶遇整合模型、在线新闻偶然接触概念框架与过程模型、信息偶遇时序模型与过程改进模型基本上都以"信息偶遇"命名，这些模型突出了信息偶遇的行为属性，多采用动名词的形式来表现信息偶遇过程中的具体行动，还展现了信息偶遇的具体影响因素，能够为未来开展研究设计提供直接的理论依据。（3）意外发现系列模型：意外发现分面概念模型、意外发现过程实证模型、意外发现经历过程模型名称中都包含"意外发现"，这些模型与前一类相比更为抽象，侧重于刻画意外发现的心理机制，特别强调关联的建立和意外结果的价值，有助于加深研究人员对意外发现现象本质的理解。

　　在过去近 20 年时间里，以 Erdelez、Makri、McCay-Peet、Toms、Jiang、Rubin 等为代表的学者所贡献的理论模型对信息偶遇领域产生了深远的影响，这些模型的广泛传播也得益于 *Journal of Documentation*、*Journal of the Association for Information Science and Technology*、*Information Processing and Management*、*Library and Information Science Research* 等 LIS 期刊的认可与支持。在智能时代，随着人机交互模式的升级，人类获取信息的方式将发生根本性变化，面向全新场景的理论模型探索也将成为信息偶遇领域的重点任务。

第四章

信息偶遇研究方法

第一节 访谈法

一 访谈法对信息偶遇研究的适用性

访谈法是一种运用问答的方式采集人们的行为经历与心理活动的研究方法。根据访谈提纲的确定程度与提问顺序的灵活程度，访谈可以分为结构化、半结构化和非结构化三种基本类型。开展访谈的方式多种多样，既可以是面对面的线下访谈，也可以通过电话、语音、视频、短信、邮件、社交媒体等进行线上访谈。在信息偶遇领域的访谈研究中，研究人员经常采用一些辅助手段来提高数据采集的效率，关键事件技术（critical incident technique，CIT）是常用的手段之一，即围绕某一目标事件来了解个体当时的行为经历与心理活动。关键事件访谈的根本特征体现在"关键"和"事件"两个方面。其中，"关键"指的是访谈所采集的事件必须是与研究目标密切相关的、可被观测到的人类行为；"事件"指的是访谈是以事件为采集单位的，而非一般性经验或整体感知。研究人员通过提问的方式，引导访谈对象回忆并描述目标事件中的人物、地点、过程、原因等组成要素。需要注意的是，这些事件对必须访谈对象自身是有意义的，而并非研究人员认为重要的。

信息偶遇的发生可遇不可求，难以被捕捉，而关键事件访谈能够对人们过去发生的令其印象深刻的信息偶遇事件进行深入调查[1]，因此在信

---

① Tingting Jiang, et al., "Online Information Encountering: Modeling the Process and Influencing Factors", *Journal of Documentation*, Vol. 71, No. 6, 2015, p. 1135.

息偶遇研究中展现出巨大的应用价值,成为该领域早期常使用的方法之一。关键事件访谈往往以面对面的方式开展,访谈地点通常选择在访谈对象的办公室、经常去的图书馆等发生过信息偶遇的场所,这将有助于营造轻松的访谈氛围,促进访谈对象回忆相关经历,并利用环境中的工具进行情景再现。[①] 研究人员一般会提前拟定一个粗线条的访谈提纲,并在正式访谈过程中根据实际情况灵活调整提问顺序与问题描述。一般而言,访谈对象的数量在 20—30 人,研究人员往往会引导他们尽可能多地讲述其自身的信息偶遇经历,因此通过访谈采集的事件数量一般会多于访谈人数。在访谈中,可在征得受访者允许的前提下进行全程录音。访谈结束后,研究人员需要将语音记录与文字记录进行转录与整合,随后采取内容分析、主题分析、扎根理论等方法对访谈文本进行编码与分析。

二 访谈法在信息偶遇领域中的应用

关键事件访谈是目前在信息偶遇研究中应用较广泛的方法之一,Buchanan 等针对艺术史和考古学学者开展的访谈研究就是一个典型范例。[②] 研究人员根据以往的信息偶遇模型事先制定了一份访谈提纲,然后通过电子邮件与访谈对象取得联系,提示他们访谈内容会涉及他们近期开展的学术研究活动。访谈地点选在访谈对象的办公场所,方便他们在举例时直接展示自己的工具、软件或个人图书馆。在访谈过程中,该研究要求访谈对象回忆并详细报告自己在研究中偶然发现一些有趣、重要或相关信息的经历,包括是什么引起了注意、注意到刺激时的心理活动、为什么选择偏离最初的目标、查看信息时的心理活动、在偶遇信息上花费的时长、是否有其他人参与其中、何时以及如何记录与使用偶遇到的信息、是否返回最初活动等关键细节。基于对关键事件访谈数据的分析,

---

① Sarah A. Buchanan and S. Erdelez, "Information Encountering in the Humanities: Embeddedness, Temporality, and Altruism", *Proceedings of the Association for Information Science and Technology*, Vol. 56, No. 1, 2019, p. 32.

② Sarah A. Buchanan, et al., "Information Encountering by an Art Historian: A Methodological Case Study", *Proceedings of the Association for Information Science and Technology*, Vol. 55, No. 1, 2018, p. 762.

该研究揭示了信息偶遇、重新发现（rediscovery）和利他合作（altruistic collaboration）之间的复杂联系。

关键事件访谈也可以与一般性访谈结合使用。Makri 和 Blandford 在访谈中要求参与者首先花费一两分钟回忆发生在科研工作或日常生活中令他们印象深刻的信息偶遇事件，并根据访谈提纲对该事件的具体细节进行讨论，然后向参与者询问了一些脱离具体事件的一般性问题，例如他们是否会经常发生信息偶遇，有哪些因素会阻碍或促进信息偶遇的发生等。[①] 由于访谈对象已经通过回忆和讨论关键事件对信息偶遇这一现象形成了一定认识，因此在关键事件访谈结束后，他们更容易对信息偶遇经历做出整体性的概括与评价。两种提问方式的结合，一般不会给访谈对象造成更大的认知负荷，但却能采集到内容更为丰富的研究数据。

关键事件访谈允许访谈对象回忆发生在过去的、不同地点的真实事件，有效应对了因信息偶遇现象难以捕捉的固有特点所带来的方法障碍。关键事件访谈的数据采集单位是一个个较为完整的事件，这就使得研究人员可以快速、细致地了解信息偶遇的特征及发生过程，极大地推动了信息偶遇领域这两大研究方向的发展。由于访谈过程具有较大的发散性和可拓展空间，研究人员可能在访谈数据中发现影响信息偶遇的潜在因素。但是访谈无法定量地检验这些影响因素的作用方式和程度，仅适用于探索性研究。当然，未来信息偶遇研究在使用访谈方法时应注意克服其自身的一些不足。一方面，作为一种自我报告方法，访谈的数据采集工作在很大程度上依赖于访谈对象的记忆和表达能力，这就非常容易产生回忆模糊、回顾性偏差、记忆扭曲等问题，使得访谈数据的质量难以得到保证；另一方面，访谈的灵活性对研究人员的提问技巧和控制能力提出了更高要求，后期的数据处理和分析也高度依赖研究人员自身的知识、经验、判断等，这也是信息偶遇研究人员需要格外注意的。

[①] Stephann Makri and Ann Blandford, "Coming across Information Serendipitously-Part 2: A Classification Framework", *Journal of Documentation*, Vol. 68, No. 5, 2012b, p. 706.

第二节 问卷法

一 问卷法对信息偶遇研究的适用性

问卷调查是研究人员通过一系列预先确定的问题采集数据的方法，所采集的数据往往具有良好的准确性和一致性。问卷主要分为结构化和非结构化两种类型。结构化问卷包含了多个提供具体选项的封闭式问题，这些问题与选项往往以完全相同的措辞和顺序呈现给不同的调查对象；非结构化问卷中的问题一般是开放式的，要求调查对象自行思考、自由措辞。当然，研究人员也可以根据需要将封闭式问题和开放式问题结合起来形成半结构化问卷。在互联网时代，在线问卷作为一种低成本、高效率的数据采集手段，可以用于大多数社会科学领域的研究，在信息偶遇研究中的应用也十分普遍。

信息偶遇研究人员有时会将问卷调查作为主要的研究方法，即问卷数据的分析可以带来具体的研究发现；有时则会将其作为一种辅助的研究手段，用于筛选研究参与者或补充研究数据。研究人员可以在问卷中增加开放式问题，以便参与者补充他们认为重要的信息偶遇事件细节，有助于丰富数据，发现有趣的结论，对问卷结果进行三角测量。量表是一种特殊的结构化问卷。信息偶遇研究人员使用量表测量参与者在偶遇发生时的意外程度、价值感知等心理活动，或是了解参与者在日常生活中的信息偶遇行为频率，从而识别出"超级偶遇者"。[1] 问卷还用于采集基本的人口统计信息，以筛选来自特定群体的参与者，或在事后采集人们对特定系统的满意度、可用性评价等。问卷的设计往往需要进行多轮迭代，避免措辞含糊不清、存在歧义或无法理解。如果问卷或量表的有效性在以往研究中已经得到验证，当前研究可以直接利用。[2]

---

[1] Hsi-Peng Lu and Yi-Hsiu Cheng, "Sustainability in Online Video Hosting Services: The Effects of Serendipity and Flow Experience on Prolonged Usage Time", *Sustainability*, Vol. 12, 2020, p. 1271.

[2] Lori McCay-Peet, et al., "Development and Assessment of the Content Validity of a Scale to Measure How Well a Digital Environment Facilitates Serendipity", *Information Research*, Vol. 19, No. 3, 2014, p. 630.

二 问卷法在信息偶遇领域中的应用

信息偶遇研究经常使用半结构化问卷同时采集定性与定量数据。Martin 和 Quan-Haase 运用在线问卷调查了网络环境的哪些特征有助于触发历史学家们的信息偶遇。[①] 整个问卷主要分为四个部分，包括参与者的历史研究背景、参与者在开展历史研究时的信息偶遇经历、线上和线下环境中的信息偶遇经历、人口统计信息。问卷中还包含了一些开放式问题，例如"请举例三种你曾经发生过信息偶遇的数字环境""请描述这个数字环境中的哪些特征促进了你的信息偶遇"等，同时也通过封闭式问题采集各种信息偶遇经历的频率，比如"我所经历的信息偶遇会对我的工作产生影响（从不、很少、偶尔、经常、频繁）"。研究人员将问卷研究通过邮件、社交媒体等方式发放给历史学家。为了保护隐私安全，问卷仅采集了基本人口统计信息，并不涉及人名、联系方式等个人隐私数据。最后，共有142位参与者填写了问卷，但只有90人能够回想起完整的信息偶遇经历，因此只回收了90份有效问卷。经过对定量数据的描述性统计以及对开放式问题回答的内容分析，该研究揭示了影响信息偶遇的四个数字环境特征，分别是可探索性、显眼的刺激、关键词搜索功能、用户之间的连接。

量表是一种结构化问卷，经常用于采集定量数据。Heinström 使用量表分析了与信息偶遇相关的心理因素。[②] 参与者需要填写 NEO 大五人格量表（five-factor personality inventory），比如"我的情绪很容易发生变化"（1=不准确，5=准确），用于描述每个人在开放性、尽责性、外向性、亲和性、神经质五个维度上的具体表现；随后还需要填写倾向量表，包括自信、失望、放松、沮丧、困惑、乐观、不确定、满意、焦虑等情绪程度（1=非常，2=相当，3=一点，4=一点也不）。最终结果表明，高外向性的人格、积极的情绪都将增加人们发生信息偶遇的频率。Awan 等

[①] Kim Martin and Anabel Quan-Haase, "'A Process of Controlled Serendipity': An Exploratory Study of Historians' and Digital Historians' Experiences of Serendipity in Digital Environments", *Proceedings of the Association for Information Science & Technology*, Vol. 54, No. 1, 2017, p. 289.

[②] Jannica Heinström, "Psychological Factors Behind Incidental Information Acquisition", *Library & Information Science Research*, Vol. 28, No. 4, 2006, p. 579.

旨在调查社会科学研究生在网络环境中对研究相关信息的偶遇和保存行为。① 该研究采用多阶段总体抽样技术（multi-level total population sampling technique），从六所高校管理科学、经济学和政治学专业的硕士和博士研究生中招募调查对象。问卷给出了信息偶遇的简要定义，还要求偶遇的信息应是与其自身研究和学术相关的信息，而不是娱乐信息，并针对信息偶遇和信息保存的频率进行提问。该研究最终获得233份答卷。研究人员采取多种统计方法对定量数据进行分析，包括描述性统计、独立样本t检验、单样本t检验、单因素方差分析等，成功地揭示了社会科学研究生信息偶遇行为的特点。

问卷是一种便捷高效的数据采集方法，受到信息偶遇研究人员的青睐。② 随着网络技术的发展，在线问卷调查使得大规模调查成为可能，它能够帮助研究人员在较短时间内快速采集大规模的跨时空数据。此外，线上匿名填写的方式相比于线下面对面的方式更有利于减少观察者效应，使得参与者感觉更为自由，填写的答案更加接近真实情况。但是问卷与访谈同属自我报告方法，因此问卷也可能带来回顾性偏差，因为调查对象填写问卷是在信息偶遇发生之后，他们的答案质量取决于其记忆能力。③ 在线问卷调查在信息偶遇领域具有广阔的应用前景，但是研究人员在使用该方法时应注意保护调查对象的个人隐私安全。④ 更为重要的是，问卷中的问题描述应尽量清晰、准确，因为调查对象在缺少研究人员引导的情况下有可能对提问产生误解。例如，当参与者对于"信息偶遇"这一概念存在误解时，就会将并非偶遇的其他经历填入问卷，这会对数

---

① Waqar Ahmad Awan, et al., "Research Information Encountering and Keeping Behaviour of Post-Graduate Students of Social Sciences in an Online Environment", *Online Information Review*, Vol. 45, No. 1, 2021, p. 21.

② Kim Martin and Anabel Quan-Haase, "'A Process of Controlled Serendipity': An Exploratory Study of Historians' and Digital Historians' Experiences of Serendipity in Digital Environments", *Proceedings of the Association for Information Science & Technology*, Vol. 54, No. 1, 2017, p. 289.

③ Sanda Erdelez, "Investigation of Information Encountering in the Controlled Research Environment", *Information Processing & Management*, Vol. 40, No. 6, 2004, p. 1013.

④ Kim Martin and Anabel Quan-Haase, "'A Process of Controlled Serendipity': An Exploratory Study of Historians' and Digital Historians' Experiences of Serendipity in Digital Environments", *Proceedings of the Association for Information Science & Technology*, Vol. 54, No. 1, 2017, p. 289.

据质量和研究结果造成不利的影响。[1]

第三节 观察法

一 观察法对信息偶遇研究的适用性

观察法是一种系统化观察记录人类行为，获取个人、群体和环境特征的研究方法。它包括自然观察和实验室观察两种。顾名思义，前者是在观察对象通常所处的自然情境中对其进行观察，他们甚至可能不会意识到自己正在被观察，因此会做出更真实的行为表现。在实验室观察中，研究人员可以设置情境条件，观察对象会根据研究需要在指定地点执行给定的任务，其行为表现是对研究的反应，这样研究人员就不必等到研究所关心的现象自然发生的时候。观察研究可以采取的记录手段是多种多样的，除了传统的观察清单外，现场笔记、画图、拍照、录音、录像等手段也获得了广泛应用。另外，事务日志、录屏工具甚至是生理测量（如眼动、血流量、心跳、呼吸频率等）工具，也逐步得到重视。

由于信息偶遇现象是偶然发生、稍纵即逝的，往往难以在自然条件下捕捉到，因此信息偶遇领域中的现有观察研究一般都是在实验室、办公室等正式环境中开展的。为了触发信息偶遇，研究人员一般会要求参与者从事开放式的前景任务，如探寻式搜索或是无目的浏览。在执行给定任务过程中，参与者应尽可能地按照日常习惯进行搜索或浏览，而作为观察者的研究人员则需要始终对信息偶遇的发生保持警觉，仔细观察并记录参与者采取的具体行动及其结果。为了了解人们偶遇信息时的心理活动，整个任务过程可以辅以出声思维手段（think-aloud），即要求参与者在执行任务的同时，实时讲述自己的动机、思考与感受。通过观察法获得的研究数据以定性的文本数据为主，研究人员在观察结束后将录屏、音频、观察记录等数据进行转录与整合，并使用扎根理论、主题分析、内容分析等方法进行数据分析。

---

[1] Robert S. Taylor, "The Process of Asking Questions", *American Documentation*, Vol. 13, No. 4, 1962, p. 391.

二 观察法在信息偶遇领域中的应用

在信息偶遇领域早期具有代表性的观察研究中，Björneborn 为了揭示有利于信息偶遇发生的物理环境特征，在丹麦公共图书馆开展了自然观察研究。[1] 该研究对 113 位公共图书馆用户进行了简短访谈，了解他们之前是如何在图书馆中寻找书籍以及如何使用自助借阅机查找资料的，其中一部分访谈对象还参与了后续的观察研究。研究人员会陪同每位观察对象在图书馆中闲逛，并要求其实时报告环境中的哪些元素吸引了他们的注意力，并解释自己采取行动的动机或原因。最后，该研究将观察和访谈数据进行转录并进行内容分析，发现了无限制访问、主题多样性、可探索性等 10 个对信息偶遇具有促进作用的物理环境特征。

Makri 等针对数字信息环境开展的实验室观察研究，证明了观察方法在信息偶遇研究中的应用是可行且有效的。他们采集并分析了三类数字环境（数字图书馆、电子商务网站、新闻网站）中发生的信息偶遇经历。[2] 首先，参与者需要从三个探寻式搜索任务中选择一个来执行：(1) 从数字图书馆中获取与个人研究相关的信息；(2) 从电子商务网站中获取自己感兴趣商品或服务的信息；(3) 从新闻网站中获取自己感兴趣主题的新闻。其次，参与者在搜索过程中会进行出声思维报告，说明自己正在做什么以及为什么这么做，并在偶遇到有用或可能有用的信息时添加书签并截图，作为后续访谈的提示线索。最后，研究人员在观察结束后根据参与者添加的书签开展后续访谈，了解他们为什么认为信息的发现是令人意外的，以及为什么信息可能是有用的。在观察和访谈中获得的数据经转录后都被纳入了编码分析。该研究表明，观察与出声思维的结合有利于研究人员直接观察到与信息偶遇相关的交互行为，并使数字信息环境的设计者更容易理解这种行为。

---

[1] Lennart Björneborn, "Serendipity Dimensions and Users' Information Behavior in the Physical Library Interface", *Information Research*, Vol. 13, No. 4, 2008, p. 370.

[2] Stephann Makri, et al., "Observing Serendipity in Digital Information Environments", *Proceedings of the Association for Information Science and Technology*, Vol. 52, No. 1, 2015, p. 1.

Makri 和 Buckley 进一步指出，要求观察对象在指定的环境中完成指定的任务会产生一些局限，因此他们尝试开展了一项以自然环境为基础、由参与者自行选择任务的观察研究，旨在提高信息偶遇的自然性和真实性。该研究共招募了 15 位参与者，每位参与者可以选择自己常用的网站，基于自己感兴趣的主题寻找信息，在这一过程中也会进行出声思维报告。结合事后访谈，研究人员发现，人们在信息偶遇过程中会不断权衡成本与效益，因而这一过程的各个主要阶段都有可能发生中断。此外，可能造成信息偶遇中断的干扰因素包括任务紧急性、任务重要性、信息过载等。[1]

观察方法能够实时获取参与者在信息偶遇过程中的真实反应，有助于研究人员全面采集行为过程的所有细节，避免参与者记忆模糊带来的回顾性偏差，以及由于参与者理解与表达上的歧义所导致的数据偏差，帮助研究人员更好地理解和认识信息偶遇行为。研究人员除了能够分析完整的信息偶遇过程外，还可以观察到未完成的信息偶遇，或是专注于偶遇过程的某一阶段，抽取关键的影响因素。当然，与访谈类似，定性观察无法控制与干预特定变量，仅适合探索性的信息偶遇研究，难以检验影响因素的具体作用。未来信息偶遇研究在使用观察法时应注意避免观察者效应（observer effect），即参与者会由于知道自己在被观察而改变行为表现。这会降低观察数据的代表性。

第四节 档案法

一 档案法对信息偶遇研究的适用性

档案是人们基于特定目的所采集的数据和文本集合。其涵盖范围非常广泛，除了以文字为主的公共文件与官方记录、私人文件之外，还包括多模态的媒体数据、物理材料、社会科学数据集等。其中，社会科学数据集是由以往研究采集并被公开披露，在以往信息偶遇研究中得到广

---

[1] Stephann Makri and Lily Buckley, "Down the Rabbit Hole: Investigating Disruption of the Information Encountering Process", *Journal of the Association for Information Science and Technology*, Vol. 71, No. 2, 2020, p. 127.

泛使用。档案法是对上述多种形式的档案进行二次利用的一种方法。[①] 研究人员需要依据当前研究问题选择合适的数据集，这些数据集由符合一定标准的若干档案构成；然后从这些数据集中提取相关记录进行重新整合，对其进行一定分析以解决新的研究问题。

对于信息偶遇研究来说，档案法的核心目标与关键事件访谈类似，二者都是回溯已经发生过的信息偶遇经历。但是访谈法仅从少量的访谈对象那里采集数据，而档案法允许研究人员整合多个数据来源，因而它能够为信息偶遇研究带来更大的数据量。确定数据来源是档案研究的首要工作。例如，在使用社会科学数据集时，往往需要选择一个或多个包含目标档案的权威数据库。在数据库中搜索相关度高的档案数据是一个难点，因为信息偶遇有着多种英文表述，研究人员需根据研究目标尽可能全面地构造查询式。对于搜索得到的档案，研究人员还需进行筛选，一般可以考虑年代、地区、语言、原始数据可访问性等限制条件。筛选后，如果档案集合规模过大，超出了人工处理范围，可以分层抽样，即从每个查询式返回的档案中抽取一定比例的样本。由于档案以文本数据为主，档案研究一般会采用内容分析、主题分析、叙事分析等数据分析方法。

二 档案法在信息偶遇领域中的应用

已有研究文献是信息偶遇领域档案研究较常使用的数据来源。Allen等对提及意外发现的生物医学文献进行了二次分析，旨在揭示意外发现在生物医学研究中的作用。[②] 他们在 PubMed Central 数据库中采用一系列与意外发现相关的查询式进行文献搜索，包括"incidental finding（s）""finding（s），incidental""incidental discovery（ies）""discovery（ies），incidental"等，共搜索得到23571篇文献，再抽样选取其中的436篇文献，对这些文献中表示意外发现的各个术语的出现频次进行统计，基于内容分

[①] Constance J. Jones, "Archival Data: Advantages and Disadvantages for Research in Psychology", *Social and Personality Psychology Compass*, Vol. 4, 2010, p. 1008.

[②] Carla M. Allen, et al., "Looking for Opportunistic Discovery of Information in Recent Biomedical Research-A Content Analysis", *Proceedings of the American Society for Information Science and Technology*, Vol. 50, No. 1, 2013, p. 1.

析法对这些术语的使用情况进行编码。最终，研究人员总结出意外发现在生物医学研究中的四种主要作用，包括：（1）灵感——意外发现是研究的动机，对研究设计有所启发；（2）研究内容——意外发现是研究的主要内容，整个研究旨在介绍意外发现的实例；（3）系统综述——在文献综述部分回顾特定领域中的意外发现研究；（4）研究发现——意外发现是研究本身的发现之一，但并非主要的研究结果。

信息偶遇领域的研究人员也经常从社会调查数据库中获取档案数据。为了揭示互联网使用对人们信息偶遇的影响，Tewksbury 等利用皮尤研究中心（Pew Research Center）的电话访谈数据开展了档案研究。[1] 皮尤研究中心会定期对美国公众的媒体和通信技术使用情况进行全国性调查，它于 1996 年秋季和 1998 年秋季开展的调查关注了互联网使用，而 1998 年春季开展的调查则关注了新闻媒体的使用。由于这些调查在该研究所感兴趣的互联网使用频率、在线新闻搜寻频率等问题上使用了几乎相同的提问措辞，因此该研究对这些相似数据进行了合并，最终得到 1003 位拥有互联网使用经验的成年人的电话访谈数据集。然后，研究人员从中提取了与研究问题相关的问答数据，并通过总在线时长与在线新闻搜寻时长之差来反映这些互联网用户在线新闻偶遇的可能性，最后采用卡方检验、T 检验等方法开展统计分析。

档案法对于开展研究的人力与时间成本要求较低，但是能够获得来源丰富、规模较大的数据集，包括需要长期追踪的纵向数据甚至是跨国研究数据等[2]，有利于提高信息偶遇研究结论的普适性。更为重要的是，档案法是一种非介入性方法，它是对过往痕迹数据的采集，研究人员与研究对象不会发生直接交互。这可以在一定程度上减轻观察者效应对研究结论可靠性的负面影响。信息偶遇研究人员在使用档案法的时候也需要注意，许多档案的生成并非出于研究目的，原始数据的采集过程可能并没有严格遵循随机性或系统化的要求，因而将其用于科学研究可能会

---

[1] David Tewksbury, et al., "Accidentally Informed: Incidental News Exposure on the World Wide Web", *Journalism & Mass Communication Quarterly*, Vol. 78, 2001, p. 533.

[2] Constance J. Jones, "Archival Data: Advantages and Disadvantages for Research in Psychology", *Social and Personality Psychology Compass*, Vol. 4, 2010, p. 1008.

存在数据规范性问题。同时，档案数据可能会因可获得性、数据完整性等方面的不足反过来限制信息偶遇研究可以探索的问题。这要求研究人员根据实际数据的特点对初始的研究问题进行调整，以最大限度地挖掘档案数据对于揭示或解释信息偶遇现象的价值。

第五节 日记法

一 日记法对信息偶遇研究的适用性

日记法是一种由参与者针对目标事件自行记录的研究方法，记录的内容可以是对事件的简单描述、解释或个人看法。[1] 与问卷、访谈等方法相比，日记特别适合捕捉动态性强、容易发生变化的信息，以及一些不易察觉的隐性信息。由于事件的发生与记录之间的时间间隔很短，参与者对于细节的记忆还很清晰。这有利于降低个人偏见的影响，从而提高数据的准确性。在招募大量参与者时，日记研究更看重哪些人能够提供有价值的见解。这些人除了符合研究的基本人口特征要求外，还应了解研究的主题、理解日记的目标并具有坚持记录的动力。日记研究参与者还需要具备使用特定日记工具的能力，包括传统的纸笔、移动电子设备、在线日记研究专业软件，以及在社交媒体上记录的生活流。

日记按数据抽样方式可以分为时间抽样日记和事件抽样日记。前者要求参与者根据研究指定的时间或是在收到提醒的时候进行记录，一般适用于研究饮食习惯、情绪波动等具有时间规律的行为；后者则要求参与者在目标事件发生后尽快进行记录，适用于捕捉那些事先难以预料何时何地会发生的非规律性事件[2]，信息偶遇就属于这样的现象，因而事件抽样日记非常适用于信息偶遇研究。日记按数据的用途可以分为反馈日记（feedback diary）和引导日记（elicitation diary）。前者是指参与者根据研究要求提供相关反馈，是数据采集的结果，强调的是研究人员所关心

---

[1] Andy Alaszewski, *Using Diaries for Social Research*, London: Sage, 2006.

[2] Niall Bolger, et al., "Diary Methods: Capturing Life as It Is Lived", *Annual Review of Psychology*, Vol. 54, No. 1, 2002, p. 579.

的事件，对于如何记录、何时记录等都提出了明确要求，因而其内容往往更加准确、客观；后者是数据采集的中间环节，其目的在于获得一些关注点，用于在后续的访谈中引导参与者对这些关注点进行扩展，强调的是参与者所关心的事件，按照他们认为合适的方式进行记录，从而反映他们的感受和观点。信息偶遇研究在使用日记方法时通常会结合反馈日记和引导日记，但是更侧重于引导。① 运用日记法采集的数据多为定性数据，可采用内容分析、主题分析等方法进行分析。

二 日记法在信息偶遇领域中的应用

Makri 等通过在线云服务对 12 位参与者进行了日记研究，旨在揭示人们如何从偶遇信息中创造价值。这是一项典型的引导日记研究。② 该研究要求参与者在给定的四周时间内，一旦信息偶遇发生就在谷歌文档（Google Docs）上提交偶遇信息的截图，并说明为什么他们认为偶遇的信息是意外、有用或可能有用的。便捷的记录方式和简单的记录内容在很大程度上降低了参与者的负担。为了防止对参与者的回答范围构成限制，该研究对"信息""意外的""有用的"等术语或词语并未进行具体定义或提供相关示例。③ 当然，该研究的重点在于后续的访谈。研究人员将来自日记的信息作为记忆提示，引导参与者在访谈过程中回忆信息偶遇发生时的情景，并进一步询问他们为什么认为偶遇经历是意外的、偶遇信息可能有用，以及他们利用偶遇信息的动机和障碍有哪些，以提取信息偶遇事件的具体细节。基于扎根理论的访谈数据分析结果表明，意外发现可以按照偶遇信息的价值、创造价值的动机与障碍、偶遇者采取的行动来分类。

---

① Xu Sun, et al., "A User-Centred Mobile Diary Study Approach to Understanding Serendipity in Information Research", *Information Research*, Vol. 16, No. 3, 2011, p. 16.

② Stephann Makri, et al., "After Serendipity Strikes: Creating Value from Encountered Information", *Proceedings of the Association for Information Science and Technology*, Vol. 54, No. 1, 2017, p. 279.

③ Tingting Jiang, et al., "Toward a Description Framework of Information Encountering Experiences Guidance for Diarists in Story Telling", *Journal of Documentation*, Vol. 76, No. 4, 2020, p. 807.

Rahman 和 Wilson 针对网络搜索中的信息偶遇开展了一项反馈日记研究。[1] 该研究设计了一个名为 Feegli 的搜索引擎，使用来自用户社交媒体的真实数据（用户在 Facebook 上点赞过的帖子），将与社交媒体数据相匹配的搜索结果高亮显示。该研究招募了 14 位参与者连续 7 天使用 Feegli，他们的查询式和点击情况被系统记录下来。研究人员每天都会向参与者发送一个结构化的日记记录表，收集他们在工作和休闲搜索中的信息偶遇经历。日记记录表会向参与者展示他们当天搜索过程中出现的高亮结果，并进一步询问他们点击或不点击高亮结果的原因。该研究共收集到 57 个点击了意外结果的事件，分析发现与工作相关的搜索比休闲搜索更能引发信息偶遇，社交媒体上个人资料更丰富、点赞更多的人更容易发生信息偶遇，并且证明偶遇事件即使没有明确的实际结果，偶遇信息仍然具有价值。

与访谈、问卷一样，日记也是一种自我报告方法，但是它具有即时性特征，非常适合采集信息偶遇这种转瞬即逝的偶然性事件，有助于避免参与者在回忆偶遇事件时的记忆偏差，提高数据的可靠性。日记方法也具有"自助式"特征，让参与者自行提供数据。这有利于他们在信息偶遇自然发生时从当事人视角去记录并解释信息偶遇事件。当然，尽可能降低参与者的时间和人力投入，是增强他们参与意愿的关键。信息偶遇研究人员在未来开展日记研究时应该更加关注日记记录表的创建，旨在为参与者提供具体的记录指引，避免他们因主观意识或以往经验的影响而忽略重要细节或有意无意地过滤、改变记录内容，从而带来高质量的日记数据。系统、科学的日记记录表也允许研究人员针对信息偶遇现象开展反馈日记研究，直接获取能够用于分析的数据。如果在线上分发日记记录表，研究人员还可以打破地理限制，扩大样本范围，增加数据量。研究人员还可以考虑开展长期的日记研究，跟踪参与者在一段时间内的变化，基于时间序列分析进一步揭示信息偶遇对人们产生的影响。

---

[1] Ataur Rahman and Max L. Wilson, "Exploring Opportunities to Facilitate Serendipity in Search", Paper delivered to Proceedings of the 38th International ACM SIGIR Conference on Research and Development in Information Retrieval, sponsored by the Association for Computing Machinery, United States, August, 2015.

第六节　事务日志分析

一　事务日志分析对信息偶遇研究的适用性

事务日志实时记录了用户访问网站或移动应用的每一次交互，通常包含用户IP地址、用户名、访问日期和时间、请求页面URL、请求类型、状态代码、传输的字节数等字段。事务日志捕捉到的是人们从事信息获取、新闻消费、购物、社交等各类在线活动时留下的数字足迹，事务日志分析是研究网络用户信息行为的重要方法。事务日志主要分为搜索日志和点击流数据这两种类型。搜索日志侧重反映搜索交互的特点，它记录了特定搜索片段内用户与搜索系统之间发生的所有交互；点击流数据反映的则是用户访问网站时的点击跳转行为，这类数据的存在更为普遍，凡是自身拥有服务器的网站都可以直接获得用户访问网站留下的点击流数据。

从本质上讲，事务日志分析属于观察法，它是将网络服务器上的事务日志作为观察用户信息行为的记录手段。但事务日志分析是一种典型的非介入性观察研究，因为日志的生成对用户行为本身没有产生任何干扰，突破以往定性的信息偶遇研究在数据规模、数据质量方面的局限，能够在在线信息偶遇研究中发挥重要作用。事务日志保存在网站服务器中，研究人员需要获得访问权限才能采集此类数据。为了提高事务日志的可获得性和针对性，也有研究会选择自行开发所需的软件、游戏、搜索引擎等。用户在网站上留下的痕迹数据规模是非常庞大的，其中包含了许多冗余数据，分析数据时可以根据研究目标选择将某一时间段内的服务器日志下载到本地开展后续研究。

二　事务日志分析在信息偶遇领域中的应用

由于信息偶遇经常发生在人们搜索特定信息的过程中，搜索日志分析在信息偶遇领域得到了一定的应用。André等要求参与者在一个月内持续使用研究团队开发的一个搜索引擎，以此采集用户搜索过程中的信息偶遇经历。每次搜索之前，参与者需要对其搜索意图进行简要描述，并在搜索过程中评估每条搜索结果与当前搜索任务的相关性以及搜索结果的趣味性。当参与者点击了有趣但与当前搜索意图无关的结果时，这一行为就被视为信息偶遇。为了分析搜索对信息偶遇的影响，该研究采用了点击熵（click entropy）这一指标。对于每个查询式返回的搜索结果，用户点击的结果数量越多，点击熵就越高。该研究还在征得参与者同意的情况下在其个人电脑上安装了浏览器插件，以计算搜索结果与参与者桌面文件、浏览记录、收藏信息之间的相似性。最终，该研究采集了36位参与者为期一个月的搜索日志数据，共得到92次搜索中2300个搜索结果评分，通过数据分析发现点击熵、兴趣相似性与信息偶遇存在显著的正相关关系。

为了研究在线社交游戏过程中发生的新闻偶遇，Yadamsuren设计并开发了一款名为 MU Tiger Challenge 的社交游戏，这是一款橄榄球比赛游戏，玩家有机会赢得一定的奖金。游戏界面的右侧展示了来自当地新闻网站的新闻，旨在触发新闻偶遇，左侧则显示了有关橄榄球运动员的实时推文。[1] 该研究通过报纸和社交媒体宣传这款游戏，然后在网络服务器上采集真实游戏用户的点击流数据，包括登录日期/时间、退出日期/时间、页面浏览量、游戏活动以及新闻链接点击。点击流数据分析结果表明，共有269位用户注册了该游戏，但只有一半用户真正参加了比赛，约4%的用户完成了比赛的要求；特别地，29位用户在访问游戏网站期间点击了游戏界面右侧的新闻报道，共产生了76次新闻链接点击，这标志着新闻信息偶遇的发生。该研究发现，社交游戏可以作为一种促进新闻偶遇的潜在平台，通过点击流数据来捕获新闻偶遇是一种可行的方法。

事务日志通过对实时的痕迹数据进行记录，以非介入的方式观察用户的在线信息行为，避免了传统自我报告方法对用户记忆的依赖[2]，提高了信息偶遇研究数据的真实性和研究结果的客观性。事务日志能够记录

---

[1] Borchuluun Yadamsuren, "Potential of Inducing Serendipitous News Discovery in a Social Gaming Environment", *Proceedings of the American Society for Information Science & Technology*, Vol. 50, No. 1, 2013, p. 1.

[2] Claire Warwick, et al., "If You Build It Will They Come? The Lairah Study: Quantifying the Use of Online Resources in the Arts and Humanities through Statistical Analysis of User Log Data", *Lit. Linguistic Comput*, Vol. 23, 2008, p. 85.

用户在较长一段时间内的在线活动，有效应对了信息偶遇难以预测这一巨大挑战，同时降低了以往介入性方法所带来的"回顾性偏差"和"观察者效应"。此外，事务日志是由网络服务器自动记录的，不仅在很大程度上节省了数据采集的人力和时间成本，而且打破了地域限制，几乎可以随时随地采集不同人群的数据。[1] 然而，事务日志的局限性也体现在它只能记录客观发生的行为。这就需要研究人员依据已有文献、个人知识、研究情景等对行为背后的意图、原因等进行推测，从而准确识别出信息偶遇。[2] 因此，信息偶遇研究人员在开展事务日志分析时，最好结合访谈、日记等自我报告方法来更好地理解用户行为。

第七节　网络文本分析

一　网络文本分析对信息偶遇研究的适用性

随着互联网与社交媒体的普及，人们经常在各种网络平台中表达自己的想法、态度或是记录日常生活经历。如果说网络服务器上的事务日志是一种隐性痕迹数据，这些用户生成内容（UGC）则是一种显性痕迹数据，因为对于所有的互联网用户都是可见的。在网络爬虫等技术的支持下，研究人员可以快速高效地采集UGC。这些数据来自规模巨大且多样性较高的人群，能够为科学研究提供庞大的文本语料库，这是传统研究方法难以匹敌的。[3] 通过对大规模网络文本数据进行分析，研究人员可以从中提取有用的信息，挖掘潜在的用户行为模式，揭示隐藏在文本背后的规律和趋势。

在信息偶遇研究中，网络文本分析兼具了日记法和事务日志分析的优点。一方面，人们在各类社交媒体平台上记录日常生活中的信息偶遇

---

[1] Susan Dumais, et al., "Understanding User Behavior through Log Data and Analysis", *Ways of Knowing in HCI*, 2014, p.349.

[2] Julia Ewc Van Gemert-Pijnen, et al., "Understanding the Usage of Content in a Mental Health Intervention for Depression: An Analysis of Log Data", *Journal of Medical Internet Research*, Vol.16, 2014.

[3] Matthew Andreotta, et al., "Analyzing Social Media Data: A Mixed-Methods Framework Combining Computational and Qualitative Text Analysis", *Behavior Research Methods*, 2019, p.1.

经历时，处在一种未被观察、较为放松的环境中，且通常会在事件发生后不久就即刻记录；另一方面，网络文本分析的数据来自互联网，同事务日志一样具有规模大、来源丰富、采集成本较低的特点。但如何高效、精准地采集描述信息偶遇相关事件的网络文本是使用此方法的关键所在。在正式采集数据之前，研究人员需要制定一个查询式列表。由于社交媒体上的表达较为口语化，人们通过"信息偶遇""意外发现"等专业术语搜索往往会返回许多无关结果，为数据预处理带来极大压力[1]。为了解决这一问题，研究人员可以事先从社交媒体上收集一些信息偶遇事件，经过人工观察与分析后，从中提取出多个叙事模板，并构造由短语和布尔运算式、通配符组成的查询式，以提高搜索的准确性。对于用此方式采集到的网络文本，研究人员还需要根据研究目标设置具体的数据筛选标准，剔除掉无关、无用的数据，然后采用扎根理论、内容分析等方法对文本数据进行编码分析。

二 网络文本分析在信息偶遇领域中的应用

Rubin 等率先利用网络文本数据开展信息偶遇研究。[2] 他们采用了一种名为"精选博客挖掘"的新方法，在 GoogleBlog Search 平台上广泛采集了在 2010 年 4 月至 8 月间发布的博客帖子。由于直接以"serendipity"为查询式得到的绝大部分帖子与信息偶遇无关，他们又重新构造了 44 个更加口语化的查询式，例如"looking for ＊ ＊ ＊ but found"等，并对这些查询式加上双引号限制以实现精准匹配，并且使用一个或多个星号的通配符来提高搜索的灵活性。对于这样搜索得到的帖子，该研究根据三条标准对其进行筛选，包括明确提到偶然发现、提供了偶然发现的背景细节、强调意外结果的发生，最终得到 56 条与偶然发现经历有关的描述。这些经历通常都是在搜索无关信息或是开展其他无关活动时发生的。该

---

[1] Victoria L. Rubin, et al., "Everyday Serendipity as Described in Social Media", *Proceedings of the American Society for Information Science & Technology*, Vol. 47, No. 1, 2010, p. 1.

[2] Victoria L. Rubin, et al., "Facets of Serendipity in Everyday Chance Encounters: A Grounded Theory Approach to Blog Analysis", *Information Research*, Vol. 16, No. 3, 2011, p. 488.

研究通过对这56条描述进行编码分析构建了信息偶遇领域的一个经典模型——意外发现分面概念模型。

为了更好地理解意外发现的概念内涵,Bogers和Björneborn对Twitter上的微博帖子开展分析。① 他们采用Topsy3搜索引擎采集了Twitter上在2011年8月至2012年2月间发布的包含"serendipity"一词的英文微博帖子,共30359条。由于人们并不会频繁地在社交媒体上分享自己的意外发现经历,研究人员将时间跨度定为6个月有利于增加数据量。但是人工分析3万多条文本数据费时费力,因而该研究仅从中抽取了1716条包含"#serendipity"标签的帖子进行后续分析。两位研究人员独立开发了一套编码方案,然后通过讨论消除分歧。研究结果证实了Makri和Blandford提出的意外性、洞察力和价值性这三个维度的存在,并增加了意外发现的第四个维度——专注性。

网络文本与事务日志均属于互联网用户留下的痕迹数据,二者在数据产生的自然性、数据采集成本、数据规模等方面有着传统信息偶遇研究方法难以比拟的优势。② 但是,这两种数据在信息偶遇研究中的应用价值也存在一定的差异:网络文本是一种由用户的主动提供的非结构化数据,反映的是用户主观态度、观点、情感等,人工分析此类数据对研究人员来说是一个巨大的挑战;事务日志则是由服务器记录的结构化数据,反映的是用户的客观行为,已经形成了一套规范化的半自动数据处理和分析流程。信息偶遇研究人员需根据自身研究问题,从这两种数据中选择更为合适的开展研究。如果选择网络文本,还需格外注意数据质量问题,因为互联网在允许人们自由表达的同时也伴生着内容杂乱无序的问题。这使得网络文本描述信息偶遇经历的详细程度、真实性等难以保证,因此有必要制定较为严格的数据筛选标准。

---

① Toine Bogers and Lennart Björneborn, "Micro-Serendipity: Meaningful Coincidences in Everyday Life Shared on Twitter", Paper delivered to In *Proceedings of the Iconference* 2013. iSchools, sponsored by APA, Fort Worth, TX, USA, February 12–15, 2013.

② Matthew Andreotta, et al., "Analyzing Social Media Data: A Mixed-Methods Framework Combining Computational and Qualitative Text Analysis", *Behavior Research Methods*, Vol. 51, No. 4, 2019, p. 1.

第八节 受控实验

一 受控实验对信息偶遇研究的适用性

在受控实验中,研究人员通过系统地操纵自变量、观测因变量、控制其他无关变量,从而达到检验自变量和因变量之间关系的目的。[①] 信息偶遇实验研究通常包含两个或多个待比较的实验条件(如不同的界面设计),采取组间设计(between-subject design)或组内设计(within-subject design)将实验参与者分配到不同的条件中去执行给定的任务。组间设计实验的每位参与者只需经历一种实验条件,组内设计实验的每位参与者则需要经历所有的实验条件。与组间设计相比,组内设计对样本规模的要求更低,也排除了个体差异可能带来的噪声数据;而组间设计的优势在于可以避免不同任务条件之间的学习效应,减少参与者的疲劳感和挫折感。[②]

信息偶遇领域早期主要采取以关键事件访谈为代表的定性方法开展研究,但近年来实验方法的应用越来越普遍,有力地推动了定量研究的发展。信息偶遇行为的影响因素是本领域的三大研究方向之一,也是当前阶段的研究热点。受控实验由于可以精准量化自变量对因变量的影响方式和影响程度,因而在这一类研究中具有得天独厚的应用优势。更为重要的是,受控实验将有助于解决长期困扰研究人员、阻碍领域发展的一个重要问题——信息偶遇行为难以捕捉、观测。实验观测手段和技术不断更新迭代,目前已经能够实现实验参与者眼动、脑电、皮肤电等生理数据的采集,这些数据可以准确反映用户对偶遇刺激的注意以及在偶遇过程中产生的情绪变化等。[③] 这对其表现出来的物理行为数据形成了有

[①] Oberiri Destiny Apuke, "Quantitative Research Methods: A Synopsis Approach", *Kuwait Chapter of Arabian Journal of Business and Management Review*, Vol. 33, No. 5471, 2017, p. 1.

[②] Gary Charness, et al., "Experimental Methods: Between-Subject and within-Subject Design", *Journal of Economic Behavior & Organization*, Vol. 81, No. 1, 2012, p. 1.

[③] Tingting Jiang, et al., "The Effects of Message Framing on Online Health Headline Selection of Female Users: A Moderation of Approach/Avoidance Motivation", *International Journal of Medical Informatics*, Vol. 148, 2021, p. 104397.

益的补充,极大地丰富了信息偶遇领域可探讨的研究问题。

二 受控实验在信息偶遇领域中的应用

为了更准确地控制无关变量,观测参与者的内外在反应,受控实验一般在线下的实验室环境中进行。Sun 等旨在探索情绪会如何影响信息偶遇的发生。[1] 他们设计了一个画图游戏的应用程序,用户需要首先观察一幅示例图片 30 秒,然后在 2 分钟内画出图片中的图案,应用程序将基于用户的作画用时多少以及其画作与示例图片的相似性大小判定他们的游戏结果是成功还是失败。在这一过程中,用户可能会被激发出积极或消极的情绪反应。最后,应用程序会向参与者提供从示例图片中衍生出的相关文字信息,通过文字刺激触发信息偶遇。该研究设计了两种实验条件:偶然条件提供的示例图片及其相关信息与参与者的学术背景高度相关;控制条件中的图片和信息是随机呈现的。由于采取的是被试内设计,26 位参与者都需要在两种实验条件下各绘制三幅图像,并填写量表,从意外性、洞察力和价值性三个维度报告他们在实验中对信息偶遇事件的感知。特别地,该研究使用皮肤电传感器测量参与者的情绪变化,使用眼动仪记录参与者的屏幕注视数据,并通过实验后的访谈深入了解参与者的情绪变化,最后结合定性数据和定量数据分析揭示了积极情绪有利于引发信息偶遇。

在线实验是互联网时代新兴的一种实验形式,它能够突破地理位置的限制让研究人员接触到更广泛的人群,特别适用于对样本规模要求较高的研究。Grange 等调查了界面设计对信息偶遇的影响。[2] 该研究开发了一个餐厅搜索系统,共设计了三个不同的界面,分别对应三种实验条件:在顾客生成内容(consumer-generated content,CGC)条件下,用户可以浏览所有餐厅并查看其他人对餐厅的评价,但无法查看他们的社交关系;在社交圈条件下,用户只能查看好友浏览过的餐厅以及他们的评价;在

---

[1] Xu Sun, et al., "Investigating the Impact of Emotions on Perceiving Serendipitous Information Encountering", *Journal of the Association for Information Science and Technology*, Vol. 73, No. 1, 2022, p. 3.

[2] Camille Grange, et al., "With a Little Help from My Friends: Cultivating Serendipity in Online Shopping Environments", *Information & Management*, Vol. 56, No. 2, 2019, p. 225.

混合条件下，用户可以浏览的餐厅及查看的评论没有任何限制，同时可以查看其他人的社交关系。该研究采用被试间设计，将招募到的 97 位参与者随机分配到三种实验条件中的一种，每位参与者需要在给定的系统中搜索感兴趣的餐厅并添加到愿望清单中。任务完成后，参与者需要填写量表以报告不同界面设计触发信息偶遇的程度。该研究对实验数据开展了线性回归分析，发现社交圈条件比 CGC 条件更有利于触发信息偶遇。

受控实验可以在最大限度上控制实验条件，排除外部干扰因素，辅以生理测量手段，从而可靠、有效地揭示变量之间的关系，在信息偶遇研究中具有光明的应用前景。如果将受控实验与定性方法相结合使用，还可以进一步解释变量之间的关系。当然，受控实验也对信息偶遇研究人员提出了一个巨大的挑战，那就是如何在实验过程中成功触发信息偶遇。访谈、问卷、日记等方法需要参与者回忆以往或是记录当前自然发生的偶遇经历，而实验参与者的偶遇经历则是通过实验任务触发的，是一种"人造"的经历。虽然信息搜寻实验研究也会通过一定的实验任务去触发搜寻经历，但这是显性的触发，可以提出明确的任务要求，如利用搜索引擎获取某一问题的答案。然而，偶遇经历只能通过巧妙的任务设计来隐性地触发，否则将降低甚至破坏偶然性、意外性。信息搜寻实验任务一般都是在实验中直接给出的，而信息偶遇实验除了直接给出前景任务，还需要设法设置能够触发偶遇的背景任务。此外，受控实验方法的固有缺陷，如生态效度有限、观察者效应等问题，也是信息偶遇研究人员需要注意的。

第九节　本章小结

本章全面梳理了信息偶遇领域常用的 8 种研究方法，包括访谈法、问卷法、观察法、档案法、日记法、事务日志分析、网络文本分析和受控实验。对于每种研究方法，笔者首先结合其自身特点探讨了方法对于信息偶遇研究的适用性，并简要使用方法的一般流程；然后通过具有代表性的研究实例展示了每种方法在以往信息偶遇研究中的具体应用情况；最后总结了方法应用特点以及未来研究在应用方法时应注意的问题。本章全面、细致地呈现了一幅信息偶遇研究方法的全景视图，为信息偶遇研究人员提供了方法论参考。

  本章所述的研究方法总体上可以分为介入性和非介入性两种。其中，介入性研究方法包括访谈法、问卷法、日记法和受控实验。访谈法、问卷法和日记法均属于自我报告式研究方法，由参与者对自己的过往行为进行描述或报告他们的认知、情感、态度等；受控实验中用户的行为反应是由特定的实验条件所引发的，因而也是一种典型的介入性研究方法。非介入性研究方法包括档案法、事务日志分析和网络文本分析，减轻了介入性问题对数据真实性、准确性、客观性等的影响。观察法既可以被归为介入性方法，也可以被归为非介入性方法，取决于研究人员选择何种方式进行观察。

  综观信息偶遇研究现状，概念内涵和发生过程的相关研究已趋于完善，现有研究更多聚焦于探索特定环境、信息、任务、用户等维度的因素对信息偶遇的影响。因此，近五年来，研究人员更倾向于开展后实证主义视角下的定量研究，而非早期流行的基于诠释主义的定性研究。然而，纯粹的定量研究往往是去语境化的，虽然聚焦于人类行为本身，但却忽视了人类主观意识对行为的影响。同时，定量研究对显著结果的追求使得少数特殊行为被湮没在大规模数据之中，在很大程度上限制了信息偶遇研究的进一步深入。研究人员未来可考虑开展混合研究，充分发挥定性研究与定量研究的优势，相互弥补不足之处，从不同视角出发解决同一研究问题，对信息偶遇现象形成更全面的理解。

第五章

信息偶遇过程通用模型创建与应用

信息偶遇发生过程是信息偶遇领域的重要研究方向之一。信息偶遇或意外发现过程模型的发展大致可以分为初建、修正与整合三个阶段。早期的相关研究主要关注信息偶遇过程的基本结构，大多通过关键事件访谈方法面向特定用户群体采集少量定性数据，分析提取组成信息偶遇或意外发现过程的关键行为或心理活动并确定其发生顺序，从而初步创建了各种过程模型。到了修正阶段，研究人员不再从零开始创建模型，而是会将以往的过程模型作为基础开展研究设计，通过新一轮的数据采集和分析获得一些新的发现和洞察，将其抽象为用于理论表达的框架、元素、关联等并与已有的理解融合起来，从而实现对以往模型的调整或补充。然而，这一阶段的相关研究仍然严重依赖关键事件访谈方法，在样本和数据规模上所受的限制未能解除，在很大程度上影响了信息偶遇或意外发现过程模型的普遍适用性。

Erdelez 和 Makri 于 2020 年提出了信息偶遇过程改进模型，这可以被视为模型整合阶段的开端。模型整合工作旨在弥合领域知识裂缝，提供统一、全面的现象理解，对于领域发展具有十分重要的意义。但是，信息偶遇过程改进模型的创建过程体现了一种"后期"的模型整合方式，即对成熟模型进行拆解，将其中所包含的基本组成部分进行重新组合。这种做法可能存在两个基本问题：一是既有模型被拆解后会损失很多重要信息，因为每个模型的原始创建过程都建立在一套独立自洽的逻辑之上；二是如何重新组合更多的是基于研究人员自身的理解，其合理性缺乏实证依据的支撑。为了进一步推动信息偶遇领域过程模型整合研究的发展，本章将采取"前期"整合方式——整合已有的研究数据，即信息偶遇领域相关文献中提供的信息偶遇事件描述的原始数据，在统一思路下开展数据处理与分析，根据研究发现创建新的通用过程模型。

第一节 信息偶遇过程通用模型的创建过程

一 信息偶遇事件二手数据采集

以往的信息偶遇研究广泛使用自陈式方法采集大量的偶遇事件描述，用于探讨各种研究问题。这些事件描述在现有文献中是原始数据，但在本书中成为二手数据，我们试图从这些定性数据中提取信息偶遇过程的主要元素。重复利用已发表论文中的数据能够降低研究数据采集工作的时间、金钱和人力成本。[1] 本书所利用的二手数据来自多项研究，多样化的数据来源有利于提高样本的规模和分布广泛性。[2] 二手数据分析经常出现在医疗卫生、心理学、社会学等领域的研究中，近年来也逐渐得到了图书情报学者的重视。[3]

本书介绍了用于指代信息偶遇以及相关现象的一系列术语。考虑到术语的多样性，我们在 Web of Science 和 Google Scholar 上进行了多轮文献搜索，使用的查询式包括"information encountering"（信息偶遇）、"serendipity"（意外发现）、"opportunistic/incidental acquisition of information"（机会性/偶然性信息获取）、"incidental information acquisition"（偶然性信息获取）、"accidental/opportunistic discovery of information"（偶然性/机会性信息发现），文献搜索范围设定为"1995 年至今"。我们采用以下三个标准对搜索得到的文献进行筛选：（1）用英文撰写的信息偶遇研究论

---

[1] Christopher J. Cowton, "The Use of Secondary Data in Business Ethics Research", *Journal of Business Ethics*, Vol. 17, No. 4, 1998, p. 423.

[2] Joop J. Hox and Hennie R. Boeije, "Data Collection, Primary Versus Secondary", *Encyclopedia of Social Measurement*, Vol. 1, 2005, p. 593.

[3] Tingting Jiang, et al., "Online Information Encountering: Modeling the Process and Influencing Factors", *Journal of Documentation*, Vol. 71, No. 6, 2015, p. 1135.

文；（2）使用了自陈式方法采集研究数据；（3）论文中提供了信息偶遇事件的原始描述。经过筛选，我们共选定18篇论文作为二手数据来源，如表5-1所示。表中的事件描述数量可能少于这些论文中所报告的数量。这是因为有的论文所提供的部分描述不完整，无法用于二手数据分析；还有的研究采集到了假性偶遇事件，即研究参与者由于自身理解不准确报告了并不符合信息偶遇特征的事件。我们从二手数据中剔除了这样的事件描述。

表5-1　　　　　信息偶遇事件描述二手数据来源

	二手数据来源研究者	数据采集方法	信息偶遇事件描述数量
1	Erdelez[①]	问卷调查、引导性访谈	138
2	Foster 和 Ford[②]	开放式访谈	12
3	Makri 和 Warwick[③]	自然观察、半结构化访谈	5
4	McCay-Peet 和 Toms[④]	访谈	11
5	Yadamsuren 和 Erdelez[⑤]	问卷调查、深入访谈（CIT、解释性访谈、出声思维）	11
6	Dantonio[⑥]	结合 CIT 的半结构化访谈	15

[①] Sanda Erdelez, *Information Encountering: An Exploration Beyond Information Seeking*, Ph. D dissertation, Syracuse University, 1995, p. 180.

[②] Allen Foster and Nigel Ford, "Serendipity and Information Seeking: An Empirical Study", *Journal of Documentation*, Vol. 59, No. 3, 2003, p. 321.

[③] Stephann Makri and Claire Warwick, "Information for Inspiration: Understanding Architects' Information Seeking and Use Behaviors to Inform Design", *Journal of the American Society for information Science and Technology*, Vol. 61, No. 9, 2010, p. 1745.

[④] Lori McCay-Peet and Elaine G. Toms, "The Process of Serendipity in Knowledge Work", Paper delivered to Proceedings of the third Symposium on Information Interaction in Context, sponsored by the Association for Computing Machinery, United States, August 18, 2010.

[⑤] Borchuluun Yadamsuren and Sanda Erdelez, "Incidental Exposure to Online News", *Proceedings of the American Society for Information Science and Technology*, Vol. 47, No. 1, 2010, p. 1.

[⑥] L. Dantonio, *Reciprocity and Investment: The Role of Social Media in Fostering Serendipity*, Master dissertation, University College London, 2010, p. 19.

续表

	二手数据来源研究者	数据采集方法	信息偶遇事件描述数量
7	Yadamsuren 和 Heinström①	基于 CIT 的访谈、网络调查	14
8	Pálsdóttir②	开放式访谈	4
9	Sun 等③	引导日记、反馈日记	21
10	Miwa 等④	眼动实验、出声思维、搜索后访谈	4
11	Makri 和 Blandford⑤	结合 CIT 的半结构化访谈	12
12	Makri 等⑥	访谈	3
13	Jiang 等⑦	基于 CIT 的半结构化访谈	27
14	McCay-Peet 和 Toms⑧	半结构化访谈	15
15	Makri 等⑨	出声思维观察、观察后访谈	6

① Borchuluun Yadamsuren and Jannica Heinström, "Emotional Reactions to Incidental Exposure to Online News", *Information Research*, Vol. 16, No. 3, 2011, p. 16.

② Ágústa Pálsdóttir, "Opportunistic Discovery of Information by Elderly Icelanders and Their Relatives", *Information Research*, Vol. 16, No. 3, 2011, p. 485.

③ Xu Sun, et al., "A User-Centred Mobile Diary Study Approach to Understanding Serendipity in Information Research", *Information Research*, Vol. 16, No. 3, 2011, p. 16.

④ Makiko Miwa, et al., "A Method to Capture Information Encountering Embedded in Exploratory Web Searches", *Information Research*, Vol. 16, No. 3, 2011, p. 16.

⑤ Stephann Makri and Ann Blandford, "Coming across Information Serendipitously-Part 2: A Classification Framework", *Journal of Documentation*, Vol. 68, No. 5, 2012, p. 706.

⑥ Stephann Makri, et al., "'Making My Own Luck': Serendipity Strategies and How to Support Them in Digital Information Environments", *Journal of the Association for Information Science and Technology*, Vol. 65, No. 11, 2014, p. 2179.

⑦ Tingting Jiang, et al., "Online Information Encountering: Modeling the Process and Influencing Factors", *Journal of Documentation*, Vol. 71, No. 6, 2015, p. 1135.

⑧ Lori McCay-Peet and Elaine G. Toms, "Investigating Serendipity: How It Unfolds and What May Influence It", *Journal of the Association for Information Science and Technology*, Vol. 66, No. 7, 2015, p. 1463.

⑨ Stephann Makri, et al., "Observing Serendipity in Digital Information Environments", *Proceedings of the Association for Information Science and Technology*, Vol. 52, No. 1, 2015, p. 1.

续表

	二手数据来源研究者	数据采集方法	信息偶遇事件描述数量
16	Pontis 等[1]	日记、总结性访谈	11
17	Rahman 和 Wilson[2]	日记	3
18	Makri 等[3]	日记、访谈	28
	总计		340

二 信息偶遇事件主题分析

本书从 18 篇论文中共抽取出 340 条信息偶遇事件描述，这些描述在不同细节程度上反映了事件的情况。以下是几个事件描述举例。

（1）事件完整描述——在 Eurostar 网站上预订从布鲁塞尔到伦敦的火车票时，P5 注意到轮播图中的一则广告，买火车票可以免费赠送伦敦博物馆门票。因为 P5 喜欢逛博物馆，于是她点开广告查看更多信息，然后发现伦敦还有很多她不知道的美术馆，了解一下非常有意思。广告页面上还提到了几个她想去玩的景点，但她不确定是否有时间去。她在心里记下了这些景点，然后预订了火车票。她偶遇到的信息对她来说可能是有用的，但是这些信息还没有派上用场。

（2）事件部分描述——R14 说她访问 Yahoo！网站是因为网站上有非常多的随机链接。她说自己就是喜欢点开看看有没有好玩的东西，即使她也没有打算阅读。[4]

---

[1] Sheila Pontis, et al., "Academics' Responses to Encountered Information: Context Matters", *Journal of the Association for Information Science and Technology*, Vol. 67, No. 8, 2015, p. 1883.

[2] Ataur Rahman and Max L. Wilson, "Exploring Opportunities to Facilitate Serendipity in Search", paper delivered to Proceedings of the 38th International ACM SIGIR Conference on Research and Development in Information Retrieval, sponsored by the Association for Computing Machinery, United States, August, 2015.

[3] Stephann Makri, et al., "After Serendipity Strikes: Creating Value from Encountered Information", *Proceedings of the Association for Information Science and Technology*, Vol. 54, No. 1, 2017, p. 279.

[4] Borchuluun Yadamsuren and Sanda Erdelez, "Incidental Exposure to Online News", *Proceedings of the American Society for Information Science and Technology*, Vol. 47, No. 1, 2010, p. 1.

（3）心理活动描述——R20 解释说她对新闻偶遇产生了负面情绪，主要是因为她认为自己在互联网上找到的信息大多是令人不快或令人怀疑的。[1]

我们将 340 条描述都导入 QSR NVivo 11 软件中做主题分析，旨在通过识别、考察、报告定性数据中的主题来揭示现象描述的重要模式。主题分析过程通常包括 6 个步骤，即熟悉数据、生成初始编码、搜索主题、检查主题、识别主题并对其命名、生成报告。[2] 本书按以下步骤开展主题分析：（1）认真阅读所有的事件描述并对每个有意义的内容单元进行标注；（2）基于多次出现的标签生成初始编码；（3）分析初始编码之间的关系，将类似的初始编码合并成为正式编码；（4）对正式编码进行精练，再合并成为二级主题和一级主题。

表 5-2 展示了 5 个编码过程示例。简单而言，标签是从原始描述内容中直接提取的关键词或词组，初始编码是对标签所反映现象的抽象，正式编码是将几个相似初始编码统一后形成的。我们对 340 条描述的编码工作共产生了 754 个标签、269 个初始编码以及 53 个正式编码。这些正式编码中又进一步浮现出 31 个二级主题和 9 个一级主题，如附录 1 所示。有的正式编码可以通过改述直接转换为二级主题，如将"学到的新知识"改述为"获取新知识"。其他正式编码经合并而形成二级主题，如将"数字化的文字作为刺激"和"印刷品的文字作为刺激"合并为二级主题"文字刺激"。一级主题是相关二级主题合并而形成的，已达到最高层级，无法再行合并。比如说，将所有类型的刺激合并成一级主题"注意到的刺激"。从附录 1 中我们还可以看到每个一级主题所对应标签的数量，也就是在原始描述内容中被提及的次数。

---

[1] Borchuluun Yadamsuren and Jannica Heinström, "Emotional Reactions to Incidental Exposure to Online News", *Information Research*, Vol. 16, No. 3, 2011, p. 16.

[2] Virginia Braun and Victoria Clarke, "Using Thematic Analysis in Psychology", *Qualitative Research in Psychology*, Vol. 3, No. 2, 2006, p. 77.

表5-2　　　　　　　　主题分析编码过程示例

	原始描述中有意义的内容单元	标签	初始编码	正式编码
1	她找到一个相关幻灯片的链接①	找到一个相关链接	链接作为刺激	数字化的文字作为刺激
2	在她的Facebook上无目的地刷动态，突然注意到一个帖子②	注意到一个帖子	帖子作为刺激	
		无目的地刷	无目的扫描	无目的随意扫描
		Facebook	社交媒体	社交媒体
3	我转发了在微博上偶遇到的业界新闻③	微博		
		转发	发给他人	与他人分享信息
4	将（信息）发给两位毕业生④	发给毕业生		
5	他提到孩子离世的家庭时感到悲伤⑤	感到悲伤	偶遇后感到悲伤	偶遇后悲伤

第二节　信息偶遇过程通用模型的阐释

本书通过二手数据的主题分析共识别了9个一级主题和31个二级主题。每个一级主题反映的是组成信息偶遇经历的一个主要元素，二级主题则可以视为这些元素下可能存在的分类。从附录1中的标签数量我们

---

① Lori McCay-Peet and Elaine G. Toms, "Investigating Serendipity: How It Unfolds and What May Influence It", *Journal of the Association for Information Science and Technology*, Vol. 66, No. 7, 2015, p. 1463.

② Stephann Makri, et al., "After Serendipity Strikes: Creating Value from Encountered Information", *Proceedings of the Association for Information Science and Technology*, Vol. 54, No. 1, 2017, p. 279.

③ Tingting Jiang, et al., "Online Information Encountering: Modeling the Process and Influencing Factors", *Journal of Documentation*, Vol. 71, No. 6, 2015, p. 1135.

④ Sanda Erdelez, *Information Encountering: An Exploration Beyond Information Seeking*, Ph. D dissertation, Syracuse University, 1995, p. 180.

⑤ Borchuluun Yadamsuren and Jannica Heinström, "Emotional Reactions to Incidental Exposure to Online News", *Information Research*, Vol. 16, No. 3, 2011, p. 16.

可以看出，18篇论文中的研究参与者在讲述自己经历的信息偶遇事件时，最有可能提到的元素包括注意到的刺激、检验的内容以及前景任务，表明这些是最重要的元素。由于事件都是沿着时间线推进的，人们按各主要元素发生的先后顺序理解事件会更加自然。但是，这些主要元素在原始描述中的出现顺序取决于参与者个人的讲述方式，它们有可能与实际发生的顺序并不完全相符。因此，本书决定根据已有的信息偶遇过程模型来确定9个一级主题的一般顺序。

Erdelez 提出的信息偶遇功能模型认为，偶遇是内嵌于信息搜寻过程之中的，并且是由注意、暂停、检验、捕获和返回5个功能要素组成的。① 在在线信息偶遇整合模型中，Jiang 等进一步强调注意和检验的客体分别是信息刺激和内容，并指出刺激注意和内容检验共同组成了偶遇中阶段，位于偶遇前阶段和偶遇后阶段之间。② McCay-Peet 和 Toms 在意外发现经历过程模型中依次展示了触发物、（延迟）、关联、跟进和有价值的结果等要素，这一过程还伴随着意外线索并带来了对意外发现的感知。③ 本书结合这些模型以及从二手数据中识别的主题，构建了如图5-1所示的信息偶遇过程通用模型（a general model of information encountering processes）。

信息偶遇过程通用模型的偶遇前阶段主要涉及前景活动和环境这2个一级主题。前景活动是人们主动、有意识地从事的活动，为信息偶遇的发生提供了情境。Erdelez 最初认为前景问题或任务可能源自信息搜寻或日常活动④，但后来仅考虑信息搜寻作为前景活动的情况⑤。在线信息

---

① Sanda Erdelez, "Investigation of Information Encountering in the Controlled Research Environment", *Information Processing & Management*, Vol. 40, No. 6, 2004, p. 1013.

② Tingting Jiang, et al., "Online Information Encountering: Modeling the Process and Influencing Factors", *Journal of Documentation*, Vol. 71, No. 6, 2015, p. 1135.

③ Lori McCay-Peet, et al., "Examination of Relationships among Serendipity, the Environment, and Individual Differences", *Information Processing & Management*, Vol. 51, No. 4, 2015, p. 391.

④ Sanda Erdelez, "Information Encountering: It's More than Just Bumping into Information", *Bulletin of the American Society for Information Science and Technology*, Vol. 25, No. 3, 1999, p. 26.

⑤ Sanda Erdelez, "Investigation of Information Encountering in the Controlled Research Environment", *Information Processing & Management*, Vol. 40, No. 6, 2004, p. 1013.

第五章　信息偶遇过程通用模型创建与应用

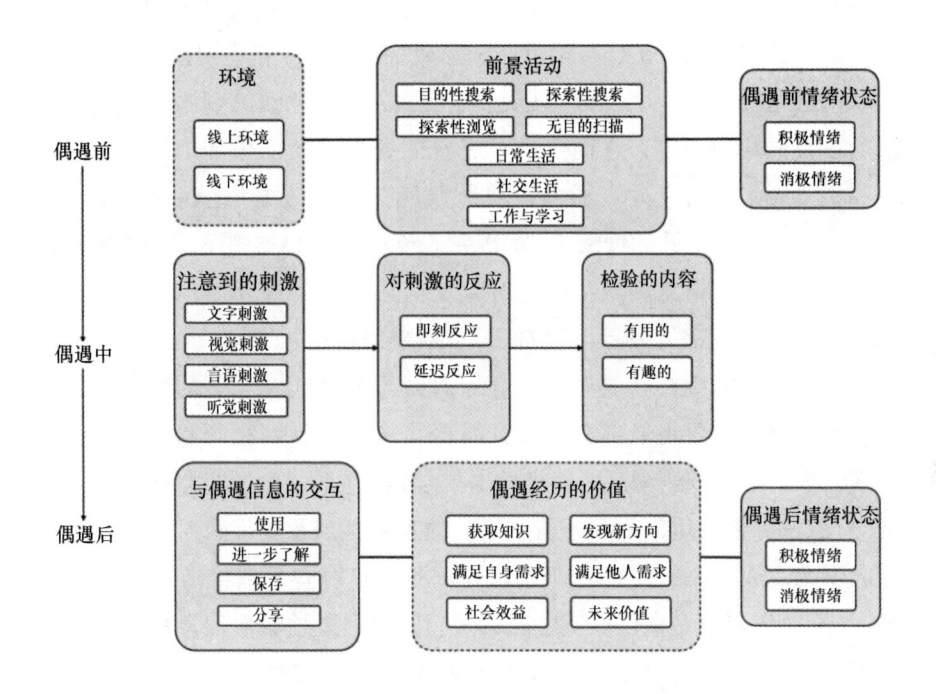

图 5-1　信息偶遇过程通用模型①

偶遇整合模型中的偶遇前活动就是指前景活动。② 前景活动的重要性和紧急性可能会影响人们是否注意到刺激以及如何做出反应。环境指的是前景活动和信息偶遇发生的地方，这些地方一般能够提供非常丰富的信息，例如现实世界中的图书馆和互联网上的搜索引擎或社交媒体。以往研究已经发现了环境相关因素对信息偶遇发生可能性的影响，而且建造有利于偶遇发生的环境也是信息偶遇研究的重要目标之一。③ 信息偶遇功能模型和在线信息偶遇整合模型都是明确针对线上环境的。本书与信息获取

---

① Lori McCay-Peet, et al., "Examination of Relationships among Serendipity, the Environment, and Individual Differences", *Information Processing & Management*, Vol. 51, No. 4, 2015, p. 391.

② Tingting Jiang, et al., "Online Information Encountering: Modeling the Process and Influencing Factors", *Journal of Documentation*, Vol. 71, No. 6, 2015, p. 1135.

③ Lori McCay-Peet and Elaine G. Toms, "Investigating Serendipity: How It Unfolds and What May Influence It", *Journal of the Association for Information Science and Technology*, Vol. 66, No. 7, 2015, p. 1463.

相关的前景活动（如搜索、浏览、扫描）主要发生在线上环境中，而日常生活、社交活动、工作与学习在线上或线下环境中都有可能发生。

偶遇中阶段由3个一级主题组成，分别是注意到的刺激、对刺激的反应以及检验的内容，它们依次对应着信息偶遇功能模型中的注意、暂停和检验要素。研究人员通常也将刺激称为"触发物"，包括言语、文字、视觉等多种形式的线索。[1] 本研究人员从二手数据中还识别了比较少见的听觉刺激。信息刺激一般是对大块信息内容的简化表示，例如新闻标题是对新闻报道的表示，缩略图是对电影视频的表示。在从事前景活动时，人们可能会在当前环境中意外遇到与前景问题无关的刺激。刺激是意外情况的重要组成部分，信息偶遇是从注意到刺激开始的。有研究发现，人们注意到刺激后可能会做出"即刻反应"，也可能会发生"延迟反应"。这种延迟可以归因于前景活动的紧急性或重要性暂时抑制住了刺激的作用，或是人们并未立即意识到刺激与自身知识或经历之间的"关联"。在决定对刺激做出反应之后，人们就会通过检验对信息内容的潜在价值进行推测。检验是一种更高层级的心理认知活动，一般都不容易观察到。本书将内容的价值分为"有用的"和"有趣的"，分别对应 Erdelez[2] 和 Panahi 等[3]对内容价值的理解。

偶遇后阶段涉及的一级主题主要包括与偶遇信息的交互和偶遇经历的价值。前一个主题在已有模型中都有所提及，例如捕获、偶遇后活动、跟进、开发价值都与之类似。也就是说，偶遇到的信息只有以某种方式融入人们的个人知识体系后才能实现偶遇经历的价值。研究发现，人们可能会保存或直接使用偶遇到的信息，也可能进一步了解或与他人分享。偶遇经历的价值可以被视为整个信息偶遇过程的结果。McCay-Peet 和 Makri 都在模型中明确提出了"有价值的结果"，强调了偶遇的结果应该是意外且积极的。本书所识别的偶遇结果价值基本上都体现在个人的无

---

[1] Tingting Jiang, et al., "Online Information Encountering: Modeling the Process and Influencing Factors", *Journal of Documentation*, Vol. 71, No. 6, 2015, p. 1135.

[2] Sanda Erdelez, "Information Encountering: It's More than Just Bumping into Information", *Bulletin of the American Society for Information Science and Technology*, Vol. 25, No. 3, 1999, p. 26.

[3] Sirous Panahi, et al., "Information Encountering on Social Media and Tacit Knowledge Sharing", *Journal of Information Science*, Vol. 42, No. 4, 2016, p. 539.

形收获上，包括发现、学习、满意、社交和机会等。

需要特别指出的是，本书所构建的信息偶遇过程通用模型还包含了两个一级主题，即偶遇前情绪状态和偶遇后情绪状态。情绪状态是指人们在特定时刻的感受。已有模型几乎都忽视了信息偶遇的情感方面，仅有 Makri 等在意外发现过程的起点和终点分别标记了"吃惊"和"高兴"表情。本书研究发现，偶遇者的前后情绪状态可能保持一致或发生翻转，也有可能得到加强或削弱。由于信息偶遇是一种容易受到情绪影响的行为，在反应过程时增加情绪相关要素是非常有必要的。

总的来说，信息偶遇过程通用模型综合体现了现有文献对信息偶遇现象的理解，尤其在刺激和情绪这两个方面推动了信息偶遇理论模型的发展。我们对能够触发信息偶遇的刺激进行了全面分类，同时考虑了用户面对刺激可能做出的即刻和延迟反应。这可以指引未来研究开展信息偶遇触发机制的探讨，即不同类型的刺激如何影响用户在开始偶遇和继续前景活动之间做出选择。以往的信息偶遇过程模型大多忽视了情绪的作用[1]，甚至默认偶遇后一定会产生积极的情绪[2]。而事实上，信息偶遇可能引发用户情绪状态的变化。由于信息偶遇行为几乎是不费力的，因而更容易受到情绪的影响。也就是说，有可能通过影响用户情绪来促进或阻碍偶遇的发生，偶遇过程中行为和情感维度之间的交互是值得未来研究关注的。

第三节　信息偶遇过程通用模型在日记研究中的应用

本书构建了信息偶遇过程通用模型，全面系统地反映了信息偶遇现象的组成要素及其之间的关系。该模型源自以往关键事件访谈研究中的信息偶遇事件描述，因而可以反过来告诉人们应该如何描述自己的信息

---

[1] Lori McCay-Peet and Elaine G. Toms, "Investigating Serendipity: How It Unfolds and What May Influence It", *Journal of the Association for Information Science and Technology*, Vol. 66, No. 7, 2015, p. 1463.

[2] Stephann Makri and Ann Blandford, "Coming across Information Serendipitously-Part 1: A Process Model", *Journal of Documentation*, Vol. 68, No. 5, 2012, p. 684.

偶遇经历，从而为信息偶遇研究提供有价值的数据。因此，本书进一步将信息偶遇过程通用模型应用到信息偶遇日记研究中，依据其设计日记记录表。以下将首先回顾采取日记法的信息偶遇研究，然后对中国Z世代人群的在线信息偶遇行为开展日记研究，体现信息偶遇过程通用模型的方法价值。

一 信息偶遇日记研究概览

日记法是信息行为研究中一种常见的自陈式方法。日记研究要求参与者通过写日记的方式来记录研究所关心的事件，对事件进行描述、阐释并表达自己的观点。在实际操作中，日记研究可以采取时间采样设计或事件采样设计的方式。前者是指参与者按照预先规定的时间点或是时间间隔进行记录，这种方式适合于研究随时间发展的现象，如饮食行为、情绪波动等。如果研究关注的现象具有特殊性或偶发性，尤其是难以预料其将在什么时候发生，事件采样设计则更为合适，即在事件发生时进行记录。信息偶遇就是人们日常生活和工作中一种典型的不易察觉、转瞬即逝的现象[1]，因此已有的相关日记研究采取的都是事件采样设计。

Leong等对数字音乐随机播放中的意外发现开展日记研究，邀请了12位参与者对自己日常听音乐的活动进行记录，在上按照地点、日期、主要活动内容、当时情绪等字段创建包含情境信息的日记条目。[2] 在后期的开放式访谈中，参与者根据这些日记条目对自己的经历进行了深入阐述。Sun等结合日记法和访谈法探讨了科学研究中的意外发现。[3] 他们引入了一款移动应用作为日记工具，11位参与者利用该工具贡献了23个日记条目，以文字、图片、音频、视频等多种形式记录自己的意外发现经历。这些日记条目在随后的访谈中起到了记忆线索及例证说明的作用。移动

---

[1] Abigail McBirnie, "Seeking Serendipity: The Paradox of Control", *Aslib Proceedings*, Vol. 60, No. 6, 2008, p.600.

[2] Tuck Wah Leong, et al., "Understanding Experience Using Dialogical Methods: The Case of Serendipity", Paper delivered to Proceedings of the 22nd Conference of the Computer-Human Interaction Special Interest Group of Australia on Computer-Human Interaction, sponsored by the Association for Computing Machinery, United States, November, 2010.

[3] Xu Sun, et al., "A User-Centred Mobile Diary Study Approach to Understanding Serendipity in Information Research", *Information Research*, Vol.16, No.3, 2011, p.16.

日记工具的使用保证了数据采集的即时性。虽然该研究鼓励参与者尽可能广泛地记录意外发现实例，但是对于如何记录并未提供明确的说明。

Rahman 和 Wilson 重点关注网络搜索中的意外发现。[1] 研究中的搜索引擎能够高亮显示与社交媒体数据匹配的搜索结果。14 位参与者经招募使用该搜索引擎，他们提交的查询式以及结果点击情况都由系统自动记录。研究人员据此创建结构化的日记记录表供参与者填写，旨在引导他们对自己在搜索中的意外发现经历进行自由描述，并解释点击或不点击高亮结果的原因。该研究共采集了 57 个意外结果被点击的偶遇事件。

为了揭示人们如何从偶遇信息中创造价值，Makri 等通过在线云服务对 12 位参与者开展了日记研究，要求他们提供自己意外发现的有用信息或潜在有用信息的截图，并对其有用性及意外性进行解释。[2] 参与者一共贡献了 31 个日记条目，后续的访谈研究则利用这些日记条目帮助参与者回忆偶遇时的更多细节。类似地，Pontis 等也利用日记和访谈研究了 20 位学者与偶遇信息的交互。[3] 他们要求参与者在日记中对偶遇信息在三个特征维度，包括有趣性、意外性和追踪方式上进行评分。

总的来说，信息偶遇研究对日记法的使用要远远少于关键事件访谈法。"回忆偏差"（recall bias）是访谈法的固有不足，日记法则可以通过缩短偶遇经历发生与记录的时间间隔来应对这一问题。反馈日记和引导日记是日记法的两大类型，前者要求参与者回答关于研究所关注事件的预设问题，后者则允许参与者自行记录相关事件并在后续访谈中将其用作讨论提示。[4] 在上述的大多数信息偶遇日记研究中，日记法都起到了反

---

[1] Ataur Rahman and Max L. Wilson. "Exploring Opportunities to Facilitate Serendipity in Search", Paper delivered to Proceedings of the 38th International ACM SIGIR Conference on Research and Development in Information Retrieval, sponsored by the Association for Computing Machinery, United States, August, 2015.

[2] Stephann Makri, et al., "After Serendipity Strikes: Creating Value from Encountered Information", Proceedings of the Association for Information Science and Technology, Vol. 54, No. 1, 2017, p. 279.

[3] Sheila Pontis, et al., "Academics' Responses to Encountered Information: Context Matters", Journal of the Association for Information Science and Technology, Vol. 67, No. 8, 2015, p. 1883.

[4] Scott Carter and Jennifer Mankoff, "When Participants Do the Capturing: The Role of Media in Diary Studies", Paper delivered to Proceedings of the SIGCHI conference on Human factors in computing systems, sponsored by the Association for Computing Machinery, United States, April 2 – 7, 2005.

馈和引导的双重作用，并且更加侧重引导。也就是说，这些研究聚焦于参与者自己关心的事件，与之有关的问题将在后续访谈中得到进一步探讨。[1] 因此，参与者可以在日记研究中按照自己的方式进行记录。Rahman 和 Wilson 则侧重于反馈，该研究要求参与者在反馈日记中根据特定的预设问题来记录研究人员感兴趣的事件。由于对如何记录、何时记录提出了明确要求，这种日记研究采集的数据具有更高的客观性和相关性，可以直接用于分析给定的研究问题。因此，反馈日记对于信息偶遇研究来说是一种非常具有应用前景的方法，只要记录表中的预设问题设计得当，该方法应该可以替代访谈方法。

二 基于信息偶遇过程通用模型的日记记录表设计

我们将反馈日记应用于中国 Z 世代（Generation Z）人群的在线信息偶遇行为研究。Z 世代指的是互联网普及后出生的一代人，即 20 世纪 90 年代后期到 2010 年出生的一代人。这一代人使用起信息技术和社交媒体来得心应手，甚至产生了情感上的依赖。[2] 由于能够方便地接触到丰富的信息，他们也更有可能在网络上偶遇信息，因此针对 Z 世代人群开展研究是比较合适的。我们并不试图解决具体的研究问题，重点在于探索如何利用以上构建的信息偶遇过程通用模型来指导日记数据的采集与分析。具体而言，我们根据模型中的 9 个一级主题设计了日记记录表用于采集信息偶遇事件，然后基于模型中的二级主题建立了一套内容分析编码方案用于分析采集到的事件。

附录 2 展示了反馈日记记录表中的 14 个具体问题。信息偶遇过程通用模型中的每个一级主题都对应了一个或多个问题。我们邀请了 15 位参与者试填记录表，根据他们的反馈对记录表进行了多轮修改，最终确定了所有问题的组织和表述方式。试填反馈还表明，记录表的开头应该提供研究简介、信息偶遇定义及在线信息偶遇实例，有助于参与者了解研

---

[1] Lori McCay-Peet and Elaine G. Toms, "Researching Serendipity in Digital Information Environments", *Synthesis Lectures on Information Concepts, Retrieval, and Services*, Vol. 9, No. 6, 2017, p. 51.

[2] Anthony Turner, "Generation Z: Technology and Social Interest", *The Journal of Individual Psychology*, Vol. 71, No. 2, 2015, p. 103.

究目的并对自己需要提供什么信息形成一个总体认识。

实际上，最初该记录表中的问题都是以选择题形式呈现的，每个问题对应模型中的一个一级主题，问题选项由二级主题组成。然而，我们在预填反馈中发现，参与者有时可能难以区分不同的选项或是将复杂的情形对应到某个特定选项。因此，Q1（环境）、Q3（前景活动）、Q6（注意到的刺激）和Q14（偶遇经历的价值）被修改为开放式问题，并相应提供了实例。Q5和Q13采取了7点李克特量表的形式，方便参与者标示出偶遇前/后情绪状态的极性和强度，避免了其用语言描述离散情绪的能力差异可能造成的影响。Q8（对刺激的反应）、Q11（检验的内容）和Q12（与偶遇信息的交互）保留了预设选项，这些选项相对来说都比较易于理解，但还是要求参与者进一步解释自己的选择。

需要提到的是，为了提高数据的丰富性，我们在记录表中增加了5个补充问题。Q2是Q1的补充问题，用于了解参与者访问特定在线环境时所使用的设备类型。Q4是对Q3的补充，用于测量前景活动的紧急度。设备或任务紧急度可能起到的作用已得到以往信息偶遇研究的关注。[①] Q7和Q9是两个"为什么"问题，旨在促使参与者对自己的行为进行思考，解释自己注意刺激（Q6）以及做出反应（Q8）的原因。Q10要求参与者回忆他们检验的具体内容，这有助于我们在数据分析中确认他们对内容评价的准确性（Q11）。我们对Q7、Q9和Q10都采取了开放式问题的形式，因为参与者对这类探索性问题的回答可能非常个性化。为了方便理解，我们在附录2中还展示了一位参与者对所有问题的回答作为示例。

我们主要从微信和微博等国内较受欢迎的社交媒体中招募目标用户，将以上日记记录表上传到在线调查平台上并发送给参与者，这样他们就可以在信息偶遇发生时进行记录。这项日记研究的数据采集一共持续了一个月，我们会每隔三天通过邮件向参与者发出一次提醒，最后共收到309个日记条目。在删除了54个信息不全或包含矛盾信息的条目后，我们得到了来自243位参与者的255个有效的日记条目，即255个信息偶遇事件。绝大多数参与者每人贡献了1个偶遇事件，9位参与者每人贡献了

[①] Sanda Erdelez, "Investigation of Information Encountering in the Controlled Research Environment", *Information Processing & Management*, Vol. 40, No. 6, 2004, p. 1013.

2—3个事件。参与者的年龄在 18—23 岁之间，属于目标用户——Z 世代。他们的 IP 地址广泛分布于 10 个省份，这表明从社交媒体上招募参与者能够有效打破地理边界。

三 基于信息偶遇过程通用模型的日记数据分析

以上我们根据信息偶遇过程通用模型的一级主题设计了日记记录表并针对 Z 世代人群的在线信息偶遇行为进行了数据采集，接下来的数据分析工作将继续依据模型中的二级主题进行编码。

1. 偶遇前阶段

对于通过日记方法获得的 255 个信息偶遇事件，我们首先对"环境"和"前景活动"元素进行了编码。这些偶遇事件仅涉及在线的环境（Q1），主要包括以下四种类型。

·社交媒体（$N=167$，65.49%）——支持用户与其他人社交或是获取用户生成内容，如新浪微博、微信、知乎等。

·在线购物平台（$N=32$，12.55%）——支持用户查找并购买商品，如淘宝、京东、亚马逊等。

·在线新闻平台（$N=30$，11.76%）——支持用户获取并阅读新闻，如网易新闻、搜狐新闻、新浪新闻等。

·搜索引擎（$N=17$，6.67%）——支持用户通过关键词查询查找信息，如百度搜索、谷歌学术搜索、Web of Science 数据库搜索等。

参与者提供的信息偶遇事件中还出现少量其他类型的在线环境（$N=9$，3.53%），如应用商店、iTunes、手机游戏等。由 Q2 的答案分析可知，58.04%（$N=148$）的偶遇事件是参与者在手机上访问以上环境时发生的。

前景活动是人们有意识参与的活动。由于有的参与者对前景活动的描述较为模糊，我们在编码时对部分二级主题进行了合并。255 个偶遇事件中的前景活动（Q3）主要包括以下内容。

·社交生活（$N=123$，48.24%）——发生在社交媒体上的社交活动，例如与朋友聊天或关注朋友的动态更新。

·浏览（$N=86$，33.73%）——包括"无目的扫视"和"探索性浏览"，浏览活动没有可以清楚表达的目标，例如浏览新闻、浏览商品等。

·搜索（$N=40$，15.69%）——包括"有目的搜索"和"探索性搜索"。搜索活动是由具体需求所驱动的，例如与搜索引擎的交互。

·工作与学习（$N=3$，1.18%）——撰写研究论文或是参加学术会议。

可以看出，前景活动与在线环境存在一定的对应性，都是以社交为主。我们还发现，不同的前景活动具有不同的紧急度（Q4），社交生活的紧急度最低（Mean = 2.66），工作与学习的紧急度最高（Mean = 3.63）。在从事前景活动时，参与者一般处于较为积极的情绪状态（Q5，Mean = 4.97）。

2. 偶遇中阶段

当人们注意到环境中出现的与前景活动无关的信息刺激时，信息偶遇过程就开始了。[1] 注意力的转移可能打断甚至终止前景活动。我们采集到的信息偶遇事件主要涉及以下几类刺激（Q6）。

·文字刺激（$N=176$，69.02%）——以链接、标题、消息等形式出现的字词、短语、短句等。

·视觉刺激（$N=45$，17.65%）——作为广告、说明、娱乐、社交等用途的静态图片（以照片为主）、动态图片、短视频等。

·听觉刺激（$N=6$，2.35%）——主要指音乐。比如说，打开网页时自动播放的背景音乐恰巧是以前听过但是不知道名字的一首歌曲。

还有28个偶遇事件中的刺激无法分类，因为事件描述中缺少必要的细节。信息刺激之所以可以引起参与者的注意，主要有两个原因（Q7）：一是认为信息是"有用的"，即可能满足既有的需求或解决当前的问题（$N=140$，54.90%）；二是认为信息是"有趣的"，即可能引起好奇心或是带来愉悦或放松（$N=115$，45.10%）。

参与者注意到信息刺激后的反应迅速程度是不同的（Q8），这与前景任务紧急度和刺激价值评价有关（Q9）。

---

[1] Tingting Jiang, et al., "A Diary Study of Information Encountering Triggered by Visual Stimuli on Micro-Blogging Services", *Information Processing & Management*, Vol. 56, No. 1, 2019, p. 29.

·即刻反应（$N=215$，84.31%）——立即选择刺激，因为"值得一看"或"看一下不会花太多时间"。

·延迟反应（$N=40$，15.69%）——完成前景活动后再选择刺激，因为"可以等"或"不太确定有什么价值"。

尽管可能存在延迟，参与者在注意到刺激后都会进一步检验与之关联的信息内容。检验本质上属于心理活动，目的在于确定内容的实际价值，这可能与最初的刺激价值感知存在差异。① 参与者所描述的具体信息内容多种多样（Q10），但其价值（Q11）主要可以分为以下两种。

·有用性（$N=167$，65.49%）——如研究数据、所需商品的广告、个人投资指南等内容都具有实用价值。

·有趣性（$N=88$，34.51%）——如游戏信息、明星八卦、植物学科普等内容都具有享乐价值。

3. 偶遇后阶段

与偶遇到的信息进行交互标志着信息偶遇过程的结束，用户如何与信息交互在很大程度上取决于他们可以获得怎样的工具。互联网提供了各种各样的在线服务，极大地丰富了交互的模式。我们发现，日记研究参与者与偶遇信息的交互表现为以下四种主要模式（Q12）。

·保存（$N=104$，40.78%）——将偶遇到的信息上传到在线文件存储服务、收藏到在线书签服务或是记到脑海里，以备将来使用。

·跟进（$N=86$，33.73%）——通过搜索相关信息或是点击系统推荐的链接去进一步了解偶遇到的信息。

·分享（$N=72$，28.24%）——通过即时通信工具将偶遇到的信息直接发送给其他人或是将偶遇到的信息转发到微博等社交媒体上。

·使用（$N=70$，27.45%）——立即利用偶遇到的信息去满足已有的需求，如将偶遇到的数据添加到研究论文里或是购买偶遇到的商品。

值得注意的是，参与者同时采取多种交互模式的情况是比较常见的。

---

① Stephann Makri and Ann Blandford, "Coming across Information Serendipitously-Part 1: A Process Model", *Journal of Documentation*, Vol. 68, No. 5, 2012, p. 684.

此外，还有8个偶遇事件并未发生交互，因为参与者在检验内容的时候就获取了信息。在偶遇到信息后，参与者的情绪状态会变得更加积极（Q13，Mean=5.46）。

最后，信息偶遇经历的价值（Q14）主要体现在以下两个方面。

·满足个人需求或他人需求（$N=170$，66.67%）——例如为撰写研究论文提供建议，找到一条漂亮的婚纱等；

·获得以往不理解的知识（$N=85$，33.33%）——例如了解了OpenSSL的相关知识，找到了感兴趣的菜谱等。

四 信息偶遇过程通用模型的应用启示

以上我们将信息偶遇过程通用模型应用于Z世代人群的在线信息偶遇行为日记研究，并根据模型中的一级主题设计了数据采集工具，再根据二级主题制订了数据分析方案。事后，我们邀请到日记研究的10位参与者，就日记记录表的设计问题对他们进行了访谈。访谈提纲主要包括6个问题（见附录3）。受访对象普遍认为，他们所填写的记录表能够反映信息偶遇经历的全过程，其中的问题基本上都简单易懂。他们遇到的困难主要集中在Q11和Q14，也就是不知道如何区分偶遇到的信息的价值和整个信息偶遇经历的价值。他们认为Q14中给出的两个实例太过具体，可能导致参与者填写的答案类似于Q11的答案，因而建议将Q14改为询问参与者对信息偶遇经历的态度。我们对此表示认同，因为在数据分析时也感到Q14的答案很难用模型中的二级主题来编码。

我们利用日记记录表采集到255个有效的信息偶遇事件，贡献这些事件的243位参与者所处地理位置分布广泛。与日记研究相比，我们在样本规模和数据规模上都具有较大优势（见表5-3）。特别值得一提的是，由于记录表是通过在线调查平台发布的，参与者可以在自己方便的时候记录，这也增强了他们的参与意愿。此外，该平台对用户非常友好，允许参与者运用各种浏览器访问记录表，填写记录表时还可以上传图片、视频等证明文件。

表 5 – 3　　　　　　　信息偶遇日记研究数据采集对比

	参与者数量	采集到的日记条目数量	记录工具	记录时的指引	日记研究类型
Leong 等①	12	N/A	纸笔、便利贴	部分指引	引导日记为主
Sun 等②	11	23	移动日记应用	无指引	引导日记为主
Rahman 和 Wilson③	14	57	邮件发送电子表格	部分指引	反馈日记
Pontis 等④	20	N/A	移动应用	部分指引	引导日记为主
Makri 等⑤	12	31	在线云服务	部分指引	引导日记为主
Z 世代人群的信息偶遇行为研究⑥	243	255	在线调查平台	全面指引	反馈日记

---

① Tuck Wah Leong, et al. "Understanding Experience Using Dialogical Methods: The Case of Serendipity", Paper delivered to Proceedings of the 22nd Conference of the Computer-Human Interaction Special Interest Group of Australia on Computer-Human Interaction, sponsored by the Association for Computing Machinery, United States, November, 2010.

② Xu Sun, et al., "A User-Centred Mobile Diary Study Approach to Understanding Serendipity in Information Research", Information Research, Vol. 16, No. 3, 2011, p. 16.

③ Ataur Rahman and Max L. Wilson, "Exploring Opportunities to Facilitate Serendipity in Search", Paper delivered to Proceedings of the 38th International ACM SIGIR Conference on Research and Development in Information Retrieval, sponsored by the Association for Computing Machinery, United States, August, 2015.

④ Sheila Pontis, et al., "Academics' Responses to Encountered Information: Context Matters", Journal of the Association for Information Science and Technology, Vol. 67, No. 8, 2015, p. 1883.

⑤ Stephann Makri, et al., "After Serendipity Strikes: Creating Value from Encountered Information", Proceedings of the Association for Information Science and Technology, Vol. 54, No. 1, 2017, p. 279.

⑥ Anthony Turner, "Generation Z: Technology and Social Interest", The Journal of Individual Psychology, Vol. 71, No. 2, 2015, p. 103.

以上基于信息偶遇过程通用模型开展的反馈日记研究总体上说是成功的，这对于信息偶遇领域研究方法的发展提供了重要的启示。信息偶遇的发生往往是难以预测的，发生时又不易察觉，已有研究更多采用访谈法来采集数据，让用户描述自身的经历以及相关的想法和感受。研究人员可以直接接触用户，因而有机会指引他们提供更有用的数据。近年来，日记法在信息偶遇研究中逐渐兴起。该方法可以克服访谈法的一些弊端，但是由于主要依赖用户自主提供数据，用户在个人感知和表述风格上的差异可能会降低数据可靠性。我们在研究中创建的日记记录表在很大程度上解决了这一问题，在参与者填写时提供了全面的指引，将他们对每个问题填写的答案连起来就可以形成一个完整故事。对于强调结果可推广性的研究来说，可以独立开展的反馈日记是一种高效且有效的替代方法。

第四节 本章小结

由于信息偶遇现象难以被观察和捕捉到，因此相关研究人员通常依赖自我报告的方法收集人们的信息偶遇经历。以关键事件技术为基础的访谈和引导日记是较为常用的方法。本书基于以往研究的二手数据构建了信息偶遇过程通用模型，并将其应用到信息偶遇日记研究中，依据其设计日记记录表，作为参与者记录日记条目的指导。

本书对于信息偶遇领域的贡献主要体现在方法论层面。首先，我们使用了已有文献中积累的二手数据。二手数据分析是社会科学研究中常用的定性方法，但 LIS 学者由于研究数据重复使用和共享的意识较为薄弱而很少使用。事实上，许多信息偶遇研究收集了参与者对偶遇事件的描述，只是并未在论文中披露。其次，本书展示了日记法在信息偶遇研究中的巨大潜力。一方面，相较于基于关键事件技术的访谈法，日记法使得信息偶遇的发生和记录之间只有较短的时间间隔，从而有效地减少了"回忆偏差"；另一方面，以本章介绍的 Z 世代在线信息偶遇行为研究为例，使用日记法能显著增加样本规模和数据量。如果进一步通过互联网开展日记研究，还可以降低研究成本，如时间、金钱、人力等。最后，本书基于信息偶遇过程通用模型设计了一份日记记录表，并证明了其在收集完整和详细的信息偶遇事件上的有效性。在日记记录表中，研究人员提供了充分的指导，能够使日记用于反馈目的。也就是说，可以独立开展日记研究而无须进行后续访谈。

信息偶遇过程通用模型不仅是设计日记记录表的有用工具，而且是信息偶遇过程的全面反映。它对以往的信息偶遇模型进行了重要的改进和补充，特别是关注到了刺激和情绪元素。未来研究可以将该模型作为理论基础，在不同的背景下检验该模型所呈现的信息偶遇过程，或是探索过程中的单个阶段，以形成对信息偶遇现象更为准确的理解。

第六章

文字刺激触发的信息偶遇
——符号学特征的作用

第一节 在线新闻偶遇

人们越来越习惯于从互联网上获取新闻,这已经成为一个全球趋势。美国皮尤研究中心的研究结果显示,93%的美国人会通过手机或电脑上网阅读新闻[1];社交媒体和新闻机构网站或应用最受新闻消费者青睐。在中国,在线新闻消费者的数量已经达到6.63亿人次,其中95%是移动用户。如今,全世界的新闻机构都在不间断地将新闻发布到互联网上,社交媒体为在线新闻的传播提供了极大的便利,随之改变的是人们的新闻消费模式。主动搜寻新闻的人越来越少,因为偶然接触在线新闻(IEON)已经能够满足人们掌握当前时事的需求。

本书在阐述在线新闻偶遇概念框架与过程模型时曾经提到,信息偶遇领域学者Yadamsuren与同事合作围绕IEON开展了系列研究。他们将IEON定义为"可以回忆起来的新闻偶遇经历",即人们在网上浏览新闻或是从事与新闻无关的在线活动时偶遇与自身信息需求或兴趣相关的新闻或出人意料的新闻。[2] 由于IEON强调了新闻获取的低参与性和低预期性,我们可以将其视为信息偶遇的一个子集。本书采用"新闻偶遇"这

---

[1] Matsa Katerina and Shearer Elisa, "News Use across Social Media Platforms 2018", *Retrieved September*, Vol. 9, 2018, p. 2019.

[2] Borchuluun Yadamsuren and Sanda Erdelez, "Incidental Exposure to Online News", *Synthesis Lectures on Information Concepts, Retrieval, and Services*, Vol. 8, No. 5, 2016, p. 1.

一术语代替 IEON 也能够更直接地体现两者的从属关系。

《2016 年中国互联网新闻市场研究报告》揭示了国内新闻消费活动的一个重要特点——很多人往往只会阅读新闻标题或第一屏内显示的新闻内容，很少发生深度阅读。互联网上的新闻爆炸很可能是造成这种情况的主要原因。可供获取的新闻数量令大多数在线新闻消费者感到信息过载[1]，这使得他们不得不对新闻进行选择[2]。根据在线新闻偶遇概念框架与过程模型，在线新闻偶遇过程主要包括四个阶段，分别为注意新闻刺激、暂停、阅读/捕获/分享新闻故事、返回/漫游。人们对新闻的选择经常发生在注意新闻刺激阶段，"筛选新闻刺激"是应对新闻过载常用的手段[3]，这里的"新闻刺激"通常指的是在线新闻的标题。

与传统的纸质新闻媒介（如报纸）不同，在线新闻平台通常包括两类页面——展示新闻标题列表的导航页面和展示新闻文章的内容页面。点击导航页面上的新闻标题链接，我们可以打开对应的内容页面。导航页面上的新闻标题是否吸引人，决定了新闻文章是否会被阅读。[4] 也就是说，在线新闻标题的作用不再仅限于对新闻故事的概括。除了符合简洁、准确等基本原则外，一条好的新闻标题还需要能够引起人们对新闻故事的好奇心，有时甚至需要诱使人们点击打开新闻内容页面。[5] 如果新闻标题无法竞争到用户的点击，质量再高的新闻文章也会无人问津。[6] 因此，新闻工作者在创建新闻标题时会采用各种各样的视觉线索来凸显标题的

---

[1] Avery E. Holton and Hsiang Iris Chyi, "News and the Overloaded Consumer: Factors Influencing Information Overload among News Consumers", *Cyberpsychology, Behavior, and Social Networking*, Vol. 15, No. 11, 2012, p. 619.

[2] Stephanie Edgerly, et al., "Navigational Structures and Information Selection Goals: A Closer Look at Online Selectivity", *Journal of Broadcasting & Electronic Media*, Vol. 58, No. 4, 2014, p. 542.

[3] Iryna Pentina and Monideepa Tarafdar, "From 'Information' to 'Knowing': Exploring the Role of Social Media in Contemporary News Consumption", *Computers in Human Behavior*, Vol. 35, 2014, p. 211.

[4] S. Knobloch-Westerwick, et al., "Impact of Popularity Indications on Readers' Selective Exposure to Online News", *Journal of Broadcasting & Electronic Media*, Vol. 49, No. 3, 2005, p. 296.

[5] Ioannis Arapakis, et al., "User Engagement in Online News: Under the Scope of Sentiment, Interest, Affect, and Gaze", *Journal of the Association for Information Science and Technology*, Vol. 65, No. 10, 2014, p. 1988.

[6] Jeffrey Kuiken, et al., "Effective Headlines of Newspaper Articles in a Digital Environment", *Digital Journalism*, Vol. 5, No. 10, 2017, p. 1300.

重要性和吸引力，既包括标题本身的组成部分（如在标题里使用数字或问题），也包括标题旁边的时效性或受欢迎程度指标。①

已有很多研究运用实验方法探讨了各种在线信息的视觉特征对用户注意、感知及行为的影响，它们对于新闻标题的创建具有一定的借鉴意义。然而，实验研究对现实场景的模拟通常是比较有限的，无法考虑到所有可能产生影响的因素。因此，我们从某新闻网站上获取到真实用户访问网站时产生的点击流数据，结合网站的页面布局和内容，通过互联网痕迹大数据分析揭示了新闻标题呈现与用户新闻选择行为之间的关系，旨在为使用视觉线索增强新闻标题有效性提供科学指引。

第二节　语言符号学与信息选择

一　在线信息呈现中的符号学特征

符号学（semiotics）是利用符号来说明信息的哲学方法。② 文字、图片和声音都可以用作符号。符号学过程分为感知、控制和完成三个阶段，依次表现为发现符号、解读符号以及对符号做出反应。③ 由于符号可以用来生成、表达意义并影响人们的反应，符号学在现实生活中已经得到了广泛应用，尤其是在市场营销领域。相关研究已经探讨了言语和视觉符号元素的相互作用，并发现两者之间的一致或协调可以增强信息交流的有效性。④ 互联网上的视觉信息资源十分丰富，这使得视觉符号学在近年来备受关注，已有研究发现视觉符号能够对用户的态度、意图或行为产

---

① Qian Xu, "Social Recommendation, Source Credibility, and Recency: Effects of News Cues in a Social Bookmarking Website", *Journalism & Mass Communication Quarterly*, Vol. 90, No. 4, 2013, p. 757.

② Jana Holsanova, et al., "Entry Points and Reading Paths on Newspaper Spreads: Comparing a Semiotic Analysis with Eye-Tracking Measurements", *Visual Communication*, Vol. 5, No. 1, 2006, p. 65.

③ Charles Morris, "Signification and Significance", *Philosophy and Phenomenological Research*, Vol. 27, No. 1, 1966.

④ Hailing Yu and Zhongwei Song, "Picture-Text Congruence in Translation: Images of the Zen Master on Book Covers and in Verbal Texts", *Social Semiotics*, Vol. 27, No. 5, 2017, p. 604.

生显著影响。[1]

以往研究广泛探讨了搜索结果、商品信息、新闻、广告、社交媒体内容等各种在线信息呈现的符号学特征对用户注意、感知和行为的影响。我们从信息科学、新闻学、市场营销学、语言学等学科收集了大量相关研究成果并进行了全面梳理，从中识别了七类影响因素，分别为信息位置、信息格式、标题长度、数字的使用、标点符号的使用、时效性和受欢迎程度，以下分别阐述其影响。

1. 信息位置

人们查看网页时会遵循F型眼动模式，即先扫描页面的顶部再往下看。[2] 搜索结果页面时也存在这一模式，排序靠后的结果条目获得的点击会迅速减少，第一个结果条目上的点击次数是第二个条目上的三倍。因此，搜索结果页面上赞助商的结果条目一般都被安排在靠前的位置。此外，横幅广告的位置能够在很大程度上预测用户对广告的处理、注意、点击和态度。[3]

2. 信息格式

双重编码（dual coding）理论指出，人们是在两个独立的认知系统中分别处理视觉和文字信息的。就在线购物商品展示而言，图片相对于文字具有明显的优势，商品图片能够吸引注意力，降低不确定性，提升可信度，并最终促使顾客做出购买决策。图片的积极作用还可以通过增大图片尺寸或是添加动态等方式进一步增强。[4] 视觉元素在用于吸引人们对广告的注意时会比文字元素更加有效。[5]

---

[1] Chiara Valentini, et al., "Digital Visual Engagement: Influencing Purchase Intentions on Instagram", *Journal of Communication Management*, Vol. 22, No. 4, 2018, p. 362.

[2] Jakob Nielsen, "F-Shaped Pattern for Reading Web Content", Jakob Nielsen's Alertbox, 2006, http://www.useit.com/alertbox/reading_pattern.html.

[3] Evert Van den Broeck, et al., "An Experimental Study on the Effect of Ad Placement, Product Involvement and Motives on Facebook Ad Avoidance", *Telematics and Informatics*, Vol. 35, No. 2, 2018, p. 470.

[4] Jihye Park, et al., "On-Line Product Presentation: Effects on Mood, Perceived Risk, and Purchase Intention", *Psychology & Marketing*, Vol. 22, No. 9, 2005, p. 695.

[5] Jarmo Kuisma, et al., "The Effects of Animation and Format on the Perception and Memory of Online Advertising", *Journal of Interactive Marketing*, Vol. 24, No. 4, 2010, p. 269.

3. 标题长度

标题是社交媒体帖子的重要组成部分，用户通常会花更多时间浏览标题，而不是阅读帖子内容。由于长标题可能引起用户的阅读负担，标题较长的帖子可能吸引的查看和回复数量都不太多。就亚马逊购物网站上的顾客评价而言，评价标题长度与阅读量呈现出负相关关系。就心理学论文而言，有趣的论文标题一般都较短，而标题更短的论文却会获得更多的引用。① 互联网上还存在各种形式的不包含标题的短文本。已有研究发现，Twitter 上少于 100 字的微博帖子会带来更高的参与度，Facebook 上不超过 40 字的超短帖子会得到更多点赞和评论。②

4. 数字的使用

健康领域的信息经常会使用数字，这是因为相比文字表述和图形展示，数字能够让读者产生更为准确的感知，而且这种准确性是可以验证的。因而，数字给人的印象是具有更高的科学可信度。在帮助人们做决策的过程中，数字信息也起到了降低不确定性、化解冲突的作用。相关研究表明，统计性证据能够比叙述性证据对人们的信念和态度产生更为强烈的影响。对于在线购物或广告来说，商品价格是一种典型的数字，提供价格信息可能会降低横幅广告的点击率，但会提高搜索引擎广告和团购商品的点击率。

5. 标点符号的使用

作为一种附属语言特征，书面文字中所使用的标点符号可以表明停顿、语调以及词汇属性与功能。恰当地使用标点符号能够令句子读起来更顺畅，反之则会令读者感到困惑，降低阅读兴趣。③ 在句子意义明确的

---

① Sinisa Subotic and Bhaskar Mukherjee, "Short and Amusing: The Relationship between Title Characteristics, Downloads, and Citations in Psychology Articles", *Journal of Information Science*, Vol. 40, No. 1, 2014, p. 115.

② Kevan Lee, "The Proven Ideal Length of Every Tweet, Facebook Post, and Headline Online", Fast Company, 2014, https://www.fastcompany.com/3028656/the-proven-ideal-length-of-every-tweet-facebook-post-and-headline-online.

③ Yun Kuei Huang and Wen I. Yang, "A Study of Internet Book Reviews and Borrowing Intention", *Library Review*, Vol. 59, No. 7, 2010, p. 512.

情况下，使用标点符号可以加快人们的阅读速度。[1] 学术论文的作者会在文章标题中使用各种标点符号，主要包括冒号、连字符号和逗号。[2] Noguti 分析了社交媒体帖子标题中的标点符号，但是发现用户与帖子的交互并不受标点符号的影响。[3]

6. 时效性

时效性指的是信息在时间上的新近程度，是信息质量的重要方面，它能够影响人们对信息可信度的评价。新闻是时间敏感型信息，时效性是在线新闻选择及其可信度判断的主要标准。[4] 在社交新闻聚合器上，当新闻来源可信度较低时，越近发布的新闻获得的关注也会越多；当新闻来源可信度较高时，更近发布的新闻会具有更高的感知可信度。有证据表明，社交媒体上的信息更新频率越高，用户感知的信息来源可信度就越高。[5] 网上口碑信息的时效性也会正向影响顾客对信息有用性的感知，并进一步影响其购买意愿。[6]

7. 受欢迎程度

面对大量的信息，人们在选择时会自然而然地产生从众心理，而不是依赖自己的判断。[7] 社交媒体上的用户生成内容（如微博帖子）会获得他人的点赞、转发、评论及回复，这些行为共同表明了内容的受欢迎程度。更受欢迎的内容通常具有更高的感知有用性，也会更受喜爱，从而

---

[1] Masako Hirotani, et al., "Punctuation and Intonation Effects on Clause and Sentence Wrap-Up: Evidence from Eye Movements", *Journal of Memory and Language*, Vol. 54, No. 3, 2006, p. 425.

[2] Mohammad Reza Falahati Qadimi Fumani, et al., "The Impact of Title Length and Punctuation Marks on Article Citations", *Annals of Library and Information studies*, Vol. 62, 2015, p. 126.

[3] Valeria Noguti, "Post Language and User Engagement in Online Content Communities", *European Journal of Marketing*, Vol. 50, No. 5, 2016, p. 695.

[4] Wonchan Choi and Besiki Stvilia, "Web Credibility Assessment: Conceptualization, Operationalization, Variability, and Models", *Journal of the American Society for Information Science and Technology*, Vol. 66, No. 12, 2015, p. 2399.

[5] D. Westerman, et al., "Social Media as Information Source: Recency of Updates and Credibility of Information", *Journal of Computer-Mediated Communication*, Vol. 19, No. 2, 2014, p. 171.

[6] Ronnie Cheung, "The Influence of Electronic Word-of-Mouth on Information Adoption in Online Customer Communities", *Global Economic Review*, Vol. 43, No. 1, 2014, p. 42.

[7] Shu-ming Wang and Judy Chuan-Chuan Lin, "The Effect of Social Influence on Bloggers' Usage Intention", *Online Information Review*, Vol. 35, No. 1, 2011, p. 50.

增强人们与内容的交互意愿或促进真正的交互行为。① 在线购物场景中的商品受欢迎程度可以通过购买量或好评数来反映，顾客对商品的信任度、质量和价值感知以及购买意愿和行为都会受到商品受欢迎程度的正向影响。Ksiazek 等发现，受欢迎的视频（即获得大量观看、收藏及评分的视频）会吸引更多的评论，而不太受欢迎的视频会吸引更多的评论回复。②

二 新闻选择与新闻标题技巧

在早期的相关文献中，新闻选择实际上指的是新闻工作者对要报道的新闻进行选择。③ 在互联网新闻爆炸的趋势下，研究人员将目光转向受众如何选择要阅读的新闻。新闻内容和形式是人们进行新闻选择时主要考虑的两个方面。④ 基于内容的新闻选择是由用户动机和目标驱动的⑤，新闻内容对于个人的效用在根本上决定了新闻选择性⑥。然而，信息过载使得传统的新闻消费习惯逐步被新闻偶遇所取代，在线新闻的获取具有明显的低参与性和低预期性。⑦ 随之发生的是基于形式的新闻选择越来越普遍，人们更容易受到新闻呈现形式的影响，标题字体、字号以及附带的插图。协同过滤推荐算法也在新闻选择中发挥着作用，包括基于隐性指标（如阅读次数）和基于显性指标（如新闻评分）的新闻推荐。

选择过程是由三个层次组成的：第一层选择性注意决定了人类的感

---

① Yu-Ting Chang, et al., "Persuasive Messages, Popularity Cohesion, and Message Diffusion in Social Media Marketing", *Journal of Business Research*, Vol. 68, No. 4, 2015, p. 777.

② Thomas B. Ksiazek, et al., "User Engagement with Online News: Conceptualizing Interactivity and Exploring the Relationship between Online News Videos and User Comments", *New Media & Society*, Vol. 18, No. 3, 2016, p. 502.

③ Kasper Welbers, et al., "News Selection Criteria in the Digital Age: Professional Norms Versus Online Audience Metrics", *Journalism*, Vol. 17, No. 8, 2016, p. 1037.

④ Silvia Knobloch-Westerwick, et al., "Selective Exposure Effects for Positive and Negative News: Testing the Robustness of the Informational Utility Model", *Journalism & Mass Communication Quarterly*, Vol. 82, No. 1, 2005, p. 181.

⑤ Stephanie Edgerly, et al., "Navigational Structures and Information Selection Goals: A Closer Look at Online Selectivity", *Journal of Broadcasting & Electronic Media*, Vol. 58, No. 4, 2014, p. 542.

⑥ S. Knobloch-Westerwick, et al., "Impact of Popularity Indications on Readers' Selective Exposure to Online News", *Journal of Broadcasting & Electronic Media*, Vol. 49, No. 3, 2005, p. 296.

⑦ Borchuluun Yadamsuren and Sanda Erdelez, "Incidental Exposure to Online News", *Proceedings of the American Society for Information Science and Technology*, Vol. 47, No. 1, 2010, p. 1.

知系统会对环境中的哪些刺激做出反应；第二层选择性感知决定了人类认知系统接收的信息将会被如何处理及存储；第三层选择性记忆则决定了人类认知系统会记起之前存储的哪些信息。① 研究人员已经在前两个层次上对基于形式的新闻选择展开了研究。Bucher 和 Schumacher 在眼动追踪研究中比较了人们对纸质新闻和在线新闻的注意模式，发现视觉线索和信息层级是注意过程中的重要刺激，对于主动的、目的驱动的新闻选择起到了指引作用。② Go 等探讨了在线新闻界面元素对用户感知的影响，发现专家发布的新闻在用户眼中具有更高的感知质量，如果还有很多人推荐这些新闻，用户会感知到更高的可信度。③ 选择的最高层次——选择性记忆可以通过用户的点击、推荐、评论等可观测行为来揭示。④ 本书所关注的正是用户在新闻标题上的点击行为，这是新闻选择中较明确的行为表现。

目前，新闻工作者主要依靠言语技巧来提升新闻标题的吸引力。常见技巧包括简化、耸人听闻、选择、否定，使用问句、引述、数字、流行语、笑料、隐喻或转喻，嵌入令人吃惊的、容易引起争议的或是流言蜚语的元素，控制标题长度或是单词长度，等等。其中有一些技巧还遭到了批评，被视为"标题党"。虽然这样做可以吸引人们的一些注意力，但实际上频繁点击不利于人们开展深度阅读，反而出现分散注意力的结果。

尽管使用以上技巧的新闻标题随处可见，但是这些标题的有效性尚未得到证实，不同的研究甚至得到相互矛盾的实证结果。Safran 研究了五类新闻标题（包括普通标题、问句标题、"如何"（how to）标题、数字标题和面向读者的标题），发现，在引起读者共鸣方面，数字标题表现最

---

① Wolfgang Donsbach, "Psychology of News Decisions: Factors Behind Journalists' Professional Behavior", *Journalism*, Vol. 5, No. 2, 2004, p. 131.

② Hans-Jürgen Bucher and Peter Schumacher, "The Relevance of Attention for Selecting News Content—An Eye-Tracking Study on Attention Patterns in the Reception of Print and Online Media", *Communications*, Vol. 31, 2006, p. 347.

③ Eun Go, et al., "The Effects of Source Cues on Online News Perception", *Computers in Human Behavior*, Vol. 38, 2014, p. 358.

④ Manuel Wendelin, et al., "User Rankings and Journalistic News Selection: Comparing News Values and Topics", *Journalism Studies*, Vol. 18, No. 2, 2017, p. 135.

好，问句标题表现最差，前者尤其能够引起女性的共鸣。[1] 在标题党研究中，Chakraborty 等发现标题党通常会比正常标题使用更长的英语句子，同时包含内容和功能词汇，符合语法规则。一项专门针对问句标题的研究表明，问句标题比陈述句标题更加有效，尤其是那些包含了自我指向线索的问句标题。[2] 然而，Kuiken 等则发现非问句标题的表现更好，能够带来更高的点击率，而是否包含数字、标题长短都不会对标题表现产生显著影响。[3]

第三节　新闻标题符号学特征在新闻偶遇中的作用

一　研究方法：点击流数据分析

随着非反应性研究在社会科学领域越来越受到重视，研究人员在对人类在线行为的研究中也越来越广泛地使用行为痕迹数据。痕迹数据的价值主要在于其非介入性，即数据是作为真实活动的结果而自动产生与积累起来的。[4] 点击流数据是一种典型的痕迹数据，是用户出于真实目的访问网站或应用时产生并保存在网络服务器上的，反映了用户从进入到离开的过程中依次发生的点击或页面请求。一条点击流记录能够告诉我们谁在哪个时间点执行了何种类型的操作。[5] 点击流数据分析最早出现在电子商务研究中，主要用于顾客聚类、顾客访问和购买行为建模等，后来逐渐更广泛地应用于社交媒体、社交商务、在线课程等中的用户行为研究。

---

[1] Nathan Safran, "Data Insights into the Headlines Readers Click", *Retrieved August*, Vol. 27, 2015, p. 2015.

[2] Linda Lai and Audun Farbrot, "What Makes You Click? The Effect of Question Headlines on Readership in Computer-Mediated Communication", *Social Influence*, Vol. 9, No. 4, 2014, p. 289.

[3] Jeffrey Kuiken, et al., "Effective Headlines of Newspaper Articles in a Digital Environment", *Digital Journalism*, Vol. 5, No. 10, 2017, p. 1300.

[4] Bernard J. Jansen, "Understanding User-Web Interactions Via Web Analytics", *Synthesis Lectures on Information Concepts, Retrieval, and Services*, Vol. 1, No. 1, 2009, p. 1.

[5] Arun Sen, et al., "Current Trends in Web Data Analysis", *Communications of the ACM*, Vol. 49, No. 11, 2006, p. 85.

点击流数据分析的通用框架由三个层次组成，包括足迹、移动和路径。① 当用户访问网站时，每次点击带来一次移动，即从一个页面到另一个页面的位置变化；每次移动会留下一个足迹，是用户到访该页面的标记。将用户在一次访问中的所有移动按时间先后顺序串联起来就得到了路径，它能够表现用户与网站交互的全过程。如果一个页面是提供用户所需信息或支持用户完成特定任务的目标页面，那么该页面上的足迹为"核心足迹"（core footprint），而帮助用户到达目标页面的移动为"关键移动"（pivotal movement）。足迹层分析旨在了解网站或子网站内的流量分布，移动层分析则关心用户的目标是否实现以及如何实现，路径层分析的重点在于描绘并展现单个用户的导航路径或是群体用户的聚合导航路径。该点击流数据分析通用框架已被成功应用于社会性图书馆系统和学术图书馆 OPAC 系统的用户信息搜寻行为研究。②

虽然广泛存在于网站和网络应用的服务器上，点击流数据在信息行为研究中还是未得到充分利用，这可能与其内在局限性有关。首先，研究人员并不能很容易获得真实的点击流数据，即使出于学术研究目的，网站在对外提供服务器日志时都非常谨慎，以避免泄露用户隐私。本书所用的点击流数据也是来自与我们有合作关系的机构新闻网站，但是如果能够从影响力更大的主流新闻网站中获得点击流数据，研究发现将具有更强的普适性。其次，点击流数据分析的优势在于反映用户行为模式，但却无法解释其成因，因而一般需要与其他方法（如访谈、问卷调查等）结合起来使用，这样才能揭示用户为什么会点击特定的链接，以及在打开页面后具体做了些什么。

二 点击流数据采集与处理

我们从国内一所知名高校的机构新闻网站获取了 4.23G 的服务器日志文件，其中包含该网站两个月内的 39990200 条点击流记录。我们将日

---

① Yu Chi, et al.，"Towards an Integrated Clickstream Data Analysis Framework for Understanding Web Users' Information Behavior"，Paper delivered to iConference 2017 Proceedings, China, 2017.

② Tingting Jiang, et al.，"A Clickstream Data Analysis of Chinese Academic Library Opac Users' Information Behavior"，Library & Information Science Research，Vol. 39, No. 3, 2017, p. 213.

志文件简化为 6 个基本字段，包括 User – IP（用户的 IP 地址，如"202.114.65.＊＊＊"）、Date（请求发出的日期，如"28/Mar/2017"）、Time（请求发出的时间，如"08：00：10"）、Method（用户向服务器发出请求的类型，如"GET"）、URL（用户请求资源的 URL，如"/info/1002/40929.htm"）以及 Status（服务器返回的 HTTP 状态代码，如"200"）。这些字段对于用户新闻选择行为分析来说都是有用的。点击流数据的处理过程主要包括清洗、解析和编码三个步骤。

1. 数据清洗

首先，依次对各字段进行排序操作，删除出现在列首、列尾或集中在一起的错误记录；然后，删除失败的请求记录，即 Status 字段中的状态代码不为"200"类（如表示未找到的"400"、表示内部服务器错误的"500"）；接下来，删除数据提交的请求记录，即 Method 字段中的请求类型为"POST"；最后，删除图片、样式文件、脚本文件等非页面请求，即 URL 字段中的 URL 以"jpg""css""js"等结尾，这些对接下来的分析都是无用的。

2. 数据解析

用户每次访问网站留下的点击流记录共同组成了一个会话（session），一位用户可能在两个月内多次访问网站而产生多个会话。因此，我们利用 User – IP 字段中的用户 IP 地址来区分不同的用户。对于同一位用户，如果两条连续记录之间的时间间隔超过 30 分钟，就将两条记录划分到不同的会话中。考虑到日志文件中可能存在来自搜索引擎爬虫的访问记录，我们采用 100 条记录为阈值来确定非人为访问产生的会话，即包含超过 100 条记录的会话均被视为非人为会话而剔除。经过数据清洗和解析操作后，日志文件中保留了大致 10%（$N = 3987030$）的记录，包含 284685 位不同用户的 839685 个会话。

3. 数据编码

为了将点击流数据转化为容易理解的页面请求过程，我们根据新闻网站的信息架构创建了一套编码体系。该网站主要包括四大类页面：主页（H）——整个页面将几百条新闻标题划分到不同的区块中；新闻类别页面（C）——显示特定类别（如人物、学术动态、校友之声等）下的新闻标题列表；搜索结果页面（S）——显示根据用户查询式返回的新闻标题列表；新闻文章页面（A）——显示新闻故事的完整文章并在文章下提供8条相关的新闻标题。如表6-1所示，页面类型可以通过页面URL中的特殊字符串进行识别，每种页面类型都用一个特定的代码来表示。我们使用Python程序对日志文件中的每条记录根据其URL字段中的字符串添加了相应的代码。

表6-1　　　　机构新闻网站点击流数据的编码体系

页面类型	代码	URL字符串
主页	H	/index.htm 或 /titlelist.htm
新闻类别页面	C	/ttxw.htm、/wdyw.htm、/zhxw.htm、/mtwd.htm、/ljrw.htm、/zt-bd.htm、/wdsp.htm、/kydt.htm、/bfxy.htm、/djpx.htm、/gjjl.htm、/xyzs.htm、/ljlt.htm、/xsgc.htm、/ljyx.htm、/ljfk.htm、/xwrx.htm，或 /lgxd.htm（每个字符串代表一个新闻类别）
搜索结果页面	S	/search.jsp?
新闻文章页面	A	/info/xxxx/xxxxx.htm（"x"代表阿拉伯数字）

　　在以上服务器日志持续生成的两个月内，我们同时利用爬虫工具在每晚23：00将新闻网站主页整体抓取下来，从而记录主页布局以及每日内容更新情况。也就是说，爬取数据主要用于确定主页上新闻标题的呈现特征。我们将爬取数据和点击流数据分开处理，然后在数据分析阶段通过新闻文章页面的URL将两者联系起来。这是因为用户每次点击网站主页上的新闻标题，打开一个新闻文章页面，就会在日志中形成一条点击流记录，URL字段显示的是该页面的URL，它可以通过URL从日志中识别出所有请求该页面的点击流记录。根据主页界面设计和信息设计特点，我们从以下七个维度来确定标题呈现特征，包括标题在主页上所处的位置、标题格式、标题长度（包含字符数量）、是否使用数字（阿拉伯数字）、是否使用标点符号（中文标点符号）、新闻时效性（发布时间）和受欢迎程度（阅读次数）。表6-2展示了这个维度下的主要类别，我们将在后文详细说明这些类别的划分依据。

表 6-2　　　　　　　　　新闻标题呈现特征框架

维度	类别	描述
位置	1—8 区	区域划分情况见后面图 6-5
格式	纯文字	不包含图片的文字标题
	图文结合	文字和图片并列显示
	图片主导	轮播图中包含说明文字
长度	短	3—10 个字符
	中	11—18 个字符
	长	19—26 个字符
是否使用数字	是	至少包含一个阿拉伯数字
	否	不包含阿拉伯数字
是否使用标点符号	是	至少包含一个中文标点符号，如"【】""（）""《》"
	否	不包含中文标点符号
时效性	高	新闻文章发布时间不超过 7 天
	低	新闻文章发布时间超过 7 天
受欢迎程度	高	新闻文章阅读量超过 1000 次
	低	新闻文章阅读量不超过 1000 次

　　本书使用了两种非介入性的数据，即网络服务器上的点击流数据和从网站上爬取的数据。前者是用户访问机构新闻网站留下的痕迹，后者反映了该网站主页上新闻标题呈现的固有特征。我们对两种数据的采集都不会影响用户与网站的实际交互，因此非反应性研究方法在自然性方面是优于实验方法的，而且在客观性方面优于依赖研究参与者提供数据的自陈式方法。此外，点击流数据的规模非常大，最初的 39990200 条点击流记录经过处理后共提取了发生在主页新闻标题上的 98016 次点击。分析结果是针对整个用户群体而言的，而不是其中一个样本。如果点击流数据的时间跨度足够大，比如持续一年，那么就可以进行纵向分析了解用户行为的变化规律。

三 点击流数据分析结果

(一) 新闻消费与新闻偶遇概况

本次研究是以高校新闻网站为背景开展的。这是一个典型的机构新闻网站,主要面向该校师生、校友等群体,报道与之相关的新闻事件。由于用户在网站中的导航模式并不是研究的重点,因此,我们仅在足迹层和移动层对点击流数据进行了分析。用户打开一个页面后就在上面留下了足迹。在两个月时间内,该机构新闻网站共产生了 3987030 个足迹,平均每次访问产生 4.75 个足迹。图 6-1 反映了所有足迹在不同页面类型中的分布情况。其中,72.97% 的足迹留在新闻文章页面(A)上,由此可以推知该机构新闻网站更像是印刷报刊的电子版,用户还是采取传统的线性方式阅读新闻,可能访问网站了解身边发生的新鲜事已经成为他们的一项日常习惯。用户访问该网站的主要目的是阅读新闻故事,而新闻类别页面(C)、主页(H)、搜索结果页面(S)上的足迹分别占 15.17%、11.75%、0.11%。在浏览不同类别的新闻时,用户最感兴趣的类别包括要闻(2.02%)、媒体(1.13%)、学术动态(0.88%)、综合新闻(0.77%)和头条新闻(0.73%)。

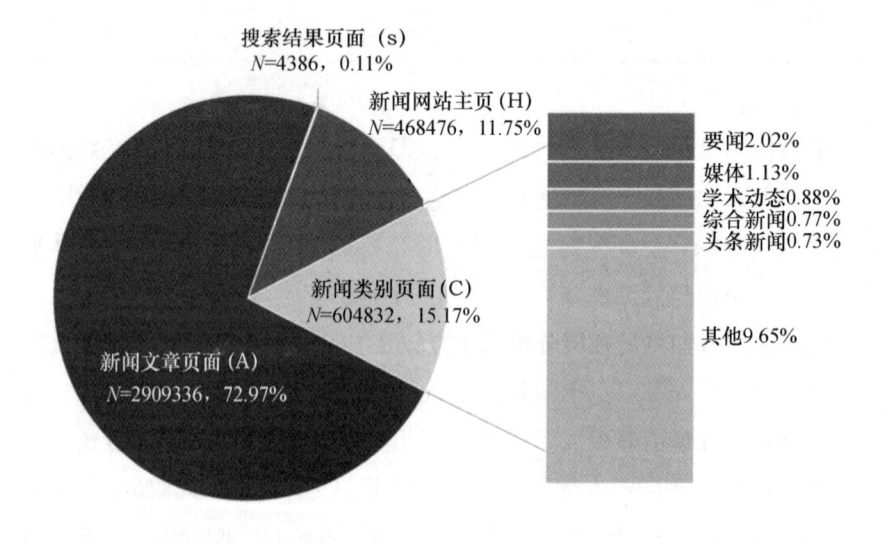

图 6-1 用户足迹在四类页面中的分布

人们在地面上留下的物理足迹有深浅之分。我们将足迹深度（footprint depth）定义为用户在页面上的停留时长，该指标可以在一定程度上反映用户与页面交互的投入度。从图6-2中可以看到，四类页面上足迹的平均深度差别较大。用户阅读一篇新闻文章平均用时135.52秒（约2.3分钟），考虑到该网站上的新闻文章一般在500—800字之间，这一时长是合理的。然而，用户在搜索结果页面上的停留时长为95.40秒，大约是新闻类别页面的4倍，而实际上，每个搜索结果页面仅显示10条新闻标题，每个新闻类别页面会显示25条标题。令人意外的是，尽管网站主页上聚集了丰富的新闻标题，用户在主页上的停留时长却非常短，仅为3.80秒。

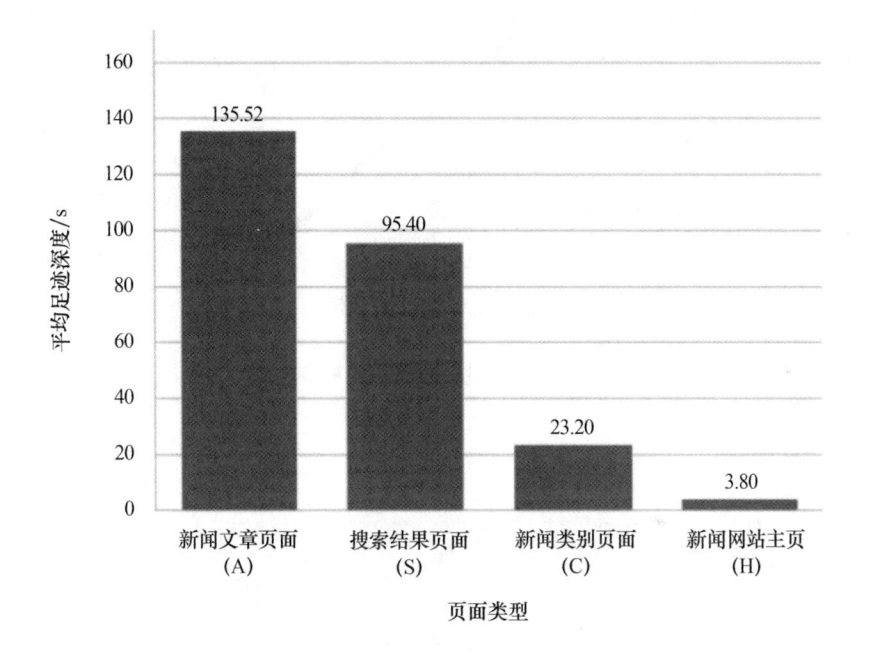

图6-2 四类页面上的足迹深度分析结果

接下来，我们将足迹层分析的重点放在核心足迹上。新闻文章页面是该网站上的目标页面，因为这些页面提供了用户想阅读的新闻故事。当用户打开新闻文章页面时，他们就留下了核心足迹，对应的是日志文件中添加了代码"A"的记录。总的来说，我们识别了2909336个核心足迹，涉及179484位不同的用户和18303篇不同的新闻文章。两个月内，共有284685位不同的用户访问了网站，但是他们当中只有63.05%的人至少点开了一篇新闻文章。另外，该网站共积累了大约 27000 篇新闻文章（通过各类别下新闻文章数量相加估计所得），但其中只有三分之二的文章至少被点开过一次。图 6-3a 和图 6-3b 是核心足迹分别在用户和新闻文章中分布的双对数坐标图。两者都呈现出线性趋势，表明符合幂率分布。也就是说，网站中存在少量的活跃用户访问了大量的新闻文章页面，同时也存在少量受欢迎的新闻文章页面被访问过多次，而非活跃用户和低人气文章占据了大多数。

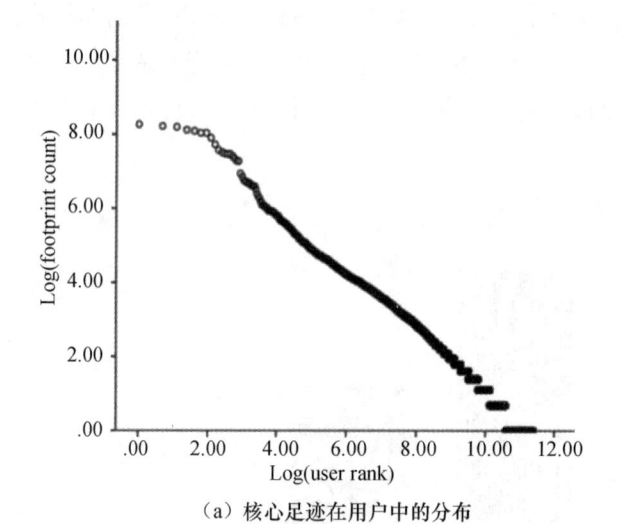

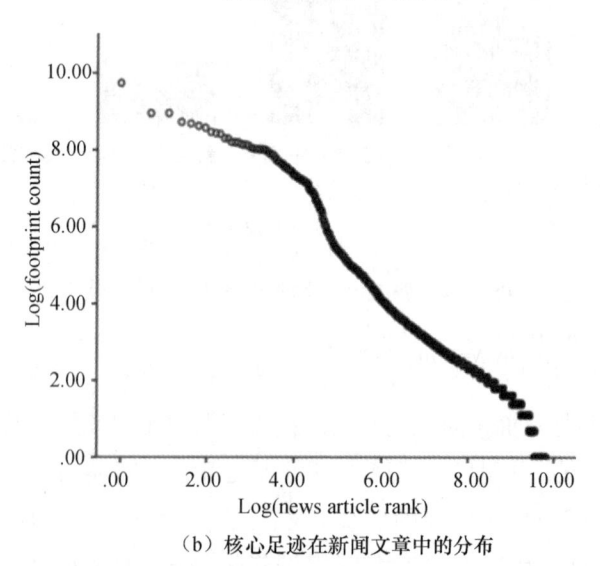

（a）核心足迹在用户中的分布

（b）核心足迹在新闻文章中的分布

图 6-3 核心足迹的分布

完成足迹层分析后，我们分析了关键移动，即帮助用户到达新闻文章页面的移动，这些移动留下了核心足迹。如前所述，该网站中的四大类页面上都显示了新闻标题，点击标题都能够打开新闻文章页面。我们使用 Python 程序将每个核心足迹的前一个足迹抽取出来并识别其类型，分析结果采用桑基图进行可视化呈现（见图 6-4）。桑基图是使用可视化分析工具 BDP 生成的，图中各流量分支的宽度与关键移动的频次成正比。令人意外的是，70.58% 的关键移动源自站外，用户很有可能是点击了社交媒体上或是其他人分享的链接直接到达新闻文章页面，这远多于在站内页面上发现感兴趣新闻的情况，表明网站自身的导航系统并未得到充分利用。在这四类页面中，新闻类别页面（14.23%）贡献的新闻文章浏览量略多于新闻文章页面（11.69%），而主页仅贡献了 3.37%，搜索结果页面的贡献（0.13%）几乎可以忽略不计。25.92% 的新闻是在新闻类别页面和新闻文章页面上打开的，这意味着用户可能在按主题浏览新闻或阅读相关新闻推荐时发现了以前的新闻。

站外来源　　　　E→A　N=2053325，70.58%

新闻类别页面　　C→A　N=414012，14.23%
新闻文章页面　　A→A　N=340113，11.69%
主页　　　　　　H→A　N=98016，3.37%
搜索结果页面　　B→A　N=3870，0.13%

新闻文章页面

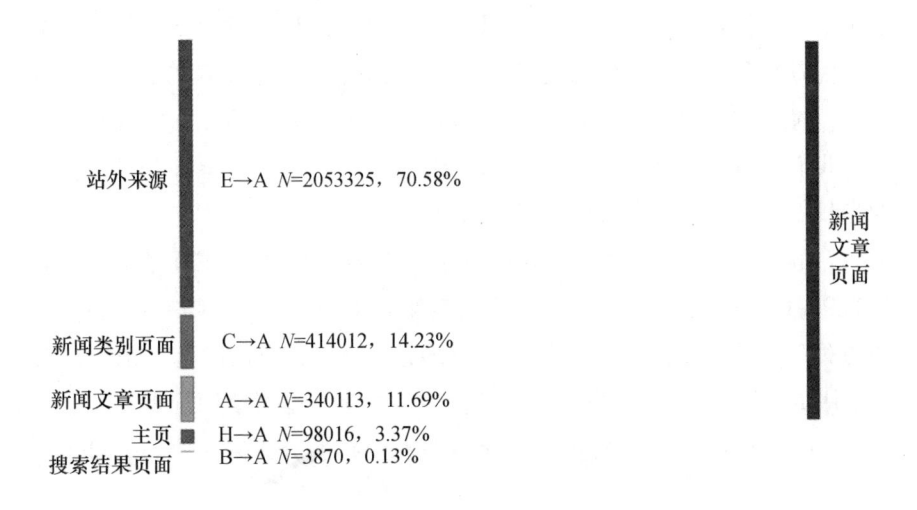

图 6-4　关键移动分析结果的桑基图可视化

我们最关注的是该机构新闻网站的主页，最新的、最受欢迎的新闻标题都汇聚于此。然而，事实上，只有 3.37% 的新闻文章页面是在主页上打开的；用户在主页上平均停留 3.80 秒，这么短的时间内能注意到的新闻标题也非常有限。以往研究发现，在线新闻消费者很乐意偶然接触新闻门户或聚合器上"推送"给他们的新闻标题。① 我们的研究发现却与之相反。这可能与该机构新闻网站主页偏重于文字的"满屏链接"设计有关，令人感觉页面过于拥挤，视觉上缺乏吸引力。②

（二）符号学特征对新闻标题点击行为的影响

机构新闻网站主页上的新闻标题选择是我们研究的重点。可以说，新闻类别页面、搜索结果页面、新闻文章页面上的标题选择都属于基于内容的选择，因为可供选择的标题与当前的新闻类别、搜索查询式或新闻故事存在一定的关联。主页上显示的新闻标题涵盖各个主题且数量庞大，因而更有可能发生基于形式的选择。该网站主页采取了较为传统的页面布局方式，顶端是全局导航条，下面是分块显示的新闻标题，每一个版块对应着一个新闻类别。我们根据爬取的数据了解到，主页上的新闻标题数量每天略有浮动，保持在115—120条之间。主页上最活跃的版块（如要闻、媒体）几乎是每天都会更新的，而有的版块（如人物、校友之声）可能每周甚至每月才会更新一次，也就是说，有些标题可能在主页上停留很多天。但是，这些标题的呈现特征是在发生变化的。比如说，标题在版块中的位置会逐渐下移，标题格式可能从图文结合变为纯文字，标题的时效性会下降而受欢迎程度可能上升。因此，在实际操作中，我们将每天主页上的每一条标题作为一个独立的对象来分析，标题的当日点击量可以从点击流数据中抽取。

总的来说，两个月内出现在网站主页上的标题共计7120条，点击总量为98016次。接下来，我们分析了新闻标题呈现特征与用户点击行为之间的关系，对位置、格式和长度三个维度（包含三个及以上类别）的分析采用 Kruskal-Wallis H 检验，对是否使用数字、是否使用标点符号、时效性、受欢迎程度四个维度（包含两个类别）的分析采用 Mann-Whitney U 检验。

---

① Iryna Pentina and Monideepa Tarafdar, "From 'Information' to 'Knowing': Exploring the Role of Social Media in Contemporary News Consumption", *Computers in Human Behavior*, Vol. 35, 2014, p. 211.

② Donna Spencer, *A Practical Guide to Information Architecture*, UK: Five Simple Steps Penarth, 2010, p. 29.

(1) 新闻标题位置。为了便于分析,我们将主页上所有的版块划分到 8 个区域中。如图 6-5 所示,该网站主页在垂直方向上可以分割为三屏,用户打开主页看到的是第一屏,向下滚动会依次看到第二屏和第三屏;主页在水平方向上的分割依据的是页面布局中原有的版块边界。1 区和 2 区分别位于第一屏的左边和右边,第二屏从左到右分别为 3、4、5 区,第三屏从左到右分别为 6、7、8 区。通过分析,我们发现,这些区域所吸引的点击量存在显著差异($H=2462.933$,$p=0.000$);根据事后比较的结果,除 3 区和 5 区、3 区和 6 区、5 区和 6 区这三对外,其他区域两两之间都存在显著差异。用户最有可能点击第一屏以及第二屏的中间区域,包括 1 区(mean rank = 6574.62)、2 区(mean rank = 5736.10)和 4 区(mean rank = 4374.58)。

(2) 新闻标题格式。尽管该网站主页以显示纯文字型新闻标题($N=6680$)为主,还是有少量图片分散在不同区域中。例如,人物、专题报道等类别下的特定文字标题旁边会出现图片,这可能是为了增加视觉丰富度;较为显眼的是 2 区中的轮播图,会轮流显示 5 张图片,每张图片顶端有一行文字。总体而言,图片主导型标题($N=328$)和图文结合型标题($N=112$)都占少数。分析结果表明,不同格式的新闻标题在点击量上存在显著差异($H=414.553$,$p=0.000$),图片主导型标题吸引的点击比图文结合型标题($U=1636.223$,$p=0.000$)和纯文字型标题($U=2297.615$,$p=0.000$)都要多,而图文结合型标题的点击量又多于纯文字型标题($U=661.392$,$p=0.002$)。

(3) 新闻标题长度。我们从爬取数据中抽取出所有新闻标题的长度,发现最短的为 3 个字符,最长的为 26 个字符。在本书中,标题长度等级是按照三分位来划分的:包含 3—10 个字符的为短标题,包含 11—18 个字符的为中等长度标题,包含 19—26 个字符的为长标题。大多数标题是中等长度的($N=4448$),而短标题($N=1656$)和长标题($N=1016$)都较少。不同长度的标题在点击量上也存在显著差异($H=436.307$,$p=0.000$),长标题吸引的点击比中等长度标题($U=1120.347$,$p=0.000$)和短标题($U=1672.290$,$p=0.000$)都要多,而中等长度标题上的点击量又多于短标题($U=551.943$,$p=0.000$)。

(4) 新闻标题是否使用数字或标点符号。该机构新闻网站上的标题

图 6-5 机构新闻网站主页上的 8 个区域

以中文字符为主，但有时也会使用阿拉伯数字和标点符号。主页上 18.43% 的新闻标题（$N=1312$）包含阿拉伯数字，用于表示年代、排名、百分数等。是否包含阿拉伯数字对用户是否点击标题不存在显著影响（$Z = -6.771, p = 0.742$）。此外，新闻标题中常出现的标点符号包括中文的方括号（【】）、圆括号（（））和书名号（《》），方括号（$N = 1664$）一般出现在标题的开头用于强调新闻来源或类别，圆括号（$N = 520$）则在标题的结尾表示补充说明内容，书名号（$N = 160$）主要用在图书、论文、期刊等名称上。对方括号（$Z = -9.025, p = 0.000$）和圆括号（$Z = -8.864, p = 0.000$）的分析都得到了显著结果，但是书名号的分析结果不显著（$Z = -2.475, p = 0.130$）。具体而言，使用方括号（*mean rank*：包含 3950.87＞不包含 3441.44）或圆括号（*mean rank*：包含 4314.90＞不包含 3501.06）会使得标题获得更多点击。

（5）新闻时效性或受欢迎程度。主页上的少数版块还在每条标题的后面提供了新闻的时效性和受欢迎程度指标，如"要闻"版块显示了新闻的发布时间和阅读量，"媒体"版块仅显示了发布时间。这两个版块中的标题总数为 888 条，其中"要闻"版块 488 条、"媒体"版块 400 条。我们根据新闻文章发布天数的平均值（约为 7 天）确定了时效性的两个等级——时效性高（发布时间不超过 7 天）和时效性低（发布时间超过 7 天）。同样，根据新闻文章阅读量的平均值（约为 1000 次），我们确定了受欢迎程度的两个等级——受欢迎程度高（阅读量超过 1000 次）和受欢迎程度低（阅读量不超过 1000 次）。两个版块中，大多数标题的时效性（$N = 698, 78.60\%$）和受欢迎程度（$N = 312, 63.93\%$）都较高。不同时效性的标题获得的点击量存在显著差异（$Z = -15.366, p = 0.000$），不同受欢迎程度的标题也是如此（$Z = -17.889, p = 0.000$）。用户更倾向于点击时效性高［*mean rank*：高（513.50）＞低（191.00）］或受欢迎程度高［*mean rank*：高（396.50）＞低（158.76）］的标题。

第四节　新闻标题呈现的符号学设计启示

由于用户在该机构新闻网站主页上的停留时间非常短，他们是否会点击新闻标题更有可能受到标题呈现特征的影响，而不是标题内容。在我们所考虑的七个标题呈现特征维度中，除了是否使用数字和是否使用标点符号外，其他维度在点击流数据分析中都得到了显著结果。

首先，处于显眼位置的标题或图文结合型标题更容易被点击。与以往研究发现的 F 型网页浏览模式有所不同，该机构新闻网站主页的浏览模式呈 T 型，即由第一屏（1、2 区）和第二屏中间部分（4 区）组成的区域获得的点击最多。4 区为"媒体"版块，主要用于转载各大主流媒体对本校新闻的报道，因而比较突出。就标题格式而言，用户更喜欢包含图片的标题。这是因为人们感知图片时经历的是自动、平行、快速、轻松的过程，而对书面文字的感知却是自主、连续、慢速、费力的过程。[1] 也就是说，双重编码理论也适用于新闻标题的呈现上。

其次，长度越长的新闻标题越受用户青睐。这与购物评价标题和研究论文标题的情况恰恰相反，可能是因为短标题提供的信息不足以让人们推测新闻故事的内容。虽然数字有助于提升信息可信度，但是数字的出现并未使得新闻标题获得更多的点击。我们注意到，该机构新闻网站主页上的数字大多是以年份形式存在的，而年份仅仅是一个客观的指代，没有表达特定的内容。就标点符号而言，包含方括号或圆括号的新闻标题吸引的点击更多。这两种标点符号都是在视觉上更容易被识别的，其中方括号（【】）是一种粗体符号，与周围的文字相比更粗、更厚，而圆括号（（））则是由两条曲线组成的，与横平竖直的中文字符形成对比。相较而言，书名号（《》）不仅在视觉上缺乏区分度，而且用户很有可能认为新闻标题里的书名号与书名或论文标题就是一个自然的整体，不具有强调或说明的作用，因而书名号不会为标题带来更多点击。

最后，时效性或受欢迎程度越高，新闻标题获得的点击就越多。面对大量信息时，人们倾向于利用外围线索做出选择，从而避免付出额外的努力。时效性和受欢迎程度都是新闻网站上常见的外围线索，能够帮助用户评估信息质量，尤其是在他们随意浏览的时候非常有用。[2] 其中，

---

[1] William Flores, et al. , "The Effect of Variations in Banner Ad, Type of Product, Website Context, and Language of Advertising on Internet Users'Attitudes", *Computers in Human Behavior*, Vol. 31, 2014, p. 37.

[2] Qian Xu, "Social Recommendation, Source Credibility, and Recency: Effects of News Cues in a Social Bookmarking Website", *Journalism & Mass Communication Quarterly*, Vol. 90, No. 4, 2013, p. 757.

时效性是新闻的内在属性,用户往往会更加信任时效性高的新闻,认为其价值更高。[1] 用户更青睐受欢迎程度高的新闻则源于心理学上的从众效应,即人们愿意相信很多其他人都相信的事情。[2]

新闻工作者可以将以上研究发现应用于新闻标题的拟定上,从而令标题能够更有效地吸引用户注意。我们也必须考虑一味追求标题吸引力可能带来的潜在风险。比如说,以往研究发现,特别长的标题或是过多使用某些标点符号的标题都有可能是标题党。[3][4] 为了引诱用户沉迷于新闻阅读,有人利用计算机程序撰写新闻文章,从而保持很高的更新频率。此外,也可以有意地发挥位置或格式上的优势提高指定新闻的视觉显著性。需要强调的是,负责任的新闻工作者应该尽一切努力保证新闻的权威性和客观性,这样人们才能相信新闻。因此,将标题党、广告、重复内容混入正常新闻并不是明智之举,这种做法会很快引起用户的反感,反而留不住用户。同时,也有必要控制从众效应的影响,因为人们可能因此而受困于信息茧房。[5] 如果受欢迎的新闻包含了存在偏见的内容,那么偏见所带来的消极结果可能随着更多的人阅读新闻而不断放大,这将有损知识、观点和兴趣的多样性。

第五节 本章小结

本章研究了文字刺激触发的在线新闻偶遇,重点探讨了新闻标题符号学特征在吸引用户点击上发挥的作用。在线新闻消费者越来越依赖基

---

[1] D. Westerman, et al. , "Social Media as Information Source: Recency of Updates and Credibility of Information", *Journal of Computer-Mediated Communication*, Vol. 19, No. 2, 2014, p. 171.

[2] Ji Young Lee and S. Shyam Sundar, "To Tweet or to Retweet? That Is the Question for Health Professionals on Twitter", *Health Communication*, Vol. 28, No. 5, 2013, p. 509.

[3] Valeria Noguti, "Post Language and User Engagement in Online Content Communities", *EUROPEAN Journal of Marketing*, Vol. 50, No. 5/6, 2016, p. 695.

[4] Abhijnan Chakraborty, et al. , "Stop Clickbait: Detecting and Preventing Clickbaits in Online News Media", Paper delivered to International Conference on Advances in Social Networks Analysis and Mining Sponsored by IEEE, Davis, California, August 18 - 21, 2016.

[5] Frederik Zuiderveen Borgesius, et al. , "Should We Worry About Filter Bubbles?", *Internet Policy Review. Journal on Internet Regulation*, Vol. 5, No. 1, 2016.

于形式的新闻选择来应对新闻过载。我们利用非介入性数据分析了新闻标题呈现与用户新闻选择行为之间的关系，发现标题在位置、格式、长度、方括号或圆括号的使用、新闻时效性和受欢迎程度等维度的差异确实会带来显著不同的点击量。

本章的理论贡献表现在两个方面。一方面，我们在同一个研究框架下考虑了七个信息呈现特征维度，尽可能全面地反映了在线新闻标题的"形式"，为标题的拟定与评价提供了依据与指引；另一方面，我们通过对选择的最高层次——选择性记忆开展研究，填补了受众新闻选择研究的空白。因为以往研究仅限于选择性注意和感知，而点击才是新闻选择直观的行为表现。未来研究可以进一步探讨新闻选择过程中的注意和感知对行为的影响。

本章也为新闻工作者提供了实践启示。在互联网上，标题是新闻文章的入口，其呈现方式在很大程度上影响了人们的选择。我们可以从研究发现中总结出一系列标题呈现技巧，包括将标题置于页面中央T型区域、使用图片、适当增加标题长度以提高表达清晰程度、使用视觉上具有区分度的标点符号、提供时效性和受欢迎程度指标等。新闻工作者应该负责任地使用这些技巧，在促进新闻消费的同时，又能减轻信息过载。这将有利于新闻媒体业的长远发展。

就研究方法而言，从机构新闻网站获取的大规模日志文件中，我们能够以一种全新的方式研究用户与新闻标题的交互。虽然无法否认本章所述内容受到了机构新闻网站这一特定情境的限制，但是对于信息科学和传播学的用户研究，我们所提倡的非反应性研究方法是具有重要价值的。

第七章

文字刺激触发的信息偶遇
——修辞学特征的作用

第一节 在线健康信息偶遇

健康信息旨在说服人们采取有利于身体健康的行动或放弃不利于健康的行动。[①] 随着医疗技术的不断进步和大众健康意识的不断提升,健康信息越来越受到关注,它已经成为 LIS 学者重点研究的信息类型。作为信息科学的一个重要分支,健康信息学致力于研究如何获取、管理、分析和使用健康信息。健康信息搜寻是健康信息学的核心研究方向之一,主要包含用户健康信息需求、用户健康信息搜寻行为及其影响因素、健康信息检索技术、健康信息质量与可靠性评价、健康信息系统交互界面设计等研究主题。

随着主动健康理念的普及,人们越来越意识到预防疾病的重要性,更加积极主动地去管理自己的健康。因此,除了在疾病发生后再去获取相关信息,人们开始习惯于随时随处留意可能有用的健康信息,尽可能全方位地了解有利于身体健康的生活习惯。这意味着健康信息获取方式从主动的搜寻逐步扩展到被动的偶遇。最早关注健康信息偶遇的研究通过大规模调查发现,被动偶遇已经成为与人们健康生活方式相关的信息行为中不可或缺的一部分,甚至超过了主动搜寻。这有助于将健康信息

---

① Simon Zebregs, et al., "The Differential Impact of Statistical and Narrative Evidence on Beliefs, Attitude, and Intention: A Meta-Analysis", *Health Communication*, Vol. 30, No. 3, 2015, p. 282.

传播到不同的社会群体，对于促进公众健康和公共卫生具有重要意义。在互联网信息爆炸的背景下，在线健康信息来源日益丰富，即使是并不太关注专业健康网站或在线健康社区的用户也经常在访问YouTube、Instagram和TikTok等社交媒体的时候偶遇到健康信息，而且非常方便地保存或分享这些信息。有研究表明，高校学生在使用Facebook时对于个人健康状况的披露较为谨慎，他们更倾向于偶遇健康信息，而不是主动搜寻及分享。尽管健康信息偶遇现象的普遍性已得到证实，但是总的来说，相关研究目前仍处于起步阶段。近年来，研究人员开始关注如何促进健康信息推荐中的意外发现以及偶遇到的健康信息如何影响人们的健康行为。[1]

第二节 语言修辞学中的信息框架

修辞学（rhetoric）是一种说服的艺术，其目的并不在于寻求问题的真相，而是寻求适当的信息表达方式和技巧，从而告知、说服或激励信息接收者对问题做出最优的决策。[2] 亚里士多德曾经提出了三种基本的修辞方法：（1）理性诉求（logos）——通过逻辑论证和细节展示帮助听众理解意义；（2）情感诉求（pathos）——通过激起听众的情感反应来引起他们的共鸣；（3）人品诉求（ethos）——通过讲话人自身的可信度或权威性赢得听众的信任。[3] 在现代信息交流活动中，框架、证据、隐喻等都是常见的修辞学手法，被广泛应用于商业、政治、健康等领域用于宣传信息的形成。[4] 相关研究表明，这些手法能够增强信息的说服力和可信

---

[1] Simon Philip R. Sacramento and Ian Dominic P. Sipin, "Viral Content: A Theory of Vaccine Hesitancy Based on Information Encountering in the Greater Manila Area, Philippines", LIBRES: Library & Information Science Research Electronic Journal, Vol. 32, No. 1, 2022.

[2] Alex Dubov, "Ethical Persuasion: The Rhetoric of Communication in Critical Care", Journal of Evaluation in Clinical Practice, Vol. 21, No. 3, 2015, p. 496.

[3] Karen Middleton, et al., "How Consumers Subvert Advertising through Rhetorical Institutional Work", Psychology & Marketing, Vol. 39, No. 3, 2022, p. 634.

[4] Saleem Alhabash, et al., "Just Add a Verse from the Quran: Effects of Religious Rhetoric in Gain-and Loss-Framed Anti-Alcohol Messages with a Palestinian Sample", Journal of Religion and Health, Vol. 56, No. 5, 2017, p. 1628.

度，显著影响人们的态度、意愿和行为等。[1]

信息框架（message framing）是目前健康领域最受欢迎的修辞学手法之一。类似于视觉艺术作品的外框，信息框架能够将受众的注意力引向信息的特定部分，起到突出的作用，使其按照期望的方式处理信息。具体而言，信息框架指的是同一个结果可以通过正反两种方式来陈述，即增益框架（gain framing）和损失框架（loss framing）。前者强调采取积极的行动会带来的好处，如"及早戒烟有利于心脑血管健康"；后者则强调没有采取积极行动或采取消极行动会带来的坏处，如"长期吸烟可能诱发心脑血管疾病"。[2] 行为经济学中的前景理论（prospect theory），又称损失规避理论（loss-aversion theory），为框架效应提供了理论基础。该理论指出，人们在考虑选择可能带来的负面后果时会倾向于关注风险，而在考虑选择带来的积极后果时会倾向于避免风险。[3] 因此，同样的信息在增益框架和损失框架的不同作用下，会使个体产生不同的认知或情感反应，从而形成不同的态度或行为意愿并最终做出不同的决策。

信息框架在健康宣传中的有效性已得到广泛证实。大量研究表明：采用增益框架的健康信息更适用于鼓励人们采取疾病预防行为，如戒烟、防晒、注意口腔卫生等，这些都是低风险的健康行为，其结果一般都是安全的、确定的；同时，采用损失框架的健康信息更适用于说服人们采取疾病筛查行为，如艾滋病毒检测、乳腺X光检查、宫颈刮片检查等，这些都是高风险的健康行为，可能让人们发现严重的健康问题。因此，健康行为的风险性在很大程度上决定了哪种信息框架更适用。Updegraff和Rothman指出，信息框架的适用性还取决于动机倾向上的个体差异。趋避动机理论认为，不同的人靠近有利结果或远离不利结果的内在倾向

---

[1] Mesfin A. Bekalu, et al., "The Relative Persuasiveness of Narrative Versus Non-Narrative Health Messages in Public Health Emergency Communication: Evidence from a Field Experiment", *Preventive Medicine*, Vol. 111, 2018, p. 284.

[2] John A. Updegraff, et al., "Message Framing for Health: Moderation by Perceived Susceptibility and Motivational Orientation in a Diverse Sample of Americans", *Health Psychology*, Vol. 34, No. 1, 2015, p. 20.

[3] Amy E. Latimer, et al., "Promoting Participation in Physical Activity Using Framed Messages: An Application of Prospect Theory", *British Journal of Health Psychology*, Vol. 13, No. 4, 2008, p. 659.

是不同的。① 调节定向理论认为，不同的人对积极事件或消极事件是否出现的敏感性是不同的。② 一般来说，趋近动机强或促进定向的个体对采用增益框架的健康信息反应更强烈，而规避动机强或预防定向的个体对采用损失框架的健康信息反应更强烈。

第三节　信息框架在健康信息偶遇刺激趋避中的作用

一　健康信息偶遇刺激趋避实验目的

本书构建的信息偶遇过程通用模型反映了刺激注意对于开启偶遇过程的重要性，又专门针对新闻偶遇探讨了新闻标题这一类刺激的符号学特征。与新闻标题类似，健康信息标题也是在线信息环境中经常触发偶遇的刺激类型，导航页面上标题的吸引力也影响了人们打开内容页面进一步阅读具体健康信息的意愿。在线健康信息标题中信息框架的使用已经越来越广泛。比如说，"适当减肥能令你心情愉悦"是一个典型的增益型标题，而"过度减肥可能引发负面情绪"则是一个典型的损失型标题。由于目前尚缺乏聚焦标题的信息框架研究，本实验旨在通过定量证据揭示哪种类型的健康信息标题更有可能引起用户的注意与点击。

本实验拟解决的研究问题包括以下几个方面。

（1）在线健康信息标题中的信息框架如何影响个体对标题的注意与点击？

（2）在线健康信息标题中的信息框架如何影响个体的愉悦度和唤醒度？

（3）个体的愉悦度/唤醒度如何影响其对标题的注意与点击？

（4）个体的愉悦度/唤醒度是否中介信息框架对标题选择的影响？

（5）个体的趋近/规避动机是否调节信息框架对标题选择的影响？

---

① Andrew J. Elliot and Todd M. Thrash, "Approach-Avoidance Motivation in Personality: Approach and Avoidance Temperaments and Goals", *Journal of Personality and Social Psychology*, Vol. 82, No. 5, 2002, p. 804.

② E. Tory Higgins, et al., "Emotional Responses to Goal Attainment: Strength of Regulatory Focus as Moderator", *Journal of Personality and Social Psychology*, Vol. 72, No. 3, 1997, p. 515.

（一）实验因变量：信息选择

在线信息的选择一般分为两个层次——视觉注意和点击行为。注意在本质上是具有选择性的，决定了环境中的哪些刺激会被人们感知[1]；点击行为是可以直接观察的，由注意引发，但有时与注意的情况并不一致[2]。目前，关于在线信息标题选择的研究主要聚焦于标题外部特征的影响，发现外部链接、图片、较大的字体、可信的信息源等都会增加用户在标题上的注视时长[3]，而排序靠前的标题更有可能被点击[4]。就新闻标题而言，标题里含有的情感词汇或情感图片会影响用户对标题的点击。

探讨信息框架如何影响标题选择的研究几乎为空白。一项针对学术论文标题开展的研究表明，结果导向的增益型标题获得的点击和关注更多。[5] 在搜索产品时，以增益框架为标题的结果比损失框架标题获得了更多点击。[6] 当新冠疫情相关信息作为搜索引擎结果页上方的广告进行呈现时，研究发现，增益型标题的广告比损失型标题吸引了更多点击。[7]

---

[1] Wolfgang Donsbach, "Psychology of News Decisions: Factors Behind Journalists'Professional Behavior", *Journalism*, Vol. 5, No. 2, 2004, p. 131.

[2] Manuel Wendelin, et al., "User Rankings and Journalistic News Selection", *Journalism Studies*, Vol. 18, No. 2, 2017, p. 135.

[3] Kate Keib, et al., "Picture This: The Influence of Emotionally Valenced Images, on Attention, Selection, and Sharing of Social Media News", *Media Psychology*, Vol. 21, No. 2, 2018, p. 202.

[4] Sabrina Heike Kessler and Ines Engelmann, "Why Do We Click? Investigating Reasons for User Selection on a News Aggregator Website", *Communications*, Vol. 44, No. 2, 2019, p. 225.

[5] Gwilym Lockwood, "Academic Clickbait: Articles with Positively-Framed Titles, Interesting Phrasing, and No Wordplay Get More Attention Online", *The Winnower*, Vol. 3, 2016, p. e146723.36330.

[6] Chan Yun Yoo, "Interplay of Message Framing, Keyword Insertion and Levels of Product Involvement in Click-through of Keyword Search Ads", *International Journal of Advertising*, Vol. 30, No. 3, 2011, p. 399.

[7] Andrew B. Pattison, et al., "Finding the Facts in an Infodemic: Framing Effective Covid-9 Messages to Connect People to Authoritative Content", *BMJ Global Health*, Vol. 7, No. 2, 2022, p. e007582.

健康领域存在大量的框架效应研究，针对不同健康问题揭示了信息框架对用户反应的影响，包括用户对健康信息的态度[1]、采取健康行为的意图或决心、保持或增进健康的实际行为等[2]。一般而言，增益框架对于宣传疾病预防行为（如体育锻炼、健康饮食、了解健康知识等）更加具有说服力。[3] 然而，信息框架的效果可能因为个体差异而有所不同。对于还不打算戒烟的人来说，损失型信息能够引发更强的戒烟意图。[4] 以往有过美黑经历的人在阅读损失型信息时产生了更强的防晒意图。[5] 信息框架在严重疾病相关信息中的作用也尚未得出一致结论。例如，在鼓励艾滋病毒（HIV）检测的宣传信息中，增益框架信息对于确定自己不会检测出HIV 的人更有效，但损失框架信息对于不确定自己是否会检测出 HIV 的人更有效。[6] 而对于癌症的预防和检测，对多项研究的元分析表明，增益框架和损失框架在对癌症预防和检测的态度和意图的影响上没有显著差异，因此使用信息框架来改变人们对癌症预防和检测的态度或意图几乎是不可能的。然而，损失框架信息在说服人们采取癌症检测的实际行为上取得了初步成功，比增益框架更能促进乳腺癌症和宫颈癌症的检测行为。[7]

---

[1] Michael H. Bernstein, et al., "The Effectiveness of Message Framing and Temporal Context on College Student Alcohol Use and Problems: A Selective E-Mail Intervention", *Alcohol and Alcoholism*, Vol. 51, No. 1, 2015, p. 106.

[2] Gert-Jan de Bruijn and Jeen Budding, "Temporal Consequences, Message Framing, and Consideration of Future Consequences: Persuasion Effects on Adult Fruit Intake Intention and Resolve", *Journal of Health Communication*, Vol. 21, No. 8, 2016, p. 944.

[3] Deborah S. Fetter, et al., "The Influence of Gain-Framed and Loss-Framed Health Messages on Nutrition and Physical Activity Knowledge", *Global Pediatric Health*, Vol. 6, 2019, p. 23.

[4] Hye Kyung Kim and Tae Kyoung Lee, "Conditional Effects of Gain-Loss-Framed Narratives among Current Smokers at Different Stages of Change", *Journal of Health Communication*, Vol. 22, No. 12, 2017, p. 990.

[5] Moon J. Lee and Hannah Kang, "Designing Skin Cancer Prevention Messages: Should We Emphasize Gains or Losses? Message Framing, Risk Type, and Prior Experience", *American Journal of Health Promotion*, Vol. 32, No. 4, 2018, p. 939.

[6] Anne Marie Apanovitch, et al., "Using Message Framing to Motivate Hiv Testing among Low-Income, Ethnic Minority Women", *Health Psychology*, Vol. 22, No. 1, 2003, p. 60.

[7] Abidan Ainiwaer, et al., "Effects of Message Framing on Cancer Prevention and Detection Behaviors, Intentions, and Attitudes: Systematic Review and Meta-Analysis", *Journal Med Internet Res*, Vol. 23, No. 9, 2021, p. e27634.

随着研究手段的不断丰富，研究人员开始利用眼动仪精确观察用户的注意情况并以此了解其感知。[1] 在一项眼动实验中，参与者在阅读增益型健康信息时的注视时间更长，这意味着他们会更加细致地处理表达乐观倾向的信息。[2] 女性在阅读关于预防骨质疏松的健康信息时，增益框架的信息会收获更多的注视次数、更长的注视时长，后续也会更容易被回忆起来。[3] 一项针对抑郁症求助信息的实验发现，抑郁症参与者倾向于更多地关注损失框架的疾病信息，而非增益框架的抑郁症求助信息；抑郁程度较轻的参与者会更快速地注意到增益框架的信息，抑郁程度较重的参与者则较少注意到这些积极的信息。[4] 对于提高人们营养意识的营养警告信息，使用损失框架能够增加参与者对信息的注视时长，这表明损失型信息对促进参与者对营养警告信息的注意更为有效。[5]

（二）实验中介变量：情绪状态

根据"刺激—生物—反应"（S-O-R）模型[6]，情绪状态在环境刺激以及人们对刺激的行为反应之间起到了中介作用，愉悦度（pleasure）、唤醒度（arousal）和优势度（dominance）是情绪状态的三个基本维度。由于优势度在更大程度上取决人们的认知判断，当前研究一般是从愉悦度和唤醒度这两个维度来观测情绪状态。具体而言，愉悦度是个体感到

---

[1] Jian Mou and Donghee Shin, "Effects of Social Popularity and Time Scarcity on Online Consumer Behaviour Regarding Smart Healthcare Products: An Eye-Tracking Approach", *Computers in Human Behavior*, Vol. 78, 2018, p. 74.

[2] Rebecca L. Bassett-Gunter, et al., "I Spy with My Little Eye: Cognitive Processing of Framed Physical Activity Messages", *Journal of Health Communication*, Vol. 19, No. 6, 2014, p. 676.

[3] Deborah A. O'Malley and Amy E. Latimer-Cheung, "Gaining Perspective: The Effects of Message Frame on Viewer Attention to and Recall of Osteoporosis Prevention Print Advertisements", *Journal of Health Psychology*, Vol. 18, No. 11, 2013, p. 1400.

[4] Jennifer A. Lueck, "Matching Message Design and Depressed Cognition: An Exploration of Attention Patterns for Gain-and Loss-Framed Depression Help-Seeking Messages", *Journal of Health Communication*, Vol. 22, No. 7, 2017, p. 593.

[5] Gabriela Vidal, et al., "Does Message Framing Matter for Promoting the Use of Nutritional Warnings in Decision Making?", *Public Health Nutrition*, Vol. 22, No. 16, 2019, p. 3025.

[6] Russell W. Belk, "Situational Variables and Consumer Behavior", *Journal of Consumer Research*, Vol. 2, No. 3, 1975, p. 157.

愉快、满意的程度，而唤醒度则是个体心理和身体上保持活动警觉的程度。[1] 情绪状态对用户信息选择的影响已在很多相关研究中得到证实：处于积极、愉悦状态的个体在新闻标题上投入的注视次数更多，注视时长也更长[2]；由新闻标题引发的唤醒度越高，用户点击阅读新闻故事的意愿也越高[3]；更频繁做出快乐表情的搜索用户会构建更多的查询式，查看更多的搜索结果并在搜索任务上花费更多的时间[4]；在线商店的信息量和娱乐性能够提升消费者的愉悦度并促进他们的趋近行为[5]。然而，专门探讨信息框架和情绪状态之间关系的研究并不多。现有研究发现，损失框架带来的厌恶感比相应增益框架带来的愉悦感更强[6]，悲伤的内容所诱发的情绪体验会促使人们将信息分享给可能从中受益的其他人[7]。在接触健康信息时，人们会产生强烈的情绪反应。关于器官捐赠的损失型信息与内疚感正相关，同时与幸福感负相关。在以视觉形式呈现关于抑郁症的信息时，使用表现恢复的视觉框架会引起更强的积极情绪，而使用表现痛苦的视觉框架却会引起更强的消极情绪。[8]

---

[1] Mohammed Ahmad Alsaggaf and Abraham Althonayan, "An Empirical Investigation of Customer Intentions Influenced by Service Quality Using the Mediation of Emotional and Cognitive Responses", *Journal of Enterprise Information Management*, Vol. 31, No. 1, 2018, p. 194.

[2] Ioannis Arapakis, et al., "User Engagement in Online News: Under the Scope of Sentiment, Interest, Affect, and Gaze", *Journal of the Association for Information Science and Technology*, Vol. 65, No. 10, 2014, p. 1988.

[3] Supavich Pengnate, "Shocking Secret You Won't Believe! Emotional Arousal in Clickbait Headlines", *Online Information Review*, Vol. 43, No. 7, 2019, p. 1136.

[4] Marzieh Yari Zanganeh and Nadjla Hariri, "The Role of Emotional Aspects in the Information Retrieval from the Web", *Online Information Review*, Vol. 42, No. 4, 2018, p. 520.

[5] Ruijuan Wu, et al., "The Effects of Online Store Informativeness and Entertainment on Consumers'Approach Behaviors", *Asia Pacific Journal of Marketing and Logistics*, Vol. 32, No. 6, 2020, p. 1327.

[6] Peter Fischer, et al., "Selective Exposure and Decision Framing: The Impact of Gain and Loss Framing on Confirmatory Information Search after Decisions", *Journal of Experimental Social Psychology*, Vol. 44, No. 2, 2008, p. 312.

[7] Robin L. Nabi, et al., "When Audiences Become Advocates: Self-Induced Behavior Change through Health Message Posting in Social Media", *Computers in Human Behavior*, Vol. 99, 2019, p. 260.

[8] Jennah M. Sontag, "Visual Framing Effects on Emotion and Mental Health Message Effectiveness", *Journal of Communication in Healthcare*, Vol. 11, No. 1, 2018, p. 30.

(三) 实验调节变量：趋避动机

个性特征可能影响人们对信息框架的反应，已有证据表明趋近动机（approach motivation）和规避动机（avoidance motivation）能够对框架效应起到调节作用，这两种动机分别是人们寻求有利结果和避免不利结果的倾向。[1] 人类对外界环境刺激的趋近与规避行为分别受到行为激活系统（behavioral activation system，BAS）和行为抑制系统（behavioral inhabitation system，BIS）这两个神经激励系统的控制。前者对奖赏、激励线索更敏感，推动个体向积极目标靠近；后者则对威胁、惩罚线索更敏感，抑制个体做出导致消极结果的行为。[2] 脑电图测量结果显示，趋近和规避动机是非对称激活的，分别出现在大脑左半球和右半球。[3] 趋近动机与伏隔核中释放的多巴胺有关，而规避动机与扁桃体活动有关。不同性别在BAS/BIS 敏感性上是存在差异的，女性的 BAS 和 BIS 得分都普遍高于男性。[4] 也就是说，女性对于积极和消极的结果都更加敏感。关注牙齿清洁、疫苗接种等健康主题的一些研究对 BAS/BIS 的作用进行了探讨，发现趋近动机强的个体更有可能被增益型信息说服，而规避动机强的个体更有可能被损失型信息说服。[5]

二 健康信息偶遇刺激趋避实验设计

(一) 健康主题

本实验关注的是女性癌症这一健康主题。癌症是全球范围内造成女

---

[1] Amy E. Latimer, et al., "The Effectiveness of Gain-Framed Messages for Encouraging Disease Prevention Behavior: Is All Hope Lost?", *Journal of Health Communication*, Vol. 12, No. 7, 2007, p. 645.

[2] Traci Mann, et al., "Dispositional Motivations and Message Framing: A Test of the Congruency Hypothesis in College Students", *Health Psychology*, Vol. 23, No. 3, 2004, p. 330.

[3] Nicholas J. Kelley, et al., "The Relationship of Approach/Avoidance Motivation and Asymmetric Frontal Cortical Activity: A Review of Studies Manipulating Frontal Asymmetry", *International Journal of Psychophysiology*, Vol. 119, 2017, p. 19.

[4] Charles S. Carver and Teri L. White, "Behavioral Inhibition, Behavioral Activation, and Affective Responses to Impending Reward and Punishment: The Bis/Bas Scales", *Journal of Personality and Social Psychology*, Vol. 67, No. 2, 1994, p. 319.

[5] L. C. Idson, et al., "Imagining How You'd Feel: The Role of Motivational Experiences from Regulatory Fit", *Personality and Social Psychology Bulletin*, Vol. 30, No. 7, 2004, p. 926.

性死亡的重要原因。据世界卫生组织估计，到 2030 年，每年将新增 990 万癌症病例、550 万癌症死亡病例。对于女性来说，乳腺癌、宫颈癌、卵巢癌是三大高发癌症类型，而且患癌人群年轻化的趋势愈加明显。帮助人们丰富癌症相关知识，对于癌症的预防、筛查和治疗都非常重要。从互联网上获取健康信息的人越来越多，女性搜寻健康信息比男性更加频繁，她们不仅仅是为自己，也为家人获取信息。

（二）实验参与者

我们面向国内一所综合性大学的女性学生招募参与者，要求参与者曾经使用过互联网获取健康信息并且有兴趣了解癌症相关信息，这样有助于减小可能存在的个体差异。由于实验将使用眼动仪捕捉用户注意数据，参与者应该没有视力障碍且视力正常或矫正视力正常。招募广告通过社交媒体发布并转发，共有 60 位女性学生满足实验要求并愿意参与实验，她们的年龄介于 19 岁到 26 岁之间。该样本规模与其他眼动实验的样本规模（通常为 50—60 人）相当，但是有 4 位参与者因为眼动仪校准问题而被排除。

（三）实验材料

本实验利用快速原型工具 Axure 构建了一个模拟的移动健康网站，该网站包含一个显示健康信息标题列表的导航页面，每个标题都链接到显示相应健康信息全文的内容页面。我们从各类在线健康信息平台上收集了 30 个采用信息框架的真实健康信息标题及相应的文章内容，得到与乳腺癌、宫颈癌、卵巢癌相关的标题各 10 个，其中增益型标题 5 个，损失型标题 5 个。为了消除标题长度、标点符号或特殊字符使用等因素的潜在影响，我们对原始标题进行了不同程度的改动。此外，基于 2 * 2 拉丁方设计，我们创建了两种导航页面，增益型标题和损失型标题在列表中都是交替出现的，但一种是从增益型标题开始的，另一种是从损失型标题开始的，这样可以消除标题位置可能产生的影响。

（四）实验流程

本实验不涉及具体的任务，参与者只需要按照自己习惯的方式访问模拟网站，不设时间限制。在访问网站的过程中，他们的注意与选择行为分别由 Tobii Pro X3 - 120 眼动仪及其内置的屏幕录制工具进行记录。

参与者可能会点击进入模拟网站的内容页面阅读健康信息全文，但是本次我们仅关注他们与导航页面的交互，尤其是与健康信息标题的交互。因此，我们对导航页面列表中的每个标题创建了一个兴趣区，方便之后仅针对兴趣区中的眼动数据开展分析。在访问网站之前，参与者需要填写 BAS/BIS 量表以测量其趋近动机和回避动机；在访问网站之后，他们则需要填写愉悦度/唤醒度量表以测量其情绪反应。实验平均持续时长为 30 分钟。

三 信息框架对健康信息标题有效性的影响

（一）健康信息标题选择

在本实验中，参与者对健康信息标题的注意由眼动数据反映，主要包括注视次数（fixation count）和总注视时长（total fixation duration）。他们对标题的选择行为则可以从录屏数据中提取，点击标题表示选择。56 位参与者一共注意了 1337 个标题，包括 675 个增益型标题和 662 个损失型标题；他们进而点击了其中的 290 个标题，包括 178 个增益型标题和 112 个损失型标题。根据线性回归分析结果，我们发现，信息框架对参与旨在标题上的注视次数（$\beta = 0.09, p < 0.01$）和总注视时长（$\beta = 0.12, p < 0.01$）都产生了显著影响。相比于损失型标题，增益型标题吸引了参与者更多且更长时间的注视。二元逻辑回归分析结果表明，信息框架对标题点击也存在显著影响——相比于损失型标题，增益型标题更有可能获得点击 [$\exp(B) = 1.76, p < 0.001$]。因此，增益型标题更适合女性癌症这一主题的健康信息，能够更加有效地提高用户进一步了解信息内容的可能性。增益框架在提升人们健康知识水平或促进疾病预防行为方面的价值在以往部分研究中已得到验证。

（二）情绪反应的中介作用

参与者对健康信息标题的情绪反应包括愉悦度和唤醒度这两个维度。通过线性回归分析可以发现，信息框架对愉悦度产生了显著的正向影响（$\beta = 0.50, p = 0.00$），同时对唤醒度产生了显著的负向影响（$\beta = -0.16, p = 0.00$）。换句话说，两个情绪反应维度以不同的方式受到信息框架的影响。一方面，增益型标题更有助于激发较高的愉悦度，可能是因为这类标题强调了积极的结果，能够让人感到更加轻松、乐观、有希望；另一方面，损失型标题更有助于激发较高的唤醒度，这与已有的研究发现相一致。损失框架一般会使用消极词汇来表述坏结果，而与女性癌症相关的坏结果可能是非常严重的，例如本实验标题中曾出现的"危及生命""导致死亡"等，这些词会让人感到紧张甚至是害怕。

我们进一步发现，愉悦度对参与者在标题上的注视次数（$\beta=0.06$，$p=0.00$）和总注视时长（$\beta=0.08$，$p=0.00$）都产生了显著的正向影响，同时，唤醒度对注视次数（$\beta=0.14$，$p=0.00$）和总注视时长（$\beta=0.14$，$p=0.00$）也产生了显著的正向影响。就标题上的点击行为而言，仅有唤醒度对其存在正向影响 $[\exp(B)=1.67, p<0.001]$，而愉悦度的影响并不显著 $[\exp(B)=1.07, p=0.17]$。表7-1为愉悦度/唤醒度的中介效应检验结果。可以看到，如果将愉悦度添加为预测变量，信息框架对注视次数、总注视时长及点击行为的影响不再显著；而如果将唤醒度添加为预测变量，信息框架对注视次数、总注视时长及点击行为的影响依然显著。这意味着，唤醒度部分中介了信息框架对标题选择的影响，而愉悦度不存在中介作用。

表7-1　　　　　　　愉悦度/唤醒度的中介效应检验结果

步骤	预测变量	因变量	Beta/exp（B）	p
1	信息框架	注视次数	0.09**	0.001
	信息框架	总注视时长	0.12**	0.00
	信息框架	点击	1.759**	0.00
2	信息框架	愉悦度	0.498**	0.00
	信息框架	唤醒度	-0.155**	0.00

续表

步骤	预测变量	因变量	Beta/exp（B）	p
3	信息框架	注视次数	0.08*	0.01
	愉悦度		0.02	0.61
	信息框架	总注视时长	0.11**	0.00
	愉悦度		0.02	0.44
	信息框架	点击	1.87**	0.00
	愉悦度		0.95	0.41
	信息框架	注视次数	0.12**	0.00
	唤醒度		0.16**	0.00
	信息框架	总注视时长	0.15**	0.00
	唤醒度		0.16**	0.00
	信息框架	点击	2.29**	0.00
	唤醒度		1.80**	0.00

注：* $p<0.05$，** $p<0.01$。

（三）趋/避动机的调节作用

单因素方差分析结果显示，趋近动机显著调节了信息框架对注视次数的影响［$F(1,1333)=4.791,p<0.05$］以及信息框架对总注视时长的影响［$F(1,1333)=11.450,p<0.01$］，而规避动机的调节效应并不显著。如图7-1所示，趋近动机强（BAS得分高）的参与者在增益型标题上的注视次数［$F(1,1333)=15.740,p<0.001$］和总注视时长［$F(1,1333)=31.940,p<0.001$］要显著高于损失型标题，即对有利结果更敏感的个体对增益型标题表现出更积极的反应。然而，对于趋近动机弱（BAS得分低）的参与者来说，不同标题吸引他们注意的情况不存在显著差异。由二元逻辑回归分析结果可知，趋近动机［$\exp(B)=0.65,p=0.12$］和规避动机［$\exp(B)=0.76,p=0.33$］在信息框架和

点击行为的关系中都不存在显著的调节作用。尽管之前一项研究发现损失框架对规避导向型个体更有效，但是规避动机在本实验中未产生任何调节作用。这可能与女性癌症这一健康主题有关，无论是具有哪种动机特征的参与者都对此感到不安甚至是畏惧。

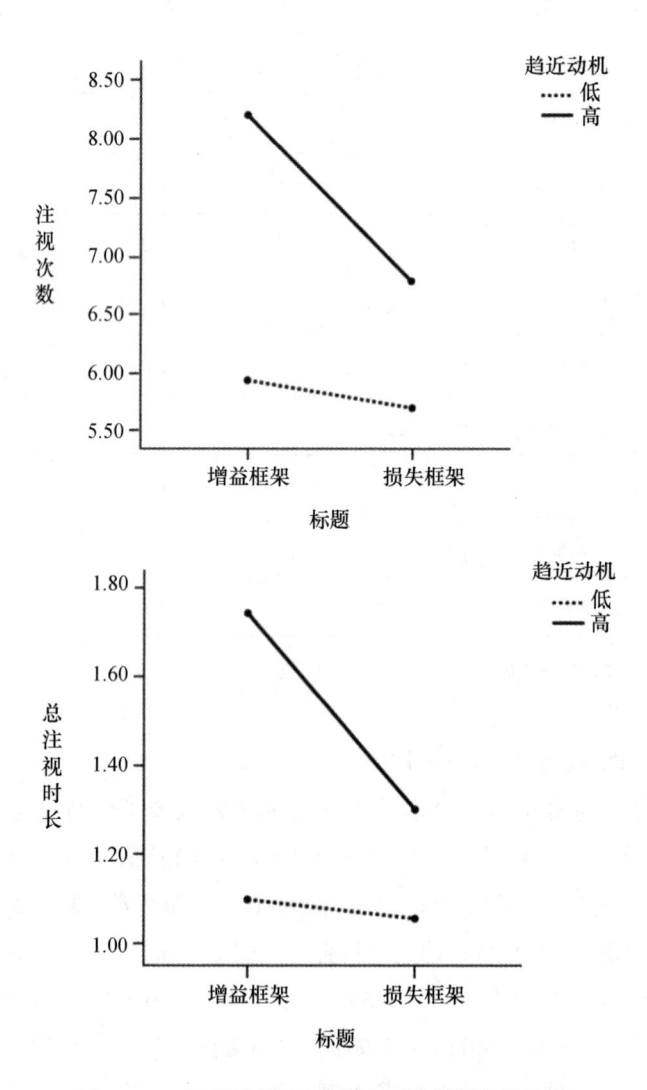

图 7-1 不同趋近动机个体在两类标题上的注视次数和总注视时长

第四节 信息框架在健康信息偶遇内容交互中的作用

一 健康信息偶遇内容交互实验目的

以上健康信息偶遇刺激趋避实验探讨了如何通过信息框架促进人们对健康信息标题的注意与点击。一旦人们点击选择标题链接打开健康文章,接下来需要思考的是如何说服他们接受具体的信息内容,使其愿意做出保护健康的行为或是避免做出危害健康的行为。如前所述,信息框架是一种常用的说服手段,在各类主题的健康文章中都已得到了广泛应用。然而,对于增益框架还是损失框架具有更强说服力,以往研究尚未获得一致结论。还需注意的是,框架效应源自信息的语言要素,而在线信息的设计还涉及一系列视觉要素,如颜色、大小、形状等。尤其颜色是一种可以用于说服目的的视觉线索,特定的页面背景颜色可能对健康信息内容的说服效果产生影响。"视觉—语言共生"(visual-verbal symbiosis)现象表明,视觉和语言元素之间存在一种自然的关联,两者可以在交流过程中相互支持。根据现有的一些初步证据,颜色启动效应(color priming)可以增强信息框架的作用。因此,本实验旨在探讨如何结合语言上的框架效应和视觉上的颜色启动效应以提升健康信息内容的说服力。实验自变量包括信息框架和背景颜色。

本实验拟解决的研究问题包括以下几个方面。

(1)在线健康信息的信息框架如何影响个体的健康保护动机?

(2)在线健康信息的背景颜色如何影响个体的健康保护动机?

(3)在线健康信息的信息框架和背景颜色是否对个体的健康保护动机存在交互影响?

(4)个体所处的决策阶段是否调节信息框架/背景颜色对个体健康保护动机的影响?

(一)实验因变量:保护动机

根据保护动机理论(protection motivation theory,PMT),当人们遇到潜在的风险或危险时,威胁评估(threat appraisal)和应对评估(coping appraisal）这两种认知过程会对他们的保护行为进行控制。[1] 威胁评估关注的是当前情况有多严重，由感知严重性（perceived severity）和感知脆弱性（perceived vulnerability）组成：前者是指个体认为威胁对其生活造成影响的严重程度，后者则是指个体感觉自己容易受到威胁影响的程度。应对评估关注的是人们如何对当前情况做出反应，它由感知反应效能（perceived response-efficacy）和感知自我效能（perceived self-efficacy）组成，两者分别是个体对应对反应有效性和对自己执行应对反应能力的信念。[2] 这四个方面的感知越高，人们越有可能对风险采取适用性应对行动。[3] PMT被广泛应用于疾病预防和健康推广方面的研究，涉及癌症预防、艾滋病预防、戒烟、疫苗接种等关键健康问题。以往研究普遍认为PMT的四个构念能够有效预测健康行为和结果。[4][5] 例如，较高的感知严重性和感知自我效能会使人们更加频繁地刷牙或用牙线清洁牙齿，从而减少龋齿、缺牙的发生。[6]

信息框架对健康保护动机的影响已经得到了大量研究关注，但是相关结论仍存在矛盾。与增益型信息相比，与宫颈癌、紫外线辐射风险、喝含糖饮料等相关的损失型信息会引起更高的感知严重性。[7] 与叙事型证

---

[1] Ronald W. Rogers, "A Protection Motivation Theory of Fear Appeals and Attitude Change 1", *The Journal of Psychology*, Vol. 91, No. 1, 1975, p. 93.

[2] Sarah Milne, et al., "Prediction and Intervention in Health-Related Behavior: A Meta-Analytic Review of Protection Motivation Theory", *Journal of Applied Social Psychology*, Vol. 30, No. 1, 2000, p. 106.

[3] Donna L. Floyd, et al., "A Meta-Analysis of Research on Protection Motivation Theory", *Journal of Applied Social Psychology*, Vol. 30, No. 2, 2000, p. 407.

[4] Afsaneh Maleki, et al., "Application of the Protection Motivation Theory (Pmt) in Teaching Skin Cancer Prevention Behaviors in Male Students", *Journal of Cancer Education*, 2022.

[5] Nigel L. Williams, et al., "Covid-19 Vaccine Confidence and Tourism at the Early Stage of a Voluntary Mass Vaccination Campaign: A Pmt Segmentation Analysis", *Current Issues in Tourism*, Vol. 25, No. 3, 2022, p. 475.

[6] Fotios Anagnostopoulos, et al., "Health Beliefs and Illness Perceptions as Related to Mammography Uptake in Randomly Selected Women in Greece", *Journal of Clinical Psychology in Medical Settings*, Vol. 19, No. 2, 2012, p. 147.

[7] Xiaoli Nan, "Communicating to Young Adults about HPV Vaccination: Consideration of Message Framing, Motivation, and Gender", *Health Communication*, Vol. 27, No. 1, 2012, p. 10.

据相结合的损失框架还会使人对吸烟引起的疾病感知到更高的严重性。[1] 此外,关于闲暇时间从事体育活动的损失型信息会带来更大的感知反应效能变化。[2] 相反,增益型信息能够比损失型信息更有效地提升用户使用健身移动应用的感知自我效能。[3] 当人们阅读关于生殖器疱疹的信息时,增益框架引起的感知反应效能要显著高于损失框架。[4] 然而,信息框架不会影响人们对吸烟的感知严重性。就肾脏疾病相关信息而言,人们的感知严重性、脆弱性、感知效能、自我效能都不会因为不同的信息框架而出现显著差别。[5] 总而言之,我们对信息框架的影响不能一概而论。

颜色是设计中最具有表现力和吸引力的视觉线索之一。暖色通常使人感到生动、兴奋,而冷色会带来舒缓、放松的感觉。以往研究比较了典型的冷色(如蓝色、绿色)和暖色(如红色、黄色)对人类反应的影响。作为在线商店的背景颜色,蓝色比黄色引起了更强的心流体验[6];作为威胁请求信息的背景颜色,蓝色比黄色更有可能增强人们对威胁的感知严重性和脆弱性[7]。电脑屏幕的红色背景有助于提升个体在细节导向型

---

[1] Zexin Ma and Xiaoli Nan, "Positive Facts, Negative Stories: Message Framing as a Moderator of Narrative Persuasion in Antismoking Communication", *Health Communication*, Vol. 34, No. 12, 2019, p. 1454.

[2] Rebecca L. Bassett-Gunter, et al., "Do You Want the Good News or the Bad News? Gain-Versus Loss-Framed Messages Following Health Risk Information: The Effects on Leisure Time Physical Activity Beliefs and Cognitions", *Health Psychology*, Vol. 32, No. 12, 2013, p. 1188.

[3] Joon Soo Lim and Ghee-Young Noh, "Effects of Gain-Versus Loss-Framed Performance Feedback on the Use of Fitness Apps: Mediating Role of Exercise Self-Efficacy and Outcome Expectations of Exercise", *Computers in Human Behavior*, Vol. 77, 2017, p. 249.

[4] Monique M. Mitchell, "Risk, Threat, and Information Seeking About Genital Herpes: The Effects of Mood and Message Framing", *Communication Studies*, Vol. 52, No. 2, 2001, p. 141.

[5] Katheryn C. Maguire, et al., "Formative Research Regarding Kidney Disease Health Information in a Latino American Sample: Associations among Message Frame, Threat, Efficacy, Message Effectiveness, and Behavioral Intention", *Communication Education*, Vol. 59, No. 3, 2010, p. 344.

[6] Katheryn C. Maguire, et al., "Formative Research Regarding Kidney Disease Health Information in a Latino American Sample: Associations among Message Frame, Threat, Efficacy, Message Effectiveness, and Behavioral Intention", *Communication Education*, Vol. 59, No. 3, 2010, p. 344.

[7] Birgit Wauters, et al., "The Impact of Pleasure-Evoking Colors on the Effectiveness of Threat (Fear) Appeals", *Psychology & Marketing*, Vol. 31, No. 12, 2014, p. 1051.

任务中的表现，而蓝色背景更适合于创造型任务。① 如果使用颜色来表达品牌个性，红色和蓝色的标志将分别正向影响人们对品牌的感知兴奋程度和感知能力水平。在一项口腔健康相关研究中，与红色调的广告相比，绿色调的广告能够使人们对硬毛牙刷产生更积极的态度和更强烈的使用意愿。② 因此，在设计在线健康信息时考虑使用背景颜色，将有可能影响用户的反应。

有趣的是，本章前面提到的趋近动机和规避动机可以将信息框架和颜色关联起来。已有研究表明，趋近动机强的个体更容易被增益型信息说服，而规避动机强的个体更容易被损失型信息说服。③ 这两类人分别对奖赏/激励线索和威胁/惩罚线索更敏感。实际上，颜色也是有效的动机刺激。蓝色通常与开放、安心、平静联系在一起，暗示了宜人的环境，有助于激活趋近动机。与之相反，红色通常与危险、警告、错误联系在一起，能够使人更加警觉、厌恶风险，从而激活规避动机。④ 也就是说，增益框架和蓝色具有动机相似性，而损失框架与红色具有动机相似性。由于具有相似性的语言和视觉元素可以形成有利于信息说服力的一致性⑤，本实验旨在确定信息框架和颜色之间是否存在一致效应。

（二）实验调节变量：决策阶段

人们的行为改变通常会经历几个离散的阶段。⑥ 广受认可的健康行为过程方式（health action process approach，HAPA）模型指出，人们的健康行为改变过程一般分为三个决策阶段：无意图（non-intention）、有意图

---

① Ravi Mehta and Rui Zhu, "Blue or Red? Exploring the Effect of Color on Cognitive Task Performances", *Science*, Vol. 323, No. 5918, 2009, p. 1226.

② Katherine Armstrong, et al., "Red-Hot Reactance: Color Cues Moderate the Freedom Threatening Characteristics of Health Psas", *Health Communication*, Vol. 36, No. 6, 2021, p. 663.

③ Mary A. Gerend and Janet E. Shepherd, "Using Message Framing to Promote Acceptance of the Human Papillomavirus Vaccine", *Health Psychology*, Vol. 26, No. 6, 2007, p. 745.

④ Andrew J. Elliot, et al., "Color and Psychological Functioning: The Effect of Red on Performance Attainment", *Journal of Experimental Psychology: General*, Vol. 136, No. 1, 2007, p. 154.

⑤ Bin Wang, et al., "How Color Affects the Effectiveness of Taste-Versus Health-Focused Restaurant Advertising Messages", *Journal of Advertising*, Vol. 49, No. 5, 2020, p. 557.

⑥ Sonia Lippke and Ronald C. Plotnikoff, "The Protection Motivation Theory within the Stages of the Transtheoretical Model-Stage-Specific Interplay of Variables and Prediction of Exercise Stage Transitions", *British Journal of Health Psychology*, Vol. 14, No. 2, 2009, p. 211.

（intention）和行动（action）。① 无意图者既没有开始改变行为，也没有改变的意图；有意图者虽然还没有开始改变行为，但是他们已经有改变的意图；行动者则已经发生行为的改变。② 处于不同决策阶段的个体会表现出不同的心理结果。以往体育活动参与动机相关研究发现，人们的感知自我效能会随着阶段的推进而提高。③ 此外，无意图者、有意图者和行动者在意愿、行动计划、行动控制等方面都存在差异。④ 对无意图者更适合提供风险沟通型的健康信息，而对有意图者则更适合提供策略规划型信息；在面对建议提高水果蔬菜摄入的信息时，无意图者和有意图者都在与自己更匹配的信息类型中获得了更高的感知自我效能得分。⑤ 因此，在线健康信息设计评价应充分考虑个体所处的决策阶段。

二 健康信息偶遇内容交互实验设计

（一）健康主题

本实验关注的是口腔护理这一健康主题。全球范围内有超过 35 亿人遭受口腔疾病的困扰，每年新增的唇癌或口腔癌患者数量超过 50 万，死亡病例接近 18 万。幸运的是，只要尽早进行干预，大多数常见的口腔疾病不会发展到很严重的地步，甚至是可以避免的。因此，鼓励人们自觉保护口腔健康是非常重要的。

（二）实验参与者

我们通过小额物质奖励在社交媒体上一共招募到了 300 位色觉正常、

---

① Julian Wienert, et al., "Latent User Groups of an Ehealth Physical Activity Behaviour Change Intervention for People Interested in Reducing Their Cardiovascular Risk", *Research in Sports Medicine*, Vol. 27, No. 1, 2019, p. 34.

② Wayne F. Velicer and James O. Prochaska, "Stage and Non-Stage Theories of Behavior and Behavior Change: A Comment on Schwarzer", *Applied Psychology*, Vol. 57, No. 1, 2008, p. 75.

③ Simon J. Marshall and Stuart J. H. Biddle, "The Transtheoretical Model of Behavior Change: A Meta-Analysis of Applications to Physical Activity and Exercise", *Annals of Behavioral Medicine*, Vol. 23, No. 4, 2001, p. 229.

④ Sonia Lippke and Ronald C. Plotnikoff, "The Protection Motivation Theory within the Stages of the Transtheoretical Model-Stage-Specific Interplay of Variables and Prediction of Exercise Stage Transitions", *British Journal of Health Psychology*, Vol. 14, No. 2, 2009, p. 211.

⑤ Cristina A. Godinho, et al., "Health Messages to Promote Fruit and Vegetable Consumption at Different Stages: A Match-Mismatch Design", *Psychology & Health*, Vol. 30, No. 12, 2015, p. 1410.

具有读写能力的参与者，邀请他们通过填写问卷参与线上实验。他们被均分到四组中，每组对应一种信息框架和背景颜色的组合。由于有 42 名参与者在返回的答卷中提供了无效答案而被排除，最后增益 & 红色组剩下参与者 69 人，增益 & 蓝色组 59 人，损失 & 红色组 57 人，损失 & 蓝色组 73 人。这 258 位参与者由 120 位男性、138 位女性组成，年龄介于 18 岁到 65 岁之间。

（三）实验材料

本实验从《中国口腔健康行为指南》这一权威来源选择了一篇关于蛀牙问题和牙齿保护习惯的真实健康文章。原始文章由专业作者分别采用增益框架和损失框架改写为两个不同的版本，语言风格简洁、自然，从而保证两个版本表达的意思是一样的，文章长度也都被控制在 550 字左右。我们开展了预实验检验信息框架是否得以成功操纵，共邀请了 60 位大学生对给定信息进行 7 点李克特量表打分，1 分表示该信息强调的完全是坏习惯的风险，7 分表示该信息强调的完全是好习惯的益处。预实验结果表明，增益型信息和损失型信息的得分存在显著差异（$t = 14.516, p < 0.001$）。

对于以上健康文章，本实验选择了 RGB 颜色空间中饱和度最高的红色（255, 0, 0）和蓝色（0, 0, 255）作为背景颜色。饱和度越高，不同的颜色越容易被区分。考虑到参与者都是在自己的设备上阅读信息，我们认为这两个颜色最有利于降低个体颜色识别差异以及设备色彩准确度差异的潜在影响，从而能够提高线上实验的生态效度。红色背景和蓝色背景上都使用了纯白（255, 255, 255）的字体颜色，以满足《网络内容易用性指南 2.0》（*Web Content Accessibility Guidelines* 2.0）中对前景/背景颜色对比度的要求。

我们一共创建了 4 个页面来显示信息框架和背景颜色的 4 种组合，另外邀请了 10 位大学生对页面的易读性进行评价，他们都可以流利地读出页面上的信息内容。

（四）实验流程

我们先采集了参与者的背景信息，包括人口统计学信息以及他们目前所处的口腔健康保护决策阶段。用于采集决策阶段信息的问题包含三个选项：（1）我并不打算在未来 6 个月中开始进行口腔护理；（2）我打算在未来6个月中开始进行口腔护理;(3)我已经开始进行口腔护理了。这三个选项分别对应了HAPA中的三个主要阶段,即无意图者、有意图者和行动者。

作为该线上实验的主体部分,参与者需要在给定的信息框架和背景颜色组合页面上按照日常习惯阅读口腔健康信息,不设时间限制。阅读前后各安排了一次口腔健康保护动机测试,从而保证参与者的保护动机变化是由阅读信息所带来的,并且可以通过前测和后测的差值来精准测量。我们基于口腔健康主题对已有的量表进行了改编,分别从感知严重性、感知脆弱性、感知反应效能和感知自我效能四个方面测量口腔健康保护动机,所有题项都采用了5点李克特量表,1分表示非常不同意,5分表示非常同意(见表7-2)。

表7-2　　　　　　　　　口腔健康保护动机的测量

构念	题项	来源
感知严重性	1. 口腔疾病对人的健康具有严重危害 2. 如果得了口腔疾病,我将会非常痛苦 3. 如果得了口腔疾病,我的家庭负担和痛苦将会加重 4. 如果得了口腔疾病,我的生活和工作将陷入绝望	Jackson和Aiken Prasetyo等
感知脆弱性	1. 我认为自己很容易得口腔疾病 2. 我认为自己的亲友很容易得口腔疾病 3. 如果我不做口腔护理,得口腔疾病的风险将会增加	Prasetyo等 Rhodes等
感知反应效能	1. 如果坚持做口腔护理,我的总体健康将会受益 2. 如果坚持做口腔护理,可以有效避免口腔疾病 3. 坚持做口腔护理,可以帮助我更好地投入学习、工作和生活中	Lwin和Saw Rhodes等
感知自我效能	1. 我认为口腔护理对自己来说是很容易做到的 2. 尽管目前我的口腔很健康,我还是会坚持做口腔护理 3. 尽管口腔护理需要花费一定的时间,我还是会坚持做	Lwin和Saw Zhou等

三 信息框架对健康信息内容有效性的影响

(一) 健康保护动机变化

实验中参与者的口腔健康保护动机前测和后测平均值对比如图 7-2 所示。配对样本 t 检验结果显示，阅读口腔健康信息显著提高了他们的保护动机，包括感知严重性 [$t(257) = -2.617, p = 0.009$]、感知脆弱性 [$t(257) = -6.195, p < 0.001$]、感知反应效能 [$t(257) = -2.199, p = 0.029$]、感知自我效能 [$t(257) = -3.573, p < 0.001$]。

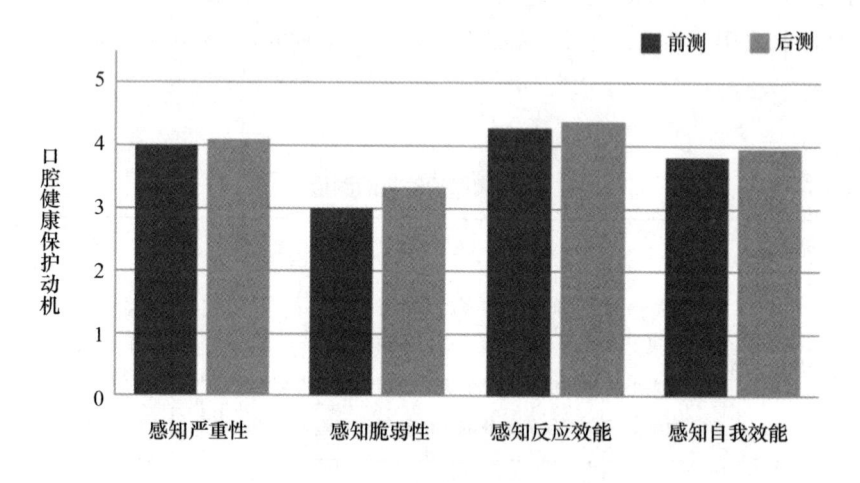

图 7-2 口腔健康保护动机前测与后测平均值

根据双因素多元方差分析的结果（见表 7-3）可以发现，信息框架对感知严重性、感知脆弱性、感知反应效能、感知自我效能变化的主效应均未达到显著水平，信息框架和背景颜色的交互效应也均不显著。本实验关于信息框架的发现与以往吸烟和肾脏疾病相关研究较为相似。已有元分析也表明，无论针对哪种健康主题，增益框架和损失框架的说服力或对人们态度、意愿、行为的影响并不存在显著差异。Covey 指出，信息框架的有效性在很大程度上取决于信息用户的个人特质，如矛盾心理、调节焦点、认知需求等，因而未来研究有必要将相关的个人特质纳入实验变量的范围。

由表 7-3 可知，背景颜色对感知反应效能的变化 [$F(1254) = 4.109, p = 0.044$] 和感知自我效能的变化 [$F(1254) = 6.717, p = $

0.010] 都存在显著的主效应——相比于蓝色背景（$M = 0.011$，$SD = 0.053$），显示在红色背景（$M = 0.166$，$SD = 0.055$）上的口腔健康信息带来了更大程度的感知反应效能提升；相比于蓝色背景（$M = 0.046$，$SD = 0.055$），在红色背景（$M = 0.250$，$SD = 0.056$）上显示的口腔健康信息也带来了更大程度的感知自我效能提升。也就是说，红色背景更有利于提升人们对口腔健康问题的应对评估。红色在增强注意投入和感知处理方面的优势已经在心理学中得到了广泛认同。这是因为红色能够引起的唤醒度水平是最高的，而蓝色是最低的。唤醒度是人们保持有意识、清醒的生理和心理状态，具有激发行为的作用，是自我效能感和反应效能感的重要来源。然而，背景颜色对感知严重性和脆弱性变化的影响并不显著。在本实验中，参与者的威胁评估普遍偏低，尤其是感知脆弱性，这可能与人们一般认为口腔疾病很少导致致命后果有关，也可能受到实验材料的影响。我们所使用的原始健康文章将更多的篇幅用于讲述口腔问题的应对策略，而较少讨论这些问题的危害。

表7-3　　　　　　　　双因素多元方差分析结果

	感知严重性	感知脆弱性	感知反应效能	感知自我效能
	F	F	F	F
信息框架	1.010	0.053	1.403	0.254
背景颜色	1.914	0.024	4.109*	6.717**
框架*颜色	0.634	0.683	0.566	1.587

注：* $p < 0.05$，** $p \leq 0.01$。

（二）决策阶段的调节作用

我们根据参与者所处的决策阶段对他们进行了区分，并分析了决策阶段的调节作用。总的来说，本实验的258位参与者在各阶段的分布不太均衡，包括119位无意图者（46.12%）、47位有意图者（18.22%）和92位行动者（35.66%）。图7-3显示了不同阶段参与者的口腔健康保护动机前测和后测平均值的对比情况。对于无意图者来说，阅读口腔健康信息使得他们的感知严重性 [t (118) = -1.994, $p = 0.048$]、感知脆弱

性 [$t(118) = -5.147, p < 0.001$]、感知反应效能 [$t(118) = -2.245, p = 0.027$]、感知自我效能 [$t(118) = -2.767, p = 0.007$] 均得到显著提升；有意图者的感知严重性 [$t(46) = -2.818, p = 0.007$]、感知脆弱性 [$t(46) = -2.669, p = 0.010$]、感知自我效能 [$t(46) = -2.139, p = 0.039$] 得到显著提升；而行动者仅有感知脆弱性得到显著提升 [$t(91) = -2.780, p = 0.007$]。

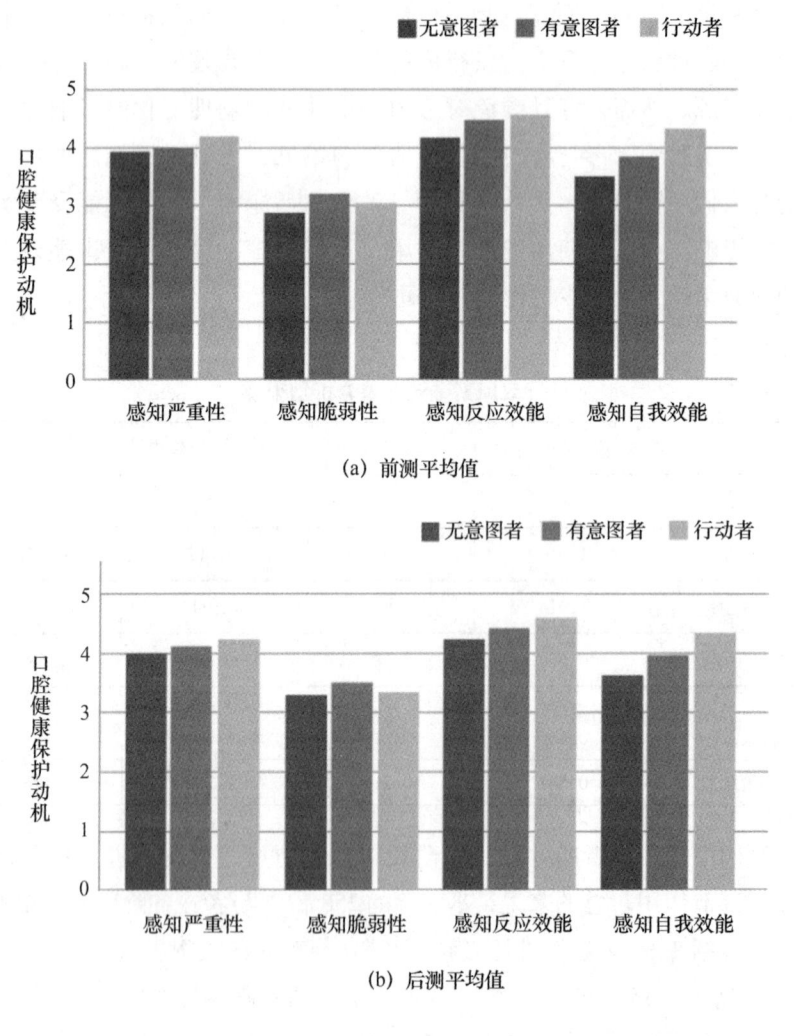

(a) 前测平均值

(b) 后测平均值

图 7-3　无意图者、有意图者和行动者的口腔健康保护动机前测和后测平均值

如表7-4所示，我们通过三因素多元方差分析发现，信息框架、背景颜色和决策阶段在感知反应效能 [$F(1246) = 2.993, p = 0.052$] 和感知自我效能 [$F(1246) = 2.575, p = 0.078$] 变化上表现出边缘显著的交互效应。进一步地，表7-4中的最小显著差异检验结果表明，决策阶段显著调节了信息框架和背景颜色对个体健康保护动机的影响。具体而言，损失&红色组中的无意图者在感知反应效能和感知自我效能上发生的变化要显著大于损失&蓝色组中的无意图者（见图7-4）。也就是说，损失框架和红色背景的组合能够有效提升无意图者的应对评估。这一发现与以往研究基本一致，即损失型信息匹配红色背景能够带来更强的疫苗接种意愿。已有观点认为颜色启动效应能够对框架效应起到加强作用；而在本实验中，信息框架不存在主效应，背景颜色则发挥了主导作用。前面提到了红色的优势，这一优势在消极情形中尤为明显，从而解释了红色背景和损失框架组合对有意图者的有效性。然而，本实验所设计的四种组合对有意图者和行动者都没有效果。无意图者与有意图者的差别在于行动意愿还未形成，有意图者与行动者的差别在于还未采取具体行动，而人们产生意愿所需付出的努力显然要远小于做出行动，因此改变无意图者的决定是最容易的。

表7-4　　　　　　　　三因素多元方差分析结果

	感知严重性	感知脆弱性	感知反应效能	感知自我效能
	F	F	F	F
信息框架	1.647	0.005	0.418	0.006
背景颜色	0.641	0.013	4.989*	5.406*
决策阶段	0.541	0.316	1.205	1.069
框架*颜色	0.141	0.767	0.075	0.875
框架*阶段	0.551	0.002	0.565	1.808
颜色*阶段	2.280	1.629	0.150	1.121
框架*颜色*阶段	1.562	0.154	2.993**	2.575**

注：*$p < 0.05$，**边缘显著：$0.05 < p \leq 0.010$。

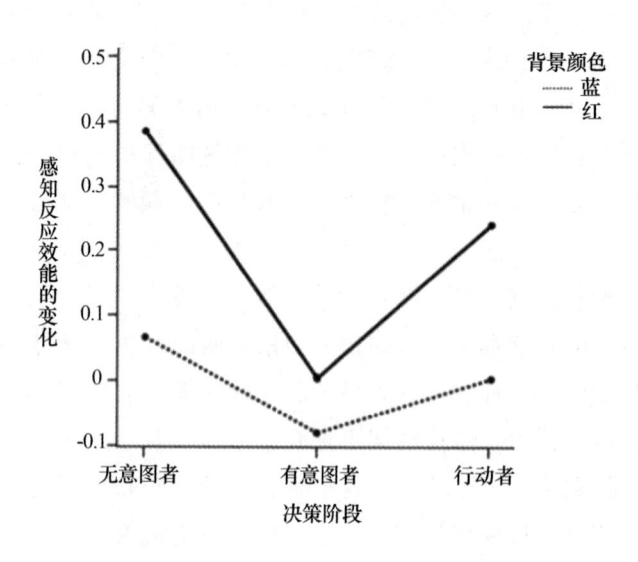

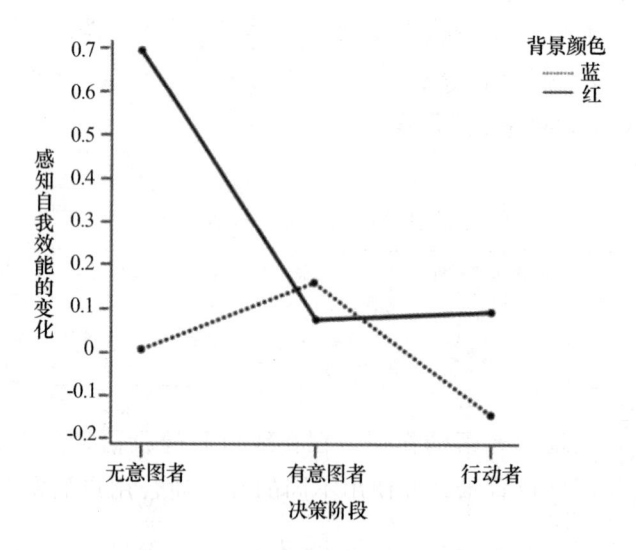

图 7-4 无意图者、有意图者和行动者阅读损失型信息时的感知反应效能和感知自我效能的变化

第五节　本章小结

本章研究了文字刺激触发的在线健康信息偶遇，分别探讨了信息框架这一修辞学特征在信息偶遇刺激趋避和内容交互中的作用。受控实验的结果表明，在健康信息偶遇的刺激趋避中，增益框架更能促进女性用户对健康信息标题的注意和点击，情绪中的唤醒度存在中介效应，趋近动机促使参与者对增益框架投入更多的注意，而规避动机不起调节作用。在健康信息偶遇的内容交互中，人类对信息视觉元素的自主、快速反应可以通过语言元素的组合进行增强，还需要根据个人所处的决策阶段来定制信息视觉、语言元素的设计。

本章研究的理论贡献表现在两个方面。一方面，研究结果确认了信息框架在信息偶遇刺激趋避和内容交互中的作用，增益框架更有利于促进癌症相关健康信息标题的选择，而在口腔健康信息内容的交互中，增益和损失框架的作用差异不大；另一方面，研究表明信息框架等信息的语言特征可与信息的视觉特征结合，以发挥更大的作用。未来还可围绕视觉—语言共生现象，开展更多信息特征的研究。

这些发现也带来了有益的实践启示，可以为未来的在线健康信息设计提供参考。在标题的拟定上，在线健康信息提供方应通过增益框架拟定癌症相关的健康信息标题，这将有助于缓解人们对癌症信息的规避，丰富人们对严重疾病的知识，提高他们的健康素养。在内容的呈现上，首先，健康信息的提供方应脱离对信息框架等语言元素的过度依赖，重视视觉元素的作用。在在线口腔健康信息的视觉设计中，可以考虑使用红色背景，并使用不同的红色迎合用户的审美偏好。其次，无意图者比有意图者和行动者更容易受到影响，是健康信息的潜在目标用户，使用红色背景与损失框架的组合有助于促进他们保护口腔健康的意图。最后，人们通常认为口腔健康等不太严重的健康问题较为容易应对，因此需要加强对这些疾病不良后果的教育和宣传，提高人们的威胁评估。

在研究方法上，受控实验揭示了信息框架等信息特征的作用，提供了量化的科学依据，但本章的研究在实验样本和实验材料主题的选择上还存在一定局限性，未来可开展进一步的研究，囊括不同人群和更多样的健康话题，以提高研究结果的普遍性。

第八章

视觉刺激触发的信息偶遇

第一节 研究背景与意义

对环境中的物理刺激做出行为反应是人类与世界交互的基本形式,信息偶遇本质上也包含了同样的心理过程——对偶然出现的信息刺激做出行为反应。行为反应包括两个重要维度:(1)行为方向,即人们对刺激是趋近还是回避;(2)行为强度,即人们在趋近或回避上做出努力的程度。举例来说,对于上网过程中突然出现的广告,有的人可能只是简单瞥一眼,有的人则可能会点击链接去了解广告的商品,这两种情况分别代表了低强度和高强度的趋近。[1] 尽管研究人员已经意识到信息偶遇的发生离不开信息刺激的触发[2],但是由于信息偶遇领域缺乏聚焦刺激本身的研究,目前尚不明确刺激是如何引发后续行为反应的。

刺激的类型多种多样,本章关注的是人类通过视觉系统感知的视觉刺激,即以图片、视频为代表的视觉信息。人类对视觉信息的处理速度是文字信息的60000倍。[3] 而且视觉信息有助于降低交流障碍,形成更好

---

[1] Andrew J. Elliot, et al., "Approach-Avoidance Motivation and Emotion: Convergence and Divergence", *Emotion Review*, Vol. 5, No. 3, 2013, p. 308.

[2] Tingting Jiang, et al., "Online Information Encountering: Modeling the Process and Influencing Factors", *Journal of Documentation*, Vol. 71, No. 6, 2015, p. 1135.

[3] Tanimu Ahmed Jibril and Mardziah Hayati Abdullah, "Relevance of Emoticons in Computer-Mediated Communication Contexts: An Overview", *Asian Social Science*, Vol. 9, No. 4, 2013, p. 201.

的第一印象，并保持更持久的记忆。① 除了处理速度和感知体验上的优势，更为重要的是，大约有65%的人是视觉学习者，他们天生就更喜欢视觉信息。

　　微博平台是目前非常受欢迎的在线信息环境，视觉刺激十分丰富。用户发布的微博帖子通常是由文字、图片、视频、链接等元素组成的短消息，可以被其他用户点赞、转发、评论。Twitter统计数据显示，包含图片的帖子在点击量、点赞量和转发量上要比普通帖子分别多出18%、89%和150%。② 因此，用户在发帖的时候更倾向于使用视觉元素。再以新浪微博为例，平台上大约60%的帖子包含图片，超过10%的帖子包含视频。触发物丰富是有利于信息偶遇发生的重要环境特征之一③。此外，大多数用户访问微博平台是为了阅读新闻或了解时事，这种目的性不强的前景活动也有利于信息偶遇发生。④ 因此，本章选择微博平台作为背景来研究视觉刺激触发的信息偶遇，旨在了解视觉刺激触发的信息偶遇过程，重点在于探索视觉刺激的特征与用户趋近偶遇信息的行为强度之间的关系。为此，我们对微博用户进行了日记研究，采集了一定数量的真实偶遇事件并对其加以分析。这不仅深入揭示了信息偶遇过程中注意、检验和捕获阶段之间的关系，而且也展示了信息偶遇研究方法的优势与不足。

第二节　相关研究综述

一　微博平台上的用户行为

　　消费、贡献和创建是社交媒体上用户行为的不同层次，这三种行为

---

① Carlos Flavián Blanco, et al., "Effects of Visual and Textual Information in Online Product Presentations: Looking for the Best Combination in Website Design", *European Journal of Information Systems*, Vol. 19, No. 6, 2010, p. 668.

② Twitter, https://twitter.com.

③ Lori McCay-Peet, et al., "Examination of Relationships among Serendipity, the Environment, and Individual Differences", *Information Processing & Management*, Vol. 51, No. 4, 2015, p. 391.

④ Jannica Heinström, "Psychological Factors Behind Incidental Information Acquisition", *Library & Information Science Research*, Vol. 28, No. 4, 2006, p. 579.

中的用户参与度依次上升。[1] 微博是较具有代表性的社交媒体之一，允许用户发帖并对帖子进行点赞、转发、评论等，这些行为都得到了研究人员的关注。[2] 有观点认为，点赞行为所需的用户投入最低，转发行为最高，评论行为则介于两者之间。[3] 然而也存在不同观点，认为评论行为比转发、点赞行为要求用户更为活跃地参与到认知活动中来，因为他们在评论时需要花费时间和精力来表达自己的观点和想法。[4]

总体而言，微博平台上只有少数用户会发布原创的帖子，大多数用户是浏览帖子、获取信息。[5] 对于特定的信息需求，用户可以直接发帖提问，由其他用户来回答。研究发现，女性用户和经过认证的用户提出的问题能够产生更高的回复率，包含"@"标志的帖子也更有可能被回复。[6] 微博平台一般也会提供搜索系统，支持关键词搜索。用户经常搜索突发新闻、实时内容、流行趋势以及其他具有时间特征的信息。如果对某个人感兴趣，也可以搜索他或她的相关信息。[7]

微博平台上经常会发生信息偶遇，这种信息获取方式能够满足延迟的信息需求，对信息搜寻起到补充作用。[8] 由于拥有数量庞大的用户以及

---

[1] Luis V. Casaló, et al., "Antecedents of Consumer Intention to Follow and Recommend an Instagram Account", *Online Information Review*, Vol. 41, No. 7, 2017, p. 1046.

[2] Bernard J. Jansen, et al., "Twitter Power: Tweets as Electronic Word of Mouth", *Journal of the American Society for Information Science and Technology*, Vol. 60, No. 11, 2009, p. 2169.

[3] Cheonsoo Kim and Sung-Un Yang, "Like, Comment, and Share on Facebook: How Each Behavior Differs from the Other", *Public Relations Review*, Vol. 43, No. 2, 2017, p. 441.

[4] Ferran Sabate, et al., "Factors Influencing Popularity of Branded Content in Facebook Fan Pages", *European Management Journal*, Vol. 32, No. 6, 2014, p. 1001.

[5] Qiang Yan, et al., "Social Network Based Microblog User Behavior Analysis", *Physica A: Statistical Mechanics and Its Applications*, Vol. 392, No. 7, 2013, p. 1712.

[6] Pengyi Zhang, "Information Seeking through Microblog Questions: The Impact of Social Capital and Relationships", Paper deliver to Proceedings of the American Society for Information Science and Technology, sponsored by ASIST 2012, Baltimore, MD, USA, October 28-31, 2012.

[7] Jaime Teevan, et al., "Twittersearch: A Comparison of Microblog Search and Web Search", Paper delivered to Proceedings of the fourth ACM international conference on Web search and data mining, sponsored by Association for Computing Machinery, New York, United States, February 9, 2011.

[8] Chi-Jung Lu, *Accidental Discovery of Information on the User-Defined Social Web: A Mixed-Method Study*, Ph. D dissertation, University of Pittsburgh, 2012, p. 191.

用户贡献的内容，微博平台是一种有利于信息偶遇发生的在线环境。[1] 网络效应和集体智慧有助于增强信息的可见性和可获得性，加速信息的传播。[2] 更为重要的是，微博平台具有触发物丰富、提供关联、通向意外等能够促进信息偶遇发生的环境特征。[3] 但是，针对微博平台开展的信息偶遇研究并不多见，其中一项研究在实验室环境中模拟了推特上的信息偶遇，发现用户更容易在目标导向型搜索和机会性浏览任务中注意到意外的有趣信息。很多信息偶遇的研究是以社交媒体为背景开展的，旨在揭示社交媒体如何支持或促进信息偶遇。[4]

二 信息偶遇过程的主要阶段

本书展示了一系列在行为层面反映信息偶遇过程的模型。这些模型基本上都包含了三个主要阶段，即注意到意料之外的刺激、检验相关的内容以及捕获偶遇到的信息。[5]

注意是信息偶遇过程的开端。人们从事前景活动所在的环境中存在各种各样的刺激，所有的刺激都在竞争他们的注意力。有的刺激本身就是前景活动的组成部分，而其他刺激则与前景活动无关，注意到这些无关的刺激可能引发"个人的意外发现体验"。意外的刺激可能以文字、语言或视觉信息的形式出现，它们通常是对大块信息内容的概括表示，例如新闻标题是对新闻报道的表示，缩略图是对电影视频的表示。注意之后常常会发生短暂的停顿或延迟，人们需要时间从认知上将意外的刺激

---

[1] Ilona Buchem, "Serendipitous Learning: Recognizing and Fostering the Potential of Microblogging", *Form@ re-Open Journal per la formazione in rete*, Vol. 11, No. 74, 2011, p. 7.

[2] Bhuva Narayan, "Social Media Use and Civil Society: From Everyday Information Behaviours to Clickable Solidarity", *Cosmopolitan Civil Societies: An Interdisciplinary Journal*, Vol. 5, No. 3, 2013, p. 32.

[3] Lori McCay-Peet and Elaine G. Toms, "Investigating Serendipity: How It Unfolds and What May Influence It", *Journal of the Association for Information Science and Technology*, Vol. 66, No. 7, 2015, p. 1463.

[4] Urbano Reviglio, "Serendipity by Design? How to Turn from Diversity Exposure to Diversity Experience to Face Filter Bubbles in Social Media.", Paper delivered to Internet Science: 4th International Conference, sponsored by the Springer, Thessaloniki, Greece, November 22-24, 2017.

[5] Sanda Erdelez, "Investigation of Information Encountering in the Controlled Research Environment", *Information Processing & Management*, Vol. 40, No. 6, 2004, p. 1013.

与已有的问题或全新的方向联系起来。即使联系建立起来了，人们还是有可能决定不从前景活动中转移出来。因此，敏锐地感知刺激，成功地建立联系，主动地采取行动，都是信息偶遇发生的前提。

Erdelez在信息偶遇功能模型中指出，检验是"对偶遇信息有用性的评估"[1]。然而，偶遇信息的价值不仅在于其能够满足用户信息需求的有用性，而且也可以体现为能够引起用户好奇心或求知欲的有趣性[2]或是其他的娱乐目的[3]。需要强调的是，注意和检验的对象分别是刺激和内容。对信息内容价值的评估是更高层次的认知活动，可能涉及理解、判断、比较、推理、关联等其他脑力投入，所以检验是信息偶遇过程中不太容易观察的阶段。捕获在信息偶遇功能模型中被描述为"用户对偶遇到的信息进行抽取与保存以供未来使用"，但是实际的捕获方式并不仅限于保存，因为用户可能会立即使用信息，进一步探索信息或是与他人分享信息。[4] 人们会如何捕获偶遇到的信息在很大程度上取决于信息环境所支持的交互方式，互联网、社交媒体、移动设备所提供的电子邮件、书签、文件存储、转发等功能，使得信息的捕获变得非常方便。[5]

三 注意与刺激特征

虽然外界环境存在着很多刺激，但是人类能够同时处理的刺激数量却是有限的，因而只能选择最重要、最需要或最有用的那些进行处理，

---

[1] Sanda Erdelez, "Investigation of Information Encountering in the Controlled Research Environment", *Information Processing & Management*, Vol. 40, No. 6, 2004, p. 1013.

[2] Sirous Panahi, et al., "Information Encountering on Social Media and Tacit Knowledge Sharing", *Journal of Information Science*, Vol. 42, No. 4, 2016, p. 539.

[3] Stephann Makri and Ann Blandford, "Coming across Information Serendipitously-Part 1: A Process Model", *Journal of Documentation*, Vol. 68, No. 5, 2012, p. 684.

[4] Tingting Jiang, et al., "Online Information Encountering: Modeling the Process and Influencing Factors", *Journal of Documentation*, Vol. 71, No. 6, 2015, p. 1135.

[5] Chun-Hua Hsiao, et al., "Exploring the Influential Factors in Continuance Usage of Mobile Social Apps: Satisfaction, Habit, and Customer Value Perspectives", *Telematics and Informatics*, Vol. 33, No. 2, 2016, p. 342.

这就是注意的主要功能。①② "目标导向型注意"和"刺激驱动型注意"是两种基本的选择形式。前者又被称为"内源性注意",指人们根据当前的目标或任务来控制注意力的分配;后者则强调,刺激的某些特征可以独立于当前的目标或任务捕获人们的注意,因此又被称为"外源性注意"。③ 尽管信息搜寻和信息偶遇的过程中都可能在不同程度上产生这两种注意,但搜寻行为与目标导向型注意联系更紧密,偶遇行为则与刺激驱动型注意联系更紧密。

在刺激驱动的选择中,刺激特征决定了注意优先级的建立。④ 具有特定外在特征的在线刺激更容易被用户注意到,比如尺寸更大、位置更显眼、亮度更高等。⑤ 图片是微博平台上主要的视觉刺激,包括照片、图像、地图、截图和动图等。值得注意的是,很多图片包含了文字,视觉和文字元素相互补充。⑥ 双重编码理论指出,人们是在两个独立的认知系统中分别处理视觉和文字信息的。⑦ 以往研究表明,图文并茂的信息和图片型信息能够比文字型信息更有效地帮助人们记忆信息内容,形成积极态度。同时,动态的图片更容易吸引人们的注意。动画是让图片动起来的方式之一,互联网上的动图广泛采用了 GIF 格式。图片也可以具有动态效果,比如整体出现、消失、移动或是某些属性(如亮度)发生

---

① Chris Oriet, et al., "Attention Capture without Awareness in a Non-Spatial Selection Task", *Consciousness and Cognition*, Vol. 48, 2017, p. 117.

② Gewnhi Park, et al., "Social Groups Prioritize Selective Attention to Faces: How Social Identity Shapes Distractor Interference", *Plos One*, Vol. 11, No. 8, 2016, p. e0161426.

③ Jessica I. Lake, et al., "Emotional Modulation of Interval Timing and Time Perception", *Neuroscience & Biobehavioral Reviews*, Vol. 64, 2016, p. 403.

④ Shaun P. Vecera, et al., eds., *The Psychology of Learning and Motivation*, Burlington: Academic Press, 2014, p. 303.

⑤ Cheonsoo Kim and Sung-Un Yang, "Like, Comment, and Share on Facebook: How Each Behavior Differs from the Other", *Public Relations Review*, Vol. 43, No. 2, 2017, p. 441.

⑥ JungWon Yoon and EunKyung Chung, "Image Use in Social Network Communication: A Case Study of Tweets on the Boston Marathon Bombing", *Information Research*, Vol. 21, No. 1, 2016, p. 708.

⑦ Marta Koć-Januchta, et al., "Visualizers Versus Verbalizers: Effects of Cognitive Style on Learning with Texts and Pictures-an Eye-Tracking Study", *Computers in Human Behavior*, Vol. 68, 2017, p. 170.

变化。① 就在线商品的展示而言，用户通常最青睐视频，其次是图片，最后才是文字。②

研究人员也关注到了刺激的内在特征对选择的影响，包括可理解性、新颖性和幽默性。可理解性是衡量信息质量的指标之一，指的是一个事物易于识别、解释以及吸引人的程度。已有研究结果表明，可理解性更高的视频可以更持久地抓住观看者的注意力。可理解性对在线购物者的满意度也具有积极影响，能够提高其购买意愿。新颖性指的是一个事物不同寻常或是超出人们已有知识水平的程度，具有新颖性的刺激看起来更重要、更有趣并能够为人们提供新的体验。③ 以往研究发现，具有"期望失配"（expectancy-mismatching）特点的新颖刺激能够将人们的注意力从正在进行的搜索过程中转移出来并引向新的对象，使其产生惊喜。④ 比如说，人们对新颖的颜色分配的注意优先级要高于熟悉的颜色。⑤ 幽默感指的是令人发笑、为人带来乐趣的能力。幽默可以减轻人们身体上的疼痛、心理上的不适，有助于改善个人健康状况。尤其是在闲暇活动中，幽默能够有效吸引注意，引发积极情绪。在教育领域，教师们利用幽默抓住学生的注意力，提升他们学习新材料的兴趣。幽默的广告可以增加顾客对品牌的喜爱，幽默的健康信息也更容易被人记住。

四 研究问题

从以上对相关研究的梳理可知，越来越多的信息偶遇研究以社交媒体为背景展开，研究人员对信息偶遇过程的关注仍然停留在整体模型上，

---

① Steven L. Franconeri and Daniel J. Simons, "The Dynamic Events That Capture Visual Attention: A Reply to Abrams and Christ (2005)", *Perception & Psychophysics*, Vol. 67, No. 6, 2005, p. 962.

② Sarah Sungsook Song and Minjeong Kim, "Does More Mean Better? An Examination of Visual Product Presentation in E-Retailing", *Journal of Electronic Commerce Research*, No. 4, 2012, p. 345.

③ Zhenhui Jiang, et al., "The Determinants and Impacts of Aesthetics in Users' First Interaction with Websites", *Journal of Management Information Systems*, Vol. 33, No. 1, 2016, p. 229.

④ Stefanie I. Becker and Gernot Horstmann, "Novelty and Saliency in Attentional Capture by Unannounced Motion Singletons", *Acta Psychologica*, Vol. 136, No. 3, 2011, p. 290.

⑤ Gernot Horstmann and Arvid Herwig, "Novelty Biases Attention and Gaze in a Surprise Trial", *Attention, Perception, & Psychophysics*, Vol. 78, 2016, p. 69.

而并未深入各个阶段。注意这一初始阶段非常重要，偶然出现的刺激是否能够吸引用户的注意并引起后续的行为反应，决定了信息偶遇过程是否能够进行下去。由于信息科学领域的研究很少专门探讨刺激、注意和行为之间的关系，因此研究视觉刺激触发的信息偶遇需要借助心理学的注意理论，尤其是考虑将视觉刺激的哪些特征纳入研究范围。

正如物理世界的有形刺激会触发人们的反应，信息刺激也会触发用户与在线环境的交互。以往的信息偶遇研究虽然已经贡献了一系列过程模型，但是忽视了信息刺激是如何吸引注意、引起行为的。为了填补这一空白，本章特别关注微博平台上的视觉刺激及其触发的信息偶遇现象，聚焦于随意浏览的用户在注意到视觉刺激后是如何趋近微博帖子的，目的在于揭示刺激特征与用户趋近行为强度之间的关系。研究问题主要包括以下几个方面。

(1) 用户偶遇到的微博帖子具有哪些特征？
(2) 触发偶遇的视觉刺激具有哪些特征？
(3) 用户是如何与偶遇到的微博帖子进行交互的？
(4) 视觉刺激特征与偶遇的交互行为表现出怎样的关系？

对于视觉刺激的特征，本章主要考虑了两个外在维度，即格式（是否包含文字）和状态（是否包含动态），以及三个内在维度，即可理解性、新颖性和幽默性，这些都是心理学研究所涉及的刺激基本特征维度。此外，本章将用户与微博帖子的交互划分为一般趋近和强烈趋近两个层次，分别指信息偶遇过程进入了检验阶段和捕获阶段，后者的行为强度更高。

第三节　研究方法：关键事件日记

本章选择了很受人们欢迎的中文微博平台——新浪微博作为研究背景。新浪微博的注册用户数量在 2019 年已超过 3 亿，以 30 岁以下受过良好教育的年轻人为主。新浪微博上的视觉刺激十分丰富，是易于发生信息偶遇的在线环境。用户在发帖时可以上传多张图片（静态或动态）或一段视频，其中动图和视频都可以设置为自动播放。在采集新浪微博用户的信息偶遇经历时，本章采用了关键事件日记法。

考虑到视觉刺激难以用语言描述,本章使用在线问卷作为日记记录工具,方便参与者直接提供视觉刺激的截图。日记问卷的设计是整个研究设计中的一个重点任务,因为自我报告数据的质量在很大程度上取决于问题及其问法。我们基于信息偶遇过程的注意、检验、捕获三个阶段设计了一份初步问卷,然后邀请了 10 位经验丰富的新浪微博用户试填问卷,根据他们的反馈对问卷进行多轮修改。如附件所示,最终的日记问卷包括三部分。第一部分是通过一个实例简要说明什么是视觉刺激触发的信息偶遇,这样能够帮助参与者理解研究的核心概念,大致了解自己需要提供哪些信息。第二部分是日记问卷的主体,用于指引参与者在新浪微博上发生视觉刺激触发的信息偶遇时及时记录相关信息。问题 1 要求参与者上传偶遇到的微博帖子的完整截图,视觉刺激的格式和状态特征可以从截图中直接识别。试填问卷的参与者指出,如果一个帖子包含了多张图片,那么可能无法准确辨认到底是哪张图片吸引了他们的注意。在这种情况下,一组图片会被当作一个整体刺激。问题 2—4 旨在了解参与者对可理解性、新颖性、幽默性三个基本内在特征的感知。问题 5 是一个排序题,参与者可以按实际发生顺序依次点选他们注意到视觉刺激后做出的行为,问题选项既包含检验行为,又包含捕获行为,这是因为试填问卷的参与者表示难以将两者严格区分开来。最后一个部分包括问题 6—8,分别采集参与者的性别、年龄和教育水平等背景信息。

我们在新浪微博上通过小额激励招募参与者,鼓励他们在为期一个月的时间内贡献不超过 5 个视觉刺激触发的信息偶遇事件,一共收到 225 份日记答卷。经过数据清洗,我们排除了 36 份答卷。主要原因包括:(1) 截图不完整,漏掉了顶部的微博博主名或底部的转发、评论、点赞数量 ($N=18$);(2) 微博帖子是通过主动搜索找到的,因为截图显示搜索框里的查询式与帖子内容高度相关 ($N=10$);(3) 截图为随机图片而并非微博帖子 ($N=8$)。有效的 189 份答卷来自 132 位参与者,每份答卷记录了一个偶遇事件,平均每人贡献 1.4 个事件。大部分参与者的年龄介于 19 岁到 25 岁之间 ($N=117$,88.64%),教育水平为本科或硕士研究生在读 ($N=128$,96.97%),他们属于新浪微博的典型用户。女性参与者 ($N=79$,59.85%) 要多于男性 ($N=53$,40.15%)。

第四节　微博平台上视觉刺激触发的信息偶遇

一　信息偶遇事件中微博帖子的特征

新浪微博帖子一般是由博主头像和用户名、文字内容、图片或视频（即视觉刺激）以及转发、评论、点赞的数量等部分组成的（见图 8-1）。我们首先从这些方面（不包括视觉刺激）入手，对 189 个信息偶遇事件中微博帖子的特征进行分析。

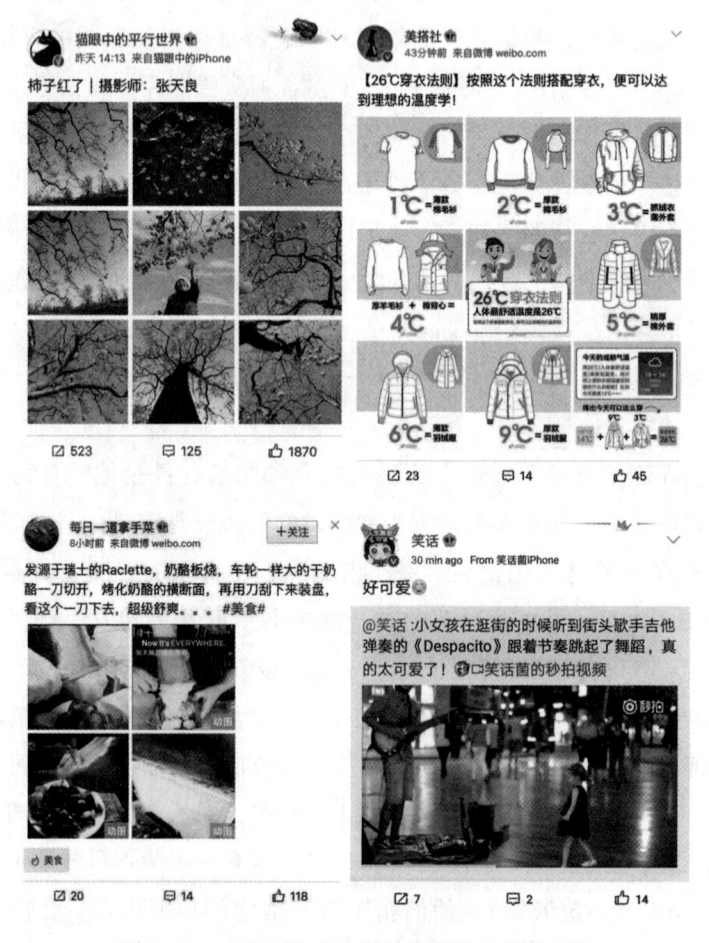

图 8-1　日记研究采集到的微博帖子截图示例

两位研究人员对每个微博帖子所涉及的主题进行了独立编码并取得了较高的一致性（Cohen's Kappa = 0.787 > 0.75），从而抽取出六大主题，包括娱乐、社会、艺术、生活、知识和商业。如表8-1所示，与娱乐相关的微博帖子超过了三分之一，其他主题各占较小的比例。由于新浪微博本身就是一个娱乐性的社交媒体，娱乐帖子的高比例是在意料之中的。虽然商业帖子所占的比例最小，但是这些帖子吸引了大量的转发、评论和点赞。这可能是因为帖子里包含了为产品代言的娱乐明星的照片或视频。

表8-1　　　　各主题下微博帖子的基本统计结果

主题	描述	频次	百分比（％）	平均转发量	平均评论量	平均点赞量
娱乐	搞笑、八卦及电视、电影、表演资讯	66	34.92	2121	1232	10925
社会	国内新闻、国际新闻	29	15.34	3401	3175	16040
艺术	设计、动漫	27	14.29	4277	1310	13664
生活	个人情绪和经历分享	25	13.23	1884	1120	9099
知识	科普、专业知识、学术知识、百科	23	12.17	3531	1218	4357
商业	产品广告、宣传	19	10.05	11660	3356	15204

我们采集到的189个微博帖子是由160位博主发布的，其中130位（81.25％）为认证用户。这些博主主要分为4种类型，即自媒体、组织机构、主流媒体和个人。由表8-2可知，围绕特定主题发帖的自媒体博主贡献了65.61％的帖子，超过了其他类型博主发帖的总和，但是他们的影响力却无法与主流媒体博主相提并论，后者平均拥有3500万粉丝。个人博主通常是名人或明星，他们的帖子得到转发、评论和点赞的数量都是最高的，这些可能都是他们的活跃粉丝贡献的。

表8-2　　　　　　　不同类型微博博主的基本统计结果

博主类型	描述	频次	百分比（%）	平均粉丝数	平均转发量	平均评论量	平均点赞量
自媒体	定期发布主题内容的个人、专业团队或公司等	124	65.61	4197038	2576	1035	9140
组织机构	利用微博发布新闻或观点的企业、高校或协会等	28	14.81	4054852	1216	1389	4635
主流媒体	已经获得广泛认可的传统大众媒体	21	11.11	35467468	5325	3644	17594
个人	分享个人生活、工作和情感世界的名人或普通人	16	8.47	7714420	14919	5297	33694

二　信息偶遇事件中视觉刺激的特征

为了确定视觉刺激的外在特征，我们对189个微博帖子的截图（全部来自新浪微博的移动应用）进行了归纳性内容分析。这些截图由丰富的色彩组成，亮度、饱和度、清晰度等各不相同，具有较高的视觉复杂度。因此，针对截图的内容分析聚焦于视觉刺激的格式和状态这两个可以客观准确识别的维度。其中，格式分为不包含文字和包含文字，状态分为不包含动态和包含动态。

60.32%（$N=114$）的微博帖子截图包含了9张图片，以3×3矩阵的形式展示；84.13%（$N=159$）的截图包含了多张图片，包含单张图片或单个视频的截图仅占少数。图8-1是四个截图示例，反映了不同格式和状态组合而成的微博帖子。表8-3是内容分析的编码结果。就格式而言，大多数（62.43%）刺激是纯视觉的，不包含任何形式的文字，即使出现了文字，其刺激依然是以视觉元素为主的，这意味着本章采集到的信息偶遇事件的确是由视觉刺激触发的。就状态而言，包含动态的刺激并不多见，实际上很多用户会为了节省移动数据流量而在非 Wi-Fi 环境下关闭动图和视频的自动播放。

表 8-3　　　　　　　　视觉刺激外在特征编码结果

维度	类别	描述	频次	百分比（%）
格式	不包含文字	人物、物体或风景照片，数码插画、视频截图、无字幕视频等	118	62.43
	包含文字	包含输入或手写词句的图片，如文字段落的截图、包含文字的插画和海报、有字幕视频等	71	37.57
状态	不包含动态	静态照片、截图、插画、海报等	152	80.42
	包含动态	自动播放的动图或视频	37	19.58

视觉刺激的内在特征是根据参与者提供的感知评分确定的。从总体上看，189 个信息偶遇事件中的视觉刺激具有较高的可理解性（Mean = 5.66）和新颖性（Mean = 5.16），而幽默性普遍偏低（Mean = 3.95）。如图 8-2 所示，可理解性和新颖性评分的分布都是向右偏斜的，参与者认为 80.95% 的视觉刺激是易于理解的（5 分及以上），74.07% 的视觉刺激是新颖的（5 分及以上）。Kolmogorov-Smirnov 检验结果表明，幽默性评分遵循泊松分布（$p = 0.205$）。可以推断，视觉刺激的可理解性和新颖性在触发信息偶遇时起到了比幽默性更为重要的作用。

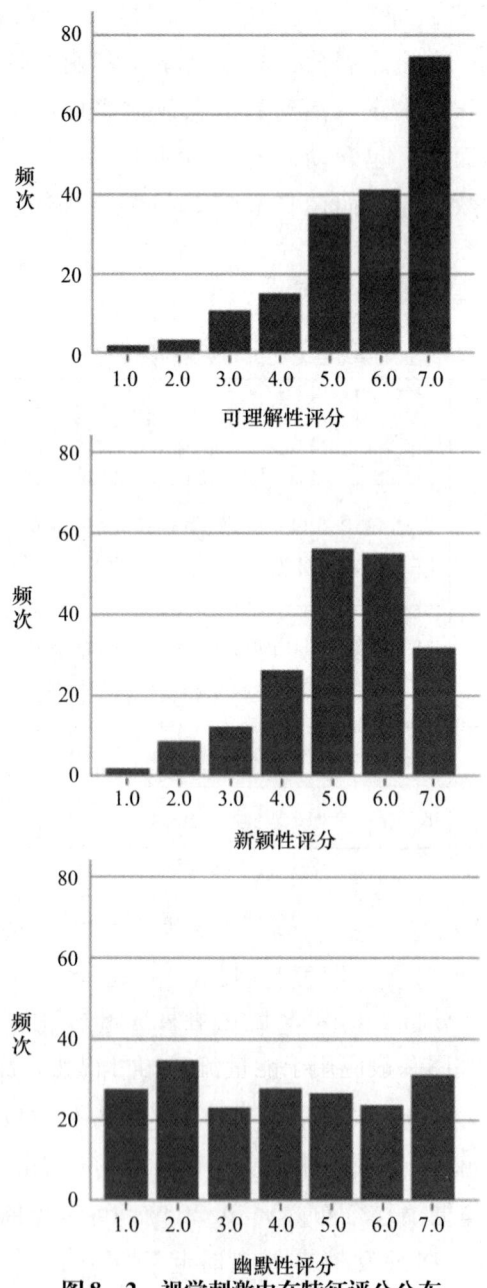

图 8-2 视觉刺激内在特征评分分布

三 信息偶遇事件中用户与微博帖子之间的交互

在日记问卷中，问题5的作用是采集参与者注意到视觉刺激后采取行动的类型和顺序。问题选项预设的行动包括：点击视觉刺激放大静态图片或播放动图/视频（A1）、点击文字内容以显示更多（A2）、点击博主头像或用户名查看其主页（A3）、转发帖子（A4）、评论帖子（A5）、点赞帖子（A6）以及关注博主（A7）。这些是参与者注意到视觉刺激后可以在微博平台界面上直接采取的行动。考虑到参与者可能无须点击就可以获取微博帖子中的信息，问题5还提供了"未采取具体行动"（A0）的选项。少量参与者在回答时提到他们还会"收藏帖子"（A8），这是在帖子详情页面上才能采取的行动，在此之前肯定会发生A2。

在所有的答卷中，6位（3.17%）参与者选择了"未采取具体行动"，52位（27.51%）参与者选择了一个预设行动，131位（69.31%）参与者选择了两个或多个预设行动。两个行动的组合是较为常见的（$N=60$，31.75%），其次是三个（$N=46$，24.24%）、四个（$N=19$，10.05%）、五个（$N=3$，1.59%）和六个（$N=3$，1.59%）。多个行动的组合方式多种多样，出现频次最高的组合（不考虑行动的顺序）依次是"A1+A2"（$N=33$，17.46%）、"A1+A2+A6"（$N=20$，10.58%）和"A1+A6"（$N=13$，6.88%）。A1、A2和A6也是最常发生的单个行动，出现频次分别为166（87.83%）、100（52.91%）和73（38.62%）。

本章使用可视分析工具BDP创建了桑基图[①]，用于展示上述行动发生的顺序。桑基图一般应用于能量流动的可视化，在本章中由左向右最多可以反映6个行动步骤（见图8-3）。不同的行动是以颜色区分的，各色块的宽度与行动发生频次成正比，两个步骤间的灰色流代表着行动之间的转换。从该可视化图形可以清楚看到，最显眼的行动序列是"A1+A2+A6"。也就是说，参与者倾向于在注意到视觉刺激后立即查看视觉刺激本身，然后查看相关的文字内容，最后对帖子

[①] 海致BDP可视分析工具，https://me.bdp.cn/home.html。

点赞以表明自己的积极态度。行动序列"A1＋A6"也比较显眼，这可能是因为微博帖子的文字内容通常都很短而无须点击显示更多。大多数行动序列是从 A1 开始的，而 A5、A7 和 A8 都不会作为序列中的第一个行动，评论帖子、关注博主、收藏帖子都是在了解了帖子内容或博主之后才会发生的。

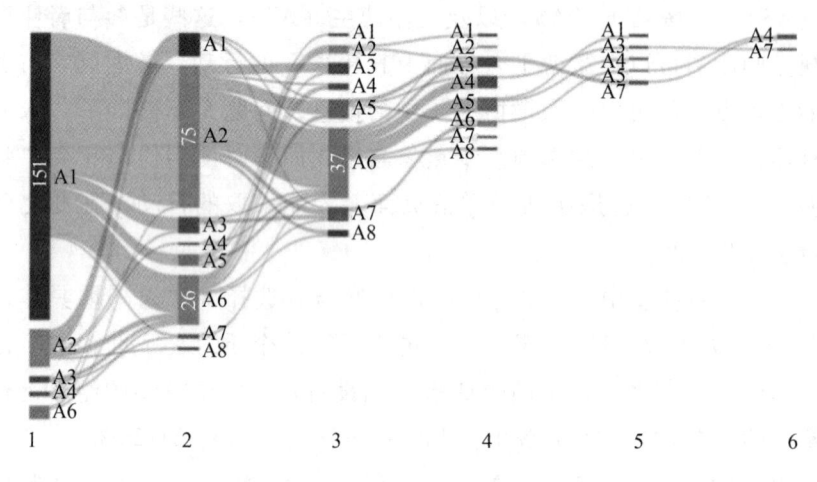

图 8 - 3　行动序列的桑基图可视化

四　视觉刺激特征与偶遇交互之间的关系

以上分析的行动属于信息偶遇过程中的不同阶段。A1 和 A2 都是检验行动，是对微博帖子视觉和文字内容的心理评价；其他行动，包括 A3、A4、A5、A6、A7 和 A8，代表的是用户捕获帖子或博主的不同方式，例如收藏、分享、评论等。用户可以为自己或他人捕获偶遇到的信息，也可以立即使用这些信息或是留待以后使用。在图 8 - 3 中，检验行动一般出现在行动序列的前两个步骤，后面的步骤基本上都是捕获行动，可以看出检验和捕获阶段之间的大致界限。捕获发生在检验之后，这是对信息的物理获取行为。因此，检验和捕获行动具有不同的行为强度，即一般趋近和强烈趋近。在 189 个信息偶遇事件中，86 个（45.50%）事件是以检验行动结束的，103 个（54.50%）事件发生了捕获行动。

本章采用 Chi-Squared Test of Independence 卡方检验分析了不同外在特征的视觉刺激在行为强度上的差异。两个外在维度分别是格式（是否包含文字）和状态（是否包含动态）。由表8-4和表8-5可知，不同格式的视觉刺激在行为强度上存在显著差异（$\chi^2 = 8.963$，$p < 0.05$），不包含文字的视觉刺激更有可能引发对微博帖子的强烈趋近（$z = 3.0$，$z = -3.0$）。但是，不同状态的视觉刺激在行为强度上不存在显著差异（$\chi^2 = 0.004$，$p > 0.05$）（表8-6）。由于视觉刺激的三个内在维度是序数变量，本章采用了 Mann-Whitney U 秩和检验进行统计分析。由表8-7可知，可理解性（$Z = -1.996$，$p < 0.05$）和幽默性（$Z = -2.145$，$p < 0.05$）的分析结果为显著，而新颖性（$Z = -0.277$，$p > 0.05$）的分析结果不显著。具体而言，引发强烈趋近的视觉刺激得到的可理解性评分（mean rank：强烈 101.96 > 一般 86.67）和幽默性评分（mean rank：强烈 102.71 > 一般 85.76）都要显著高于那些引发一般趋近的视觉刺激（表8-8）。

表8-4　　　　　　　　视觉刺激格式卡方检验结果

	值	自由度	渐近显著性（双侧）	精确显著性（双侧）	精确显著性（单侧）
皮尔逊卡方检验	8.963[a]	1	0.003		
连续校正[b]	8.101	1	0.004		
拟然比	9.008	1	0.003		
费希尔精确检验				0.003	0.002
有效样本数	189				

a. 0 单元格（0.00%）的期望计数少于5。最小期望计数为36.86。

b. 仅对 2×2 表计算

表8-5　　　　　　　　视觉刺激格式 * 行为强度交叉表

		强烈趋近	一般趋近	
不包含文字	计数	69	39	108
	%	63.89%	36.11%	100%
	调整残差	3.0	-3.0	
包含文字	计数	34	47	81
	%	41.98%	58.02%	100%
	调整残差	-3.0	3.0	
总计	计数	103	86	189

表8-6　　　　　　　　视觉刺激状态卡方检验结果

	值	自由度	渐近显著性（双侧）	精确显著性（双侧）	精确显著性（单侧）
皮尔逊卡方检验	0.004[a]	1	0.952		
连续校正[b]	0.000	1	1.000		
拟然比	0.004	1	0.952		
费希尔精确检验				1.000	0.548
有效样本数	189				

a. 0 单元格（0.00%）的期望计数少于5。最小期望计数为16.84。
b. 仅对 2×2 表计算

表8-7　　视觉刺激可理解性、新颖性、幽默性曼-惠特尼U秩和检验结果

	可理解性	新颖性	幽默性
曼-惠特尼 U	3712.500	4328.000	3634.500
Wilcoxon W	7453.500	8069.000	7375.500
Z	-1.996	-.277	-2.145
渐近显著性（双侧）	.046	.781	.032

表8-8 视觉刺激可理解性、幽默性曼-惠特尼 U 秩和检验统计值

	行为强度	N	平均秩	秩和
可理解性	一般	86	86.67	7453.50
	强烈	103	101.96	10501.50
	总计	189		
幽默性	一般	86	85.76	7375.50
	强烈	103	102.71	10579.50
	总计	189		

第五节 研究讨论

随着越来越多的人将微博作为日常信息来源，偶遇自然而然成为信息获取的一种重要方式。微博用户每分每秒都在贡献新的内容，平台并不会对这些内容进行严格的组织，但是会在界面上提供各种可点击的元素帮助用户实现轴点导航。本章采用关键事件日记法探索了微博平台上由视觉刺激触发的信息偶遇现象，基于从新浪微博用户那里采集到的189个有效的偶遇事件，针对4个研究问题开展了定性和定量分析。

一 微博平台有利于信息偶遇的发生

对于第一个研究问题，我们发现日记研究参与者偶遇到的189个微博帖子覆盖的主题范围非常广泛，发布者包括不同类型的博主。研究中抽取出的六大主题与新浪微博主推的内容主题基本一致，例如明星、电视剧、动漫，等等。这些主题下的帖子具有明显的享乐价值，能够为用户带来愉悦、满意甚至是幻想等。[1][2] 信息偶遇更容易在以享乐为目的的情

---

[1] Chunmei Gan and Weijun Wang, "Uses and Gratifications of Social Media: A Comparison of Microblog and Wechat", *Journal of Systems and Information Technology*, Vol. 17, No. 4, 2015, p. 351.

[2] Kisang Ryu, et al., "Relationships among Hedonic and Utilitarian Values, Satisfaction and Behavioral Intentions in the Fast-Casual Restaurant Industry", *International Journal of Contemporary Hospitality Management*, Vol. 22, No. 3, 2010, p. 416.

况下发生，包括寻求乐趣、消磨时间，而不是在需求、目标或任务很明确的时候发生。

在160位博主中，自媒体博主和个人博主分别擅长生产信息和扩散信息。大多数偶遇到的帖子来自自媒体博主，他们本身就致力于在特定主题上发帖，通过软广告帖子或正常帖子里嵌入广告盈利。[1] 个人博主基本上都是明星，他们使用微博的目的是扩大影响力，与粉丝互动，而粉丝们一般都热衷于转发、评论、点赞他们的帖子。[2][3] 也就是说，如果微博博主希望持续获得利益或声誉，就需要想办法让自己的粉丝和其他普通用户与他们的帖子产生强烈的交互。

对于第三个研究问题，本章在分析用户与偶遇到的微博帖子之间的交互时主要考虑了用户按照怎样的顺序、采取了哪些行动，并采用桑基图对分析结果进行可视化呈现。总的来说，用户的行为反映了信息偶遇的典型过程，先后对微博帖子进行检验和捕获。虽然有的人会检验帖子的文字内容，但更多的人检验的是帖子的视觉刺激。这是因为本章中的信息偶遇是由视觉刺激触发的，人们倾向于对刺激本身做出自动反应。用户对微博帖子的捕获方式主要是点赞，表达他们对帖子的赞同或支持。点赞是一种认知和行为负担最轻的行动。在没有特定前景活动的情况下，人们更倾向于点赞而不是评论或转发。[4][5] 需要提到的是，优秀的界面设计有助于降低行为负担，从而鼓励人们趋近微博帖子。新浪微博的移动

---

[1] June Zhu and Bernard Tan, "Effectiveness of Blog Advertising: Impact of Communicator Expertise, Advertising Intent, and Product Involvement", Paper delivered to the Proceedings of the International Conference on Information Systems, sponsored by AIS, Montreal, Quebec, Canada, December 9–12, 2007.

[2] Yue Ding, et al., "Celebrity-Following and Social Capital: A Study of User Behavior in Microblogging", *ICIS 2007 Proceedings*, 2012, p. 121.

[3] Haoting Liang, et al., "Influence Analysis for Celebrities Via Microblog Platform", Paper delivered to 2015 IEEE International Conference on Digital Signal Processing (DSP), sponsored by the IEEE, Singapore, July 21–24, 2015.

[4] Tae-Yang Kim and Dong-Hee Shin, "The Survival Strategy of Branded Content in the over-the-Top (Ott) Environment: Eye-Tracking and Q-Methodology Approach in Digital Product Placement", *Telematics and Informatics*, Vol. 34, No. 7, 2017, p. 1081.

[5] Ferran Sabate, et al., "Factors Influencing Popularity of Branded Content in Facebook Fan Pages", *European Management Journal*, Vol. 32, No. 6, 2014, p. 1001.

应用界面就遵循了简化设计原则,即通过简单的功能满足基本的需求。[1][2]这也在一定程度上增强了用户与微博帖子之间的交互性。

二 视觉刺激有利于用户与微博帖子之间的交互

尽管研究视觉信息的相关文献已经非常丰富,但本章是首次将其视为信息偶遇的触发物。在探索第二个研究问题时,本章主要从两个外在维度和三个内在维度来描绘微博平台上视觉刺激的特征,这些都是视觉信息的基本特征维度。对于第四个研究问题,本章认为视觉刺激的外在格式以及内在可理解性和幽默性上的差异会带来显著的用户行为强度差异。

视觉刺激的格式是指是否包含文字。本章采集的视觉刺激中有37.57%包含文字,大多数是在图片中嵌入简短的文字起到说明的作用。虽然新浪微博取消了微博帖子的字数限制,但是使用大篇幅文字截图的情况已经越来越少。我们不仅采集到了更多不包含文字的视觉刺激,而且发现参与者对这类视觉刺激容易产生强烈趋近,也就是更有可能在检验后进行捕获。正如图片能够比文字更有效地促进在线购物者的购买决策[3],微博平台上的图片也能够促进用户获取偶遇到的微博帖子。这表明双重编码理论广泛适用于各种情境。当然,微博博主对图片的使用应该采取负责任的态度,标题党或类似的做法可能会在短期内带来更多的关注和点击,但是在失去用户信任后就难以长期维持利益或声誉。人类对刺激外在特征的反应几乎是自动的,而内在特征一般是通过生物过程引发反应的。我们发现,视觉刺激的高可理解性和高幽默性都会带来强烈的趋近交互,例如收藏、分享微博帖子或是留下评论。实际上,可理解性和幽默性分别影响着人们做出进一步行为的认知准备和情感准备。当

---

[1] Brian Fling, *Mobile Design and Development: Practical Concepts and Techniques for Creating Mobile Sites and Web Apps*, Sebastopol: O'Reilly Media, 2009, p. 25.

[2] Dongwon Lee, et al., "Antecedents and Consequences of Mobile Phone Usability: Linking Simplicity and Interactivity to Satisfaction, Trust, and Brand Loyalty", *Information & Management*, Vol. 52, No. 3, 2015, p. 295.

[3] Carlos Flavián Blanco, et al., "Effects of Visual and Textual Information in Online Product Presentations: Looking for the Best Combination in Website Design", *European Journal of Information Systems*, Vol. 19, No. 6, 2010, p. 668.

用户在微博平台上随意浏览时，他们处于快速、轻松的系统1思维（system 1 thinking）状态，而低可理解性会迫使他们转换到有意识的、强调逻辑的系统2思维（system 2 thinking）状态，这无疑增加了他们的认知负担。对于只是想消磨时间的用户来说，他们是不希望发生此种情况的。[①] 由于系统1思维通常是带有情感的，人们感受到的有趣性会比实际的有用性更有助于产生积极的态度和行为意愿。[②] 幽默是让人们感到好玩或有趣的有效手段[③]，因此，对于在无特定目标的随意浏览中发生的信息偶遇来说，高幽默性可以起到明显的作用。

三 日记法适用于信息偶遇研究

信息搜寻行为研究中常用的观察方法，如实验室实验[④⑤]、点击日志、直接观察等，也都被用于研究信息偶遇，但是从观察者或研究人员的角度来看，引发或区分出哪些是偶遇行为并不容易。相对而言，自我报告方法在这方面具有更高的可靠性，因为信息偶遇现象既短暂又不易察觉，让用户描述自己的行为以及伴随的想法和感受是更为合适的。然而，用户描述的质量可能受到其自身记忆和表达能力的影响。因此，我们为关键事件日记研究专门创建了记录表，为参与者报告信息偶遇经历提供了指引和便利。

正如期待的那样，我们采集到的事件数量远远超过基于访谈的信息偶遇研究。样本规模的增大带来了更为丰富的数据，有利于从数据里识别趋势。此外，要求参与者上传偶遇到的微博帖子截图在很大程

---

① Keith Frankish, "Dual-Process and Dual-System Theories of Reasoning", *Philosophy Compass*, Vol. 5, No. 10, 2010, p. 914.

② Tony Ahn, et al., "The Impact of Web Quality and Playfulness on User Acceptance of Online Retailing", *Information & Management*, Vol. 44, No. 3, 2007, p. 263.

③ Yeonsu Yu and Tek-Jin Nam, "Let's Giggle! Design Principles for Humorous Products", Paper delivered to Proceedings of the 2014 conference on Designing interactive systems, sponsored by the Association for Computing Machinery, New York, NY, United States, June 21, 2014.

④ Sanda Erdelez, "Investigation of Information Encountering in the Controlled Research Environment", *Information Processing & Management*, Vol. 40, No. 6, 2004, p. 1013.

⑤ Makiko Miwa, et al., "A Method to Capture Information Encountering Embedded in Exploratory Web Searches", *Information Research*, Vol. 16, No. 3, 2011, p. 16.

度上减轻了他们的负担，他们不需要记住或讲述视觉刺激的细节，从而能够提高数据的可靠性，也可以增强参与意愿。本书的社会问答平台信息偶遇过程研究也成功使用了关键事件日记方法。当然，无可否认的是，包括日记和访谈在内的自我报告方法所采集的事件质量可能取决于参与者对信息偶遇的理解。实际上，以往已有信息偶遇研究在采集数据时开创性地使用了非介入性的数据来源，如博客文章和推特。①② 社交媒体生活流其实也是日记的一种形式，但是人们自发记录的内容可能会缺少必要的信息，不利于获得有意义的发现。

如何定义信息偶遇是设计日记记录表时的一个重要挑战。正如本书所提到的，用于指代信息偶遇的术语有很多，不同的研究对信息偶遇本质特征的理解也存在一定的差异。普通的参与者对信息偶遇概念知之甚少，为了避免给他们造成困惑，我们在记录表中强调了信息偶遇的两个关键特征，即低参与和低预期，并将其与人们更熟悉的信息搜寻对比区分。另一个需要考虑的方面是应该如何帮助参与者确定哪些是合适的事件，我们所采集到事件的多样性表明记录表第一部分所提供的信息偶遇事件示例并没有限制参与者的思路，但是如果能够提供多个内容差别明显的示例会更好，可以防止参与者局限于提供一种类型的事件。我们在日记研究中有一个特殊的发现——当一位参与者提供了四个或更多的信息偶遇事件时，这些事件就会趋同。为了避免这样的情况发生，参与者的分布应该尽可能地广泛。

第六节　本章小结

以往研究对信息偶遇发生过程的主要阶段已经形成了较为清晰的认识，本书率先关注到初始注意阶段的信息刺激，并对刺激特征

---

① Toine Bogers and Lennart Björneborn, "Micro-Serendipity: Meaningful Coincidences in Everyday Life Shared on Twitter", Paper delivered to in Proceedings of the Iconference 2013. iSchools, sponsored by APA, Fort Worth, TX, USA, February 12 – 15, 2013.

② Victoria L. Rubin, et al., "Facets of Serendipity in Everyday Chance Encounters: A Grounded Theory Approach to Blog Analysis", *Information Research*, Vol. 16, No. 3, 2011, p. 27.

与后续检验和捕获阶段的关系进行探索,在很大程度上增加了信息偶遇研究的深度。由于信息刺激多种多样,在一个统一框架下研究所有的刺激并不现实,因此本章聚焦于能够促进信息处理、提升感官体验的视觉刺激,采用日记方法采集到 189 个视觉刺激触发的信息偶遇事件。经过分析,我们发现微博平台上视觉刺激的丰富性确实为用户偶遇意外的信息提供了很好的机会,但是用户普遍没有与偶遇到的信息发生深入交互。这可能与微博平台上的信息过载及其娱乐属性有关。

我们的研究发现对于信息偶遇研究来说具有重要的理论启示。一方面,对触发信息偶遇的刺激进行聚焦研究将是本领域的未来方向之一。人们注意到信息刺激的瞬间将决定信息偶遇是否以及如何发生。未来研究可以进一步探讨视觉刺激的其他特征,尤其是主题、背景、环境等能够表达意义的特征。此外,还可以探索文字刺激和视觉刺激同时出现时两者的关联或协同作用。另一方面,将日记法和关键事件技术结合起来使用,可以有效提升信息偶遇研究的数据采集效率。我们所创建的日记记录表尤其适用于视觉证据的采集,但是针对其他类型的信息刺激或其他研究目的可能还需要创建专门的记录工具。此外,还可以考虑采用移动应用和可穿戴设备进行记录,从而进一步增强数据采集工作的便捷性和非介入性。

对于社交媒体内容贡献者来说,他们也会获得有用的实践启示。用户生成内容是社交媒体的基本组成之一,个人、组织、媒体可能出于公关、宣传等目的在微博平台上发布帖子,这些内容贡献者可以利用不包含文字的图片吸引用户的注意,并且尽可能地使用易于理解、幽默的图片以促进用户进一步了解帖子内容。促进内容消费是内容贡献者成功的关键,而内容贡献者的成功又增强了微博平台的生命力。

附　　录

附录1　二级主题及一级主题的形成过程

正式编码	二级主题	一级主题	标签数量
1. 数字化的文字作为刺激 2. 印刷品的文字作为刺激	1. 文字刺激	1. 注意到的刺激	150
3. 交谈对话作为刺激	2. 言语刺激		
4. 图片作为刺激 5. 视频作为刺激	3. 视觉刺激		
6. 声音作为刺激	4. 听觉刺激		
7. 内容可能有用 8. 内容是所需的	5. 有用的内容	2. 检验的内容	116
9. 内容引起好奇心 10. 内容满足兴趣	6. 有趣的内容		
11. 根据具体目标进行搜索	7. 有目的搜索	3. 前景活动	116
12. 根据模糊目标进行搜索	8. 探索性搜索		
13. 根据模糊目标进行浏览	9. 探索性浏览		
14. 无目标随意扫视	10. 无目的扫视		
15. 休闲与娱乐	11. 日常生活		
16. 网络社交 17. 面对面交谈	12. 社交生活		
18. 做研究 19. 参加会议	13. 工作与学习		

续表

正式编码	二级主题	一级主题	标签数量
20. 发现的新方向	14. 发现新方向	4. 偶遇经历的价值	84
21. 学到的新知识	15. 获取新知识		
22. 自己的需求得到满足	16. 满足自己的需求		
23. 他人的需求得到满足	17. 满足他人的需求		
24. 增强社会交互	18. 社会效益		
25. 在以后某个时间实现价值	19. 未来的价值		
26. 偶遇后感到开心	20. 偶遇后感受积极	5. 偶遇后的情绪状态	81
27. 偶遇后感到放松			
28. 偶遇后感到满意			
29. 偶遇后感到无聊	21. 偶遇后感受消极		
30. 偶遇后感到焦虑			
31. 偶遇后感到悲伤			
32. 偶遇后感到失望			
33. 使用信息满足现有需求	22. 使用偶遇到的信息	6. 与偶遇信息的交互	72
34. 继续探究信息	23. 跟进偶遇到的信息		
35. 保存信息	24. 保存偶遇到的信息		
36. 收藏信息			
37. 与他人分享信息	25. 分享偶遇到的信息		
38. 与他人讨论信息			
39. 社交媒体	26. 线上环境	7. 环境	60
40. 搜索引擎			
41. 互联网			
42. 信息系统			
43. 图书馆	27. 线下环境		
44. 其他物理场所			

续表

正式编码	二级主题	一级主题	标签数量
45. 偶遇前感到放松 46. 偶遇前感到开心 47. 偶遇前感到专注	28. 偶遇前感受积极	8. 偶遇前的情绪状态	53
48. 偶遇前感到无聊 49. 偶遇前感到疲惫 50. 偶遇前感到焦虑 51. 偶遇前感到沮丧	29. 偶遇前感受消极		
52. 马上处理刺激 53. 暂停一下再处理刺激	30. 即刻对刺激做出反应 31. 延迟对刺激做出反应	9. 对刺激的反应	22

附录2 日记记录表中的问题及参与者填写答案实例

	问题	答案实例
Q1	信息偶遇发生时您正在访问哪个网站或移动应用	微信
Q2	信息偶遇发生时您正在使用哪种类型的设备	手机
Q3	信息偶遇发生前您原本在做什么	刷朋友圈的动态更新
Q4	您原本所从事的活动紧急度如何（1－一点也不紧急，7－非常紧急；数值越大，紧急度越高）	紧急度=3
Q5	信息偶遇发生前您的情绪状态如何（1－非常消极，7－非常积极；数值越大，情绪状态越积极）	情绪状态=5
Q6	信息偶遇发生时，是什么将您的注意从原本所从事的活动中转移出来	一位同班同学分享的题为"学术论文写作的60条建议"的链接
Q7	上个问题的答案为什么会吸引您的注意	我最近正好在写课程论文，但感觉无从下手，这个链接的标题看起来很相关
Q8	注意转移后您做出了什么反应	立即点击链接
Q9	您如何解释以上反应	我等不及要打开链接去看看，可能对我的课程论文写作有用
Q10	您做出以上反应后看到了什么内容	看到了一篇文章，讲了如何写好学术论文的60条建议

续表

问题		答案实例
Q11	您如何评价以上内容的价值	我在写课程论文时应该用得上
Q12	您是如何处理以上内容的（多选题）	保存：将链接加入微信收藏
Q13	信息偶遇发生后您的情绪状态如何（1 – 非常消极，7 – 非常积极；数值越大，情绪状态越积极）	情绪状态 = 6
Q14	您如何评价此次信息偶遇经历	我认为这次偶遇到的文章可以使我更加了解论文写作，这对于我们研究生来说是非常有益的

附录3　研究后访谈提纲

1. 请问您在看完日记记录表第一部分的介绍后，认为该日记研究的目的和流程是怎样的？是否存在不清楚的地方？

2. 您是如何理解信息偶遇的？您认为第一部分中给出的信息偶遇实例与其定义是否相符？

3. 接下来让我们讨论一下日记记录表第二部分所有问题的设计。对于每个问题，您是否觉得存在表述模糊或不当的情况？开放式问题所包含的实例是否易于理解以及是否能够有助于引导您描述自己的经历？多项选择问题的选项是否易于理解以及是否覆盖了所有可能的情况？

4. 您认为所有与在线信息偶遇有关的问题都被包含在第二部分中了吗？所有无关的问题都被排除在外了吗？如果不是，哪个问题是不恰当的？哪个问题是需要补充的？

5. 您认为第二部分中所有问题的提出顺序是恰当的吗？如果不是，为什么？

6. 您对日记记录表的设计还有其他意见或建议吗？

附录4　英文人名翻译对照表

第一章

Marcia J. Bates 玛西娅·J. 贝茨

Sanda Erdelez 桑达·埃尔德莱兹

Stephann Makri 斯蒂凡·马克里

Lori McCay-Peet 洛瑞·麦凯－皮特

Elaine Toms 伊莲恩·汤姆斯

Borchuluun Yadamsuren 博尔楚伦·雅达姆苏仁

Reijo Savolainen 雷约·萨沃莱宁

Gould's Book Arcade 古尔德·博克·阿尔德

Charles Bernier 查尔斯·贝尼尔

Patrick Wilson 帕特里克·威尔逊

James Krikelas 詹姆斯·克里凯拉斯

Carol Kuhlthau 卡罗尔·库尔思豪

Kevin Rioux 凯文·里欧

Makiko Miwa 牧子·美和

Foster 福斯特（姓氏）

Ford 福特（姓氏）

Lawley 劳利（姓氏）

Tompkins 汤普金斯（姓氏）

Björneborn 比约内伯恩（姓氏）

Rubin 鲁宾（姓氏）

Blandford 布兰福德

Jiang 姜（姓氏）

Pálsdóttir 帕尔斯多蒂

McCay-Peet 麦凯·皮特

Toms 汤姆斯

Miwa 美和

Sun 孙（姓氏）
McBirnie 麦克伯尼（姓氏）
Urquhart 厄克特
Elaine Toms 伊莲恩·汤姆斯
Ann Blandford 安·布兰福德
Jannica Heinström 詹尼卡·海因斯特伦
Jamshid Beheshti 贾姆希德·贝赫什蒂
Anabel Quan-Haase 安娜贝尔·昆－哈斯
Naresh Kumar Agarwal 纳雷什·库马尔·阿加瓦尔
Lennart Björneborn 莱纳特·比约内伯恩
Wilson 威尔逊（姓氏）
Martin 马丁（姓氏）
O'Hare 奥哈尔（姓氏）
Samantha Copeland 莎曼珊·科普兰
Sylvie Catellin 西尔维·卡特琳
Selene Arfini 塞莲娜·阿尔菲尼
Wendy Ross 温迪·罗斯

第二章

Donald Case 唐纳德·凯斯
Zerbinos 泽比诺斯
Marchionini 马尔基奥尼尼
Johnson 约翰逊（姓氏）
Wilson 威尔逊（姓氏）
Spink 斯平克
Cole 科尔
Williamson 威廉森
Pálsdóttir 帕尔斯多蒂
Smith 史密斯（姓氏）
Million 米利恩
Horace Walpole 霍雷斯·沃尔波尔

附　录

Walter Bradford Cannon 沃尔特·布拉德福德·坎农

Bernier 贝尔尼埃

Bawden 博登

Austin 奥斯汀

McBirnie 麦克伯尼（姓氏）

Agarwal 阿加尔瓦尔

Aguilar 阿吉拉尔

de Bono 德·博诺

Vickery 维克里

Fisher 费舍尔

McKechnie 麦基奇尼

Meischke 梅斯克

Narayan 纳拉扬

Case Sunstein 凯斯·桑斯坦

Sunstein 桑斯坦

Eli Pariser 伊莱·帕里泽

第三章

Williamson 威廉森

Ross 罗斯（姓氏）

Ooi 黄

Liew 刘

Ahmadi 阿赫马迪

Wohn 万

Bates 贝茨（姓氏）

Wilson 威尔逊（姓氏）

Mansour 曼苏尔

Solomon 所罗门

Bronstein 布龙斯坦

O'Hare 奥黑尔（姓氏）

Makri 马克里

Stewart 斯图尔特（姓氏）

Basic 巴西奇

Rubin 鲁宾（姓氏）

Martin 马丁（姓氏）

Quan-Haase 昆·哈斯

Workman 沃克曼（姓氏）

Yadamsuren 雅达木苏仁（姓氏）

Blandford 布兰福德

Lawley 劳利（姓氏）

Tompkins 汤姆金斯（姓氏）

Kefalidou 凯法利杜

Sharples 夏普尔斯

Rahman 拉赫曼

Feegli 费格利

Maxwell 麦克斯韦尔

Toms 汤姆斯

Wopereis 沃佩雷斯

Braam 布拉姆

Bird-Meyer 伯德·迈耶

O'Brien 奥布赖恩

Mitchelstein 米切尔斯坦

Wieland 维兰德

Kleinen-von Königslöw 克莱宁-冯·凯尼克斯勒夫

第四章

Buchanan 布坎南

Heinström 海因斯特伦

Awan 阿万

Björneborn 比约内伯恩

Buckley 巴克利

Allen 艾伦

附　录

Tewksbury 图克斯伯里
Rahman 拉赫曼
André 安德烈
Bogers 博格斯
Grange 格兰吉

第五章

Dantonio 丹东尼奥
Heinstrom 海因斯特伦
Palsdottir 帕尔斯多蒂
Pontis 蓬蒂斯
Leong 梁

第六章

Noguti 野口
Ksiazek 克西翁热克
Bucher 比谢
Schumacher 舒马赫
Safran 萨弗兰
Chakraborty 查克拉博蒂
Kuiken 克伊肯

第七章

Updegraff 厄普德格拉夫
Rothman 罗斯曼
Covey 科维

参考文献

一 中文文献

（一）学位论文

潘曙光：《信息偶遇研究》，硕士学位论文，西南大学，2010年。

王琳：《网络环境下情报学的应用模式研究》，硕士学位论文，天津师范大学，2004年。

朱婕：《网络环境下个体信息获取行为研究》，博士学位论文，吉林大学，2007年。

（二）期刊

陈敏贤、王焕景、郭顺利：《网络问答社区用户碎片化阅读信息偶遇的形成过程及关键影响因素识别》，《现代情报》2022年第12期。

龚稳稳、舒宝淇、王晋：《短视频信息偶遇影响因素及行为过程研究》，《数字图书馆论坛》2019年第10期。

郭海霞：《网络浏览中的信息偶遇调查和研究》，《情报杂志》2013年第4期。

胡媛、李美玉、艾文华等：《过程视域下科研人员信息偶遇影响因素动力学分析》，《图书情报工作》2020年第4期。

姜婷婷、权明喆、魏子瑶：《信息规避研究：边界、脉络与动向》，《中国图书馆学报》2020年第4期。

李晓：《社会化问答平台信息偶遇影响因素及行为过程研究——以知乎为例》，《图书馆研究与工作》2021年第5期。

刘春茂、张学佳、周悦：《基于眼动实验的网站个性化推荐系统信息偶遇特征的实证研究——以大学生为例》，《现代情报》2022年第5期。

欧阳剑:《新网络环境下用户信息获取方式对图书馆信息组织的影响》,《中国图书馆学报》2009年第6期。

田立忠、俞碧飚:《科研人员信息偶遇的影响因素研究》,《情报科学》2013年第4期。

王知津、韩正彪、周鹏:《非线性信息搜寻行为研究》,《图书馆论坛》2011年第6期。

杨雨琪、刘双燕、尹静等:《在线信息偶遇影响因素模型构建及科学性分析》,《现代情报》2021年第3期。

喻国明、方可人:《算法推荐必然导致"信息茧房"效应吗——兼论算法的媒介本质与技术伦理》,《新闻论坛》2019年第6期。

二 英文文献

(一) 著作

Ahmadi Mousa and Donghee Yvette Wohn, *The Antecedents of Incidental News Exposure on Social Media*, Vol. 4, SAGE Publications Sage UK: London, England, 2018.

Case Donald O. and Lisa M. Given, *Looking for Information: A Survey of Research on Information Seeking, Needs, and Behavior*, Bingley: Emerald Group Publishing, 2012.

Dantonio L., *Reciprocity and Investment: The Role of Social Media in Fostering Serendipity*, Master dissertation, University College London, 2010.

Erdelez Sanda, *Information Encountering: An Exploration Beyond Information Seeking*, Syracuse University, Ph. D dissertation, 1995.

Festinger Leon, *A Theory of Cognitive Dissonance*, Stanford, CA: Stanford University Press, 1962.

Fisher Karen E., et al., *Theories of Information Behavior*, Medford: Information Today, 2005.

Fling Brian, *Mobile Design and Development: Practical Concepts and Techniques for Creating Mobile Sites and Web Apps*, Sebastopol: O'Reilly Media, 2009.

Hackos JoAnn T. and Janice Redish, *User and Task Analysis for Interface Design*, Wiley New York, 1998.

Lu Chi-Jung, *Accidental Discovery of Information on the User-Defined Social Web: A Mixed-Method Study*, Ph. D dissertation, University of Pittsburgh, 2012.

Marchionini Gary, *Information Seeking in Electronic Environments*, Cambridge: Cambridge University Press, 1995.

Pariser Eli, *The Filter Bubble: What the Internet Is Hiding from You*, England: Penguin UK, 2011.

Reneker Maxine, *Information-Seeking among Members of an Academic Community*, Ph. D dissertation, Columbia University, 1992.

Smith Shiobhan Alice, *Information Seeking Needs of Mothers Who Bottle-Feed Their Young Infants: How the Information Seeking Process Affects Them and What Libraries Can Do to Help Them*, Master dissertation, Victoria University of Wellington, 2010.

Spencer Donna, *A Practical Guide to Information Architecture*, UK: Five Simple Steps Penarth, 2010.

Sunstein Cass R., *Infotopia: Infotopia: How Many Minds Produce Knowledge*, New York: Oxford University Press, 2006.

Wilson Patrick, *Public Knowledge, Private Ignorance*, Westport: Greenwood Press, 1977.

Zhang Xiaolin, *Information-Seeking Patterns and Behaviors of Selected Undergraduate Students in a Chinese University*, Ph. D dissertation, Columbia University, 1992.

（二）期刊

Aboubaker Ettis Saïd, "Examining the Relationships between Online Store Atmospheric Color, Flow Experience and Consumer Behavior", *Journal of Retailing and Consumer Services*, Vol. 37, 2017.

Agarwal Naresh Kumar, "Towards a Definition of Serendipity in Information Behaviour", *Information Research: An International Electronic Journal*, Vol. 20, No. 3, 2015.

Ahn Tony, et al., "The Impact of Web Quality and Playfulness on User Acceptance of Online Retailing", *Information & Management*, Vol. 44, No. 3,

2007.

Ainiwaer Abidan, et al. , "Effects of Message Framing on Cancer Prevention and Detection Behaviors, Intentions, and Attitudes: Systematic Review and Meta-Analysis", *Journal Med Internet Res*, Vol. 23, No. 9, 2021.

Alaszewski Andy, "Diaries as a Source of Suffering Narratives: A Critical Commentary", *Health, Risk & Society*, Vol. 8, No. 1, 2006.

Alhabash Saleem, et al. , "Just Add a Verse from the Quran: Effects of Religious Rhetoric in Gain-and Loss-Framed Anti-Alcohol Messages with a Palestinian Sample", *Journal of Religion and Health*, Vol. 56, No. 5, 2017.

Allen Carla M. and Sanda Erdelez, "Distraction to Illumination: Mining Biomedical Publications for Serendipity in Research", *Proceedings of the Association for Information Science and Technology*, Vol. 55, 2018.

Alsaggaf Mohammed Ahmad and Abraham Althonayan, "An Empirical Investigation of Customer Intentions Influenced by Service Quality Using the Mediation of Emotional and Cognitive Responses", *Journal of Enterprise Information Management*, Vol. 31, No. 1, 2018.

Anagnostopoulos Fotios, et al. , "Health Beliefs and Illness Perceptions as Related to Mammography Uptake in Randomly Selected Women in Greece", *Journal of Clinical Psychology in Medical Settings*, Vol. 19, No. 2, 2012.

Andreotta Matthew, et al. , "Analyzing Social Media Data: A Mixed-Methods Framework Combining Computational and Qualitative Text Analysis", *Behavior Research Methods*, 2019.

Armstrong Katherine, et al. , "Red-Hot Reactance: Color Cues Moderate the Freedom Threatening Characteristics of Health Pass", *Health Communication*, Vol. 36, No. 6, 2021.

Atkinson Geoffrey, et al. , "Search Engine Advertisement Design Effects on Click-through Rates", *Journal of Interactive Advertising*, Vol. 14, No. 1, 2014.

Auger Giselle Andree, "Rhetorical Framing: Examining the Message Structure of Nonprofit Organizations on Twitter", *International Journal of Nonprofit and Voluntary Sector Marketing*, Vol. 19, No. 4, 2014.

Awan Waqar Ahmad, et al. , "Research Information Encountering and Keeping Behaviour of Post-Graduate Students of Social Sciences in an Online Environment", *Online Information Review*, Vol. 45, No. 1, 2021.

Bas Ozen and Maria Elizabeth Grabe, "Emotion-Provoking Personalization of News: Informing Citizens and Closing the Knowledge Gap?", *Communication Research*, Vol. 42, No. 2, 2015.

Bassett-Gunter Rebecca L. , et al. , "Do You Want the Good News or the Bad News? Gain-Versus Loss-Framed Messages Following Health Risk Information: The Effects on Leisure Time Physical Activity Beliefs and Cognitions", *Health Psychology*, Vol. 32, No. 12, 2013.

Bassett-Gunter Rebecca L. , et al. , "I Spy with My Little Eye: Cognitive Processing of Framed Physical Activity Messages", *Journal of Health Communication*, Vol. 19, No. 6, 2014.

Bates Marcia J. , "Toward an Integrated Model of Information Seeking and Searching", *The New Review of Information Behaviour Research*, Vol. 3, No. 1, 2002.

Becker Stefanie I. and Gernot Horstmann, "Novelty and Saliency in Attentional Capture by Unannounced Motion Singletons", *Acta Psychologica*, Vol. 136, No. 3, 2011.

Bekalu Mesfin A. , et al. , "The Relative Persuasiveness of Narrative Versus Non-Narrative Health Messages in Public Health Emergency Communication: Evidence from a Field Experiment", *Preventive Medicine*, Vol. 111, 2018.

Berger Jonah, "Arousal Increases Social Transmission of Information", *Psychological Science*, Vol. 22, No. 7, 2011.

Bernier Charles L. , "Correlative Indexes Vi: Serendipity, Suggestiveness, and Display", *Journal of the American Society for Information Science*, Vol. 11, No. 4, 1960.

Bernstein Michael H. , et al. , "The Effectiveness of Message Framing and Temporal Context on College Student Alcohol Use and Problems: A Selective E-Mail Intervention", *Alcohol and Alcoholism*, Vol. 51, No. 1, 2015.

Bird-Meyer Matthew, et al. , "The Role of Serendipity in the Story Ideation

Process of Print Media Journalists", *Journal of Documentation*, Vol. 75, No. 5, 2019.

Björneborn Lennart, "Serendipity Dimensions and Users' Information Behavior in the Physical Library Interface", *Information Research*, Vol. 13, No. 4, 2008.

Blanco Carlos Flavián, et al., "Effects of Visual and Textual Information in Online Product Presentations: Looking for the Best Combination in Website Design", *European Journal of Information Systems*, Vol. 19, No. 6, 2010.

Boczkowski Pablo J., et al., " 'News Comes across When I'm in a Moment of Leisure': Understanding the Practices of Incidental News Consumption on Social Media", *New Media & Society*, Vol. 20, No. 10, 2018.

Bolger Niall, et al., "Diary Methods: Capturing Life as It Is Lived", *Annual Review of Psychology*, Vol. 54, No. 1, 2002.

Bozdag Engin, "Bias in Algorithmic Filtering and Personalization", *Ethics and Information Technology*, Vol. 15, 2013.

Braun Virginia and Victoria Clarke, "Using Thematic Analysis in Psychology", *Qualitative Research in Psychology*, Vol. 3, No. 2, 2006.

Buchanan Sarah A., et al., "Information Encountering by an Art Historian: A Methodological Case Study", *Proceedings of the Association for Information Science and Technology*, Vol. 55, No. 1, 2018.

Buchanan Sarah A. and S. Erdelez, "Information Encountering in the Humanities: Embeddedness, Temporality, and Altruism", *Proceedings of the Association for Information Science and Technology*, Vol. 56, No. 1, 2019.

Buchem Ilona, "Serendipitous Learning: Recognizing and Fostering the Potential of Microblogging", *Form@re*, Vol. 11, No. 74, 2011.

Bucher Hans-Jürgen and Peter Schumacher, "The Relevance of Attention for Selecting News Content. An Eye-Tracking Study on Attention Patterns in the Reception of Print and Online Media", *Communications*, Vol. 31, 2006.

Buglar Maria E., et al., "The Role of Self-Efficacy in Dental Patients' Brushing and Flossing: Testing an Extended Health Belief Model", *Patient Education and Counseling*, Vol. 78, No. 2, 2010.

Carver Charles S. and Teri L. White, "Behavioral Inhibition, Behavioral Activation, and Affective Responses to Impending Reward and Punishment: The Bis/Bas Scales", *Journal of Personality and Social Psychology*, Vol. 67, No. 2, 1994.

Casaló Luis V., et al., "Antecedents of Consumer Intention to Follow and Recommend an Instagram Account", *Online Information Review*, Vol. 41, No. 7, 2017.

Case Donald O., et al., "Avoiding Versus Seeking: The Relationship of Information Seeking to Avoidance, Blunting, Coping, Dissonance, and Related Concepts", *Journal of the Medical Library Association*, Vol. 93, No. 3, 2005.

Chang Cheng-Ching and Mu-Hsuan Huang, "Antecedents Predicting Health Information Seeking: A Systematic Review and Meta-Analysis", *International Journal of Information Management*, Vol. 54, 2020.

Chang Yu-Ting, et al., "Persuasive Messages, Popularity Cohesion, and Message Diffusion in Social Media Marketing", *Journal of Business Research*, Vol. 68, No. 4, 2015.

Charness Gary, et al., "Experimental Methods: Between-Subject and Within-Subject Design", *Journal of Economic Behavior & Organization*, Vol. 81, No. 1, 2012.

Chen Chia-Chen and Ya-Ching Chang, "What Drives Purchase Intention on Airbnb? Perspectives of Consumer Reviews, Information Quality, and Media Richness", *Telematics and Informatics*, Vol. 35, No. 5, 2018.

Cheung Ronnie, "The Influence of Electronic Word-of-Mouth on Information Adoption in Online Customer Communities", *Global Economic Review*, Vol. 43, No. 1, 2014.

Chi Yu, et al., "Towards an Integrated Clickstream Data Analysis Framework for Understanding Web Users' Information Behavior", *iConference 2017 Proceedings*, 2017.

Chin Chih-Yu, et al., "Facebook Users' Motivation for Clicking the 'Like' Button", *Social Behavior and Personality: An International Journal*, Vol. 43,

No. 4, 2015.

Chtourou Mohamed Saber, et al. , "Effect of Price Information and Promotion on Click-through Rates for Internet Banners", *Journal of Euromarketing*, Vol. 11, No. 2, 2002.

Ciesielska Malgorzata, et al. , "Observation Methods", in M. Ciesielska and D. Jemielniak, eds. , *Qualitative Methodologies in Organization Studies*, Palgrave Macmillam, 2018, p. 33.

Clements D. W. G. , "Use Made of Public Reference Libraries: A Survey of Personal Users and Telephone, Telex, and Postal Inquiries", *Journal of Documentation*, Vol. 23, No. 2, 1967.

Cowton Christopher J. , "The Use of Secondary Data in Business Ethics Research", *Journal of Business Ethics*, Vol. 17, No. 4, 1998.

Dantonio Laura, et al. , "Coming across Academic Social Media Content Serendipitously", *Proceedings of the American Society for Information Science and Technology*, Vol. 49, No. 1, 2012.

DeIuliis David, "Gatekeeping Theory from Social Fields to Social Networks", *Communication Research Trends*, Vol. 34, No. 1, 2015.

Dervin Brenda, "Strategies for Dealing with Human Information Needs: Information or Communication?", *Journal of Broadcasting & Electronic Media*, Vol. 20, No. 3, 1976.

Ding Yue, et al. , "Celebrity-Following and Social Capital: A Study of User Behavior in Microblogging", *ICIS 2007 Proceedings*, 2012.

Donsbach Wolfgang, "Psychology of News Decisions: Factors Behind Journalists' Professional Behavior", *Journalism*, Vol. 5, No. 2, 2004.

Dubois Elizabeth and Grant Blank, "The Echo Chamber Is Overstated: The Moderating Effect of Political Interest and Diverse Media", *Information, Communication & Society*, Vol. 21, No. 5, 2018.

Dubov Alex, "Ethical Persuasion: The Rhetoric of Communication in Critical Care", *Journal of Evaluation in Clinical Practice*, Vol. 21, No. 3, 2015.

Dumais Susan T. , et al. , "Understanding User Behavior through Log Data and Analysis", *Ways of Knowing in HCI*, 2014.

Edgerly Stephanie, et al., "Navigational Structures and Information Selection Goals: A Closer Look at Online Selectivity", *Journal of Broadcasting & Electronic Media*, Vol. 58, No. 4, 2014.

Elliot Andrew J., et al., "Approach-Avoidance Motivation and Emotion: Convergence and Divergence", *Emotion Review*, Vol. 5, No. 3, 2013.

Erdelez Sanda, "Information Encountering: It's More Than Just Bumping into Information", *Bulletin of the American Society for Information Science and Technology*, Vol. 25, No. 3, 1999.

Erdelez Sanda, "Towards Understanding Information Encountering on the Web", *Proceedings of the ASIS Annual Meeting*, Vol. 37, 2000.

Erdelez Sanda, "Investigation of Information Encountering in the Controlled Research Environment", *Information Processing & Management*, Vol. 40, No. 6, 2004.

Erdelez Sanda, et al., "Potential for Inclusion of Information Encountering within Information Literacy Models", *Information Research: an International Electronic Journal*, Vol. 16, No. 3, 2011.

Erdelez Sanda, et al., "Research Perspectives on Serendipity and Information Encountering", *Proceedings of the Association for Information Science and Technology*, Vol. 53, No. 1, 2016.

Erdelez Sanda and Stephann Makri, "Information Encountering Re-Encountered", *Journal of Documentation*, Vol. 76, No. 3, 2020a.

Erdelez Sanda and Stephann Makri, "Information Encountering Re-Encountered: A Conceptual Re-Examination of Serendipity in the Context of Information Acquisition", *Journal of Documentation*, Vol. 76, No. 3, 2020b.

Erdelez Sanda and Kevin Rioux, "Sharing Information Encountered for Others on the Web", *The New Review of Information Behaviour Research*, Vol. 1, No. 9, 2000.

Erdelez Sanda, et al., "Opportunistic Acquisition of Information: The New Frontier for Information User Studies. Sponsored by Sig Use", *Proceedings of the American Society for Information Science and Technology*, Vol. 39, No. 1, 2002.

Eroglu Sevgin A., et al., "Atmospheric Qualities of Online Retailing: A Conceptual Model and Implications", *Journal of Business Research*, Vol. 54, No. 2, 2001.

Eroglu Sevgin A., et al., "Empirical Testing of a Model of Online Store Atmospherics and Shopper Responses", *Psychology & Marketing*, Vol. 20, No. 2, 2003.

Evans Herbert M., et al., "The Houssay Journal Fund", *Science*, Vol. 102, No. 2641, 1945.

Eveland Jr. William P., "The Cognitive Mediation Model of Learning from the News: Evidence from Nonelection, Off-Year Election, and Presidential Election Contexts", *Communication Research*, Vol. 28, No. 5, 2001.

Fetter Deborah S., et al., "The Influence of Gain-Framed and Loss-Framed Health Messages on Nutrition and Physical Activity Knowledge", *Global Pediatric Health*, Vol. 6, 2019.

Gan Chunmei and Weijun Wang, "Uses and Gratifications of Social Media: A Comparison of Microblog and Wechat", *Journal of Systems and Information Technology*, Vol. 17, No. 4, 2015.

Godinho Cristina A., et al., "Health Messages to Promote Fruit and Vegetable Consumption at Different Stages: A Match-Mismatch Design", *Psychology & Health*, Vol. 30, No. 12, 2015.

Grange Camille, et al., "With a Little Help from My Friends: Cultivating Serendipity in Online Shopping Environments", *Information & Management*, Vol. 56, No. 2, 2019.

Hart William, et al., "Feeling Validated Versus Being Correct: A Meta-Analysis of Selective Exposure to Information", *Psychological Bulletin*, Vol. 135, No. 4, 2009.

Hildebrand Kerri D. and Stephen D. Smith, "Attentional Biases toward Humor: Separate Effects of Incongruity Detection and Resolution", *Motivation and Emotion*, Vol. 38, 2014.

Holsanova Jana, et al., "Entry Points and Reading Paths on Newspaper Spreads: Comparing a Semiotic Analysis with Eye-Tracking Measurements",

Visual Communication, Vol. 5, No. 1, 2006.

Holton Avery E. and Hsiang Iris Chyi, "News and the Overloaded Consumer: Factors Influencing Information Overload among News Consumers", *Cyberpsychology Behavior and Social Networking*, Vol. 15, No. 11, 2012.

Horstmann Gernot and Arvid Herwig, "Novelty Biases Attention and Gaze in a Surprise Trial", *Attention, Perception, & Psychophysics*, Vol. 78, 2016.

Hsiao Chun-Hua, et al., "Exploring the Influential Factors in Continuance Usage of Mobile Social Apps: Satisfaction, Habit, and Customer Value Perspectives", *Telematics and Informatics*, Vol. 33, No. 2, 2016.

Idson L. C., et al., "Imagining How You'd Feel: The Role of Motivational Experiences from Regulatory Fit", *Personality and Social Psychology Bulletin*, Vol. 30, No. 7, 2004.

Jacobson Susan, et al., "Open Media or Echo Chamber: The Use of Links in Audience Discussions on the Facebook Pages of Partisan News Organizations", *Information, Communication & Society*, Vol. 19, No. 7, 2016.

Jansen Bernard J., "Understanding User-Web Interactions Via Web Analytics", *Synthesis Lectures on Information Concepts, Retrieval, and Services*, Vol. 1, No. 1, 2009.

Jansen Bernard J., et al., "The Effect of Ad Rank on the Performance of Keyword Advertising Campaigns", *Journal of the American Society for information Science and Technology*, Vol. 64, No. 10, 2013.

Jensen Jakob D., et al., "Persuasive Impact of Loss and Gain Frames on Intentions to Exercise: A Test of Six Moderators", *Communication Monographs*, Vol. 85, No. 2, 2018.

Jeong Myeongki, et al., "Feeling Displeasure from Online Social Media Postings: A Study Using Cognitive Dissonance Theory", *Computers in Human Behavior*, Vol. 97, 2019.

Jiang Tingting, "An Exploratory Study on Social Library System Users' Information Seeking Modes", *The Journal of Documentation*, Vol. 69, No. 1, 2013.

Jiang Tingting, "A Clickstream Data Analysis of Users' Information Seeking Modes in Social Tagging Systems", *iConference 2014 Proceedings*, 2014.

Jiang Tingting, et al. , "A Clickstream Data Analysis of Chinese Academic Library Opac Users' Information Behavior", *Library & Information Science Research*, Vol. 39, No. 3, 2017.

Jiang Tingting, et al. , "Toward a Description Framework of Information Encountering Experiences Guidance for Diarists in Story Telling", *Journal of Documentation*, Vol. 76, No. 4, 2020.

Jiang Tingting, et al. , "A Diary Study of Information Encountering Triggered by Visual Stimuli on Micro-Blogging Services", *Information Processing & Management*, Vol. 56, No. 1, 2019.

Jiang Tingting, et al. , "Online Information Encountering: Modeling the Process and Influencing Factors", *Journal of Documentation*, Vol. 71, No. 6, 2015.

Jiang Tingting, et al. , "The Effects of Message Framing on Online Health Headline Selection of Female Users: A Moderation of Approach/Avoidance Motivation", *International Journal of Medical Informatics*, Vol. 148, 2021.

Jiang Zhenhui, et al. , "The Determinants and Impacts of Aesthetics in Users' First Interaction with Websites", *Journal of Management Information Systems*, Vol. 33, No. 1, 2016.

Kefalidou Genovefa and Sarah Sharples, "Encouraging Serendipity in Research: Designing Technologies to Support Connection-Making", *International Journal of Human-Computer Studies*, Vol. 89, 2016.

Kelley Nicholas J. , et al. , "The Relationship of Approach/Avoidance Motivation and Asymmetric Frontal Cortical Activity: A Review of Studies Manipulating Frontal Asymmetry", *International Journal of Psychophysiology*, Vol. 119, 2017.

Kessler Sabrina Heike and Ines Engelmann, "Why Do We Click? Investigating Reasons for User Selection on a News Aggregator Website", *Communications*, Vol. 44, No. 2, 2019.

Kim Hyun Suk, et al. , "Selective Exposure to Health Information: The Role of Headline Features in the Choice of Health Newsletter Articles", *Media Psychology*, Vol. 19, No. 4, 2016.

Knobloch-Westerwick Silvia, "Choice and Preference in Media Use: Advances in Selective Exposure Theory and Research" New York, London: Routledge, 2014.

Koć-Januchta Marta, et al., "Visualizers Versus Verbalizers: Effects of Cognitive Style on Learning with Texts and Pictures-an Eye-Tracking Study", *Computers in Human Behavior*, Vol. 68, 2017.

Koch Iring, et al., "Cognitive Structure, Flexibility, and Plasticity in Human Multitasking—An Integrative Review of Dual-Task and Task-Switching Research", *Psychological Bulletin*, Vol. 144, No. 6, 2018.

Ksiazek Thomas B., et al., "User Engagement with Online News: Conceptualizing Interactivity and Exploring the Relationship between Online News Videos and User Comments", *New Media & Society*, Vol. 18, No. 3, 2016.

Lai Linda and Audun Farbrot, "What Makes You Click? The Effect of Question Headlines on Readership in Computer-Mediated Communication", *Social Influence*, Vol. 9, No. 4, 2014.

Lake Jessica I., et al., "Emotional Modulation of Interval Timing and Time Perception", *Neuroscience & Biobehavioral Reviews*, Vol. 64, 2016.

Lee Dongwon, et al., "Antecedents and Consequences of Mobile Phone Usability: Linking Simplicity and Interactivity to Satisfaction, Trust, and Brand Loyalty", *Information & Management*, Vol. 52, No. 3, 2015.

Li Yuelin, et al., "An Investigation of Task Characteristics and Users' Evaluation of Interaction Design in Different Online Health Information Systems", *Information Processing & Management*, Vol. 58, No. 3, 2021.

Lin Tung-Cheng, et al., "Effects of Argument Quality, Source Credibility and Self-Reported Diabetes Knowledge on Message Attitudes: An Experiment Using Diabetes Related Messages", *Health Information & Libraries Journal*, Vol. 34, No. 3, 2017.

Liu Yanbin, et al., "What Drives Click-through Rates of Tourism Product Advertisements on Group Buying Websites?", *Procedia Computer Science*, Vol. 55, 2015.

Lockwood Gwilym, "Academic Clickbait: Articles with Positively-Framed Titles, Interesting Phrasing, and No Wordplay Get More Attention Online", *The Winnower*, Vol. 3, 2016.

Lu Hsi-Peng and Yi-Hsiu Cheng, "Sustainability in Online Video Hosting Services: The Effects of Serendipity and Flow Experience on Prolonged Usage Time", *Sustainability*, Vol. 12, No. 3, 2020.

Lueck Jennifer A., "Matching Message Design and Depressed Cognition: An Exploration of Attention Patterns for Gain-and Loss-Framed Depression Help-Seeking Messages", *Journal of Health Communication*, Vol. 22, No. 7, 2017.

Ma Yan and Jingwen Chen, "Effects of Platform and Content Attributes on Information Dissemination on We Media: A Case Study on Wechat Platform", WHICEB 2017 Prceedings, 2017.

Ma Zexin and Xiaoli Nan, "Positive Facts, Negative Stories: Message Framing as a Moderator of Narrative Persuasion in Antismoking Communication", *Health Communication*, Vol. 34, No. 12, 2019.

Makri Stephann, et al., "Observing Serendipity in Digital Information Environments", *Proceedings of the Association for Information Science and Technology*, Vol. 52, No. 1, 2015.

Makri Stephann, et al., "After Serendipity Strikes: Creating Value from Encountered Information", *Proceedings of the Association for Information Science and Technology*, Vol. 54, No. 1, 2017.

Makri Stephann and Lily Buckley, "Down the Rabbit Hole: Investigating Disruption of the Information Encountering Process", *Journal of the Association for Information Science and Technology*, Vol. 71, No. 2, 2020.

Maleki Afsaneh, et al., "Application of the Protection Motivation Theory (Pmt) in Teaching Skin Cancer Prevention Behaviors in Male Students", *Journal of Cancer Education*, 2022.

Mann Traci, et al., "Dispositional Motivations and Message Framing: A Test of the Congruency Hypothesis in College Students", *Health Psychology*, Vol. 23, No. 3, 2004.

Mansour Ameera, "Affordances Supporting Mothers' Engagement in Information-Related Activities through Facebook Groups", *Journal of Librarianship and Information Science*, Vol. 53, No. 2, 2021.

Martin Kim and Anabel Quan-Haase, "The Role of Agency in Historians' Experiences of Serendipity in Physical and Digital Information Environments", *Journal of Documentation*, Vol. 72, No. 6, 2016.

Martin Kim and Anabel Quan-Haase, " 'A Process of Controlled Serendipity': An Exploratory Study of Historians 'and Digital Historians' Experiences of Serendipity in Digital Environments", *Proceedings of the Association for Information Science & Technology*, Vol. 54, No. 1, 2017.

McCay-Peet Lori and Elaine G. Toms, "Researching Serendipity in Digital Information Environments", *Synthesis Lectures on Information Concepts, Retrieval, and Services*, Vol. 9, No. 6, 2017.

McCay-Peet Lori, et al., "Development and Assessment of the Content Validity of a Scale to Measure How Well a Digital Environment Facilitates Serendipity", *Information Research*, Vol. 19, No. 3, 2014.

McCay-Peet Lori, et al., "Exploratory Search in Digital Libraries: A Preliminary Examination of the Use and Role of Interface Features", *Proceedings of the Association for Information Science and Technology*, Vol. 52, No. 1, 2015.

McCay-Peet Lori and Elaine G. Toms, "Investigating Serendipity: How It Unfolds and What May Influence It", *Journal of the Association for Information Science and Technology*, Vol. 66, No. 7, 2015.

Mehta Ravi and Rui Zhu, "Blue or Red? Exploring the Effect of Color on Cognitive Task Performances", *Science*, Vol. 323, No. 5918, 2009.

Metzger Miriam J., et al., "Cognitive Dissonance or Credibility? A Comparison of Two Theoretical Explanations for Selective Exposure to Partisan News", *Communication Research*, Vol. 1, 2015.

Middleton Karen, et al., "How Consumers Subvert Advertising through Rhetorical Institutional Work", *Psychology & Marketing*, Vol. 39, No. 3, 2022.

Mitchelstein Eugenia, et al., "Incidentality on a Continuum: A Comparative Conceptualization of Incidental News Consumption", *Journalism*, Vol. 21,

No. 8, 2020.

Miwa Makiko, et al., "A Method to Capture Information Encountering Embedded in Exploratory Web Searches", *Information Research*, Vol. 16, No. 3, 2011.

Mou Jian and Donghee Shin, "Effects of Social Popularity and Time Scarcity on Online Consumer Behaviour Regarding Smart Healthcare Products: An Eye-Tracking Approach", *Computers in Human Behavior*, Vol. 78, 2018.

Mujica Constanza and Ingrid Bachmann, "Beyond the Public/Commercial Broadcaster Dichotomy: Homogenization and Melodramatization of News Coverage in Chile", *International Journal of Communication*, No. 9, 2015.

Panahi Sirous, et al., "Information Encountering on Social Media and Tacit Knowledge Sharing", *Journal of Information Science*, Vol. 42, No. 4, 2016.

Pattison Andrew B., et al., "Finding the Facts in an Infodemic: Framing Effective Covid-19 Messages to Connect People to Authoritative Content", *BMJ Global Health*, Vol. 7, No. 2, 2022.

Pengnate Supavich, "Shocking Secret You Won't Believe! Emotional Arousal in Clickbait Headlines", *Online Information Review*, Vol. 43, No. 7, 2019.

Pentina Iryna and Monideepa Tarafdar, "From 'Information' to 'Knowing': Exploring the Role of Social Media in Contemporary News Consumption", *Computers in Human Behavior*, Vol. 35, 2014.

Persky Susan, et al., "Effects of Fruit and Vegetable Feeding Messages on Mothers and Fathers: Interactions between Emotional State and Health Message Framing", *Annals of Behavioral Medicine*, Vol. 53, No. 9, 2018.

Phua Joe and Jihoon Jay Kim, "Starring in Your Own Snapchat Advertisement: Influence of Self-Brand Congruity, Self-Referencing and Perceived Humor on Brand Attitude and Purchase Intention of Advertised Brands", *Telematics and Informatics*, Vol. 35, No. 5, 2018.

Pontis Sheila, et al., "Academics' Responses to Encountered Information: Context Matters", *Journal of the Association for Information Science and Technology*, Vol. 67, No. 8, 2015.

Prasetyo Yogi Tri, et al., "Factors Affecting Perceived Effectiveness of Covid-

19 Prevention Measures among Filipinos During Enhanced Community Quarantine in Luzon, Philippines: Integrating Protection Motivation Theory and Extended Theory of Planned Behavior", *International Journal of Infectious Diseases*, Vol. 99, 2020.

Qian Yuxing and Wenxuan Gui, "Identifying Health Information Needs of Senior Online Communities Users: A Text Mining Approach", *Aslib Journal of Information Management*, Vol. 73, No. 1, 2021.

Sabate Ferran, et al., "Factors Influencing Popularity of Branded Content in Facebook Fan Pages", *European Management Journal*, Vol. 32, No. 6, 2014.

Sacramento Simon Philip R. and Ian Dominic P. Sipin, "Viral Content: A Theory of Vaccine Hesitancy Based on Information Encountering in the Greater Manila Area, Philippines", *LIBRES: Library & Information Science Research Electronic Journal*, Vol. 32, No. 1, 2022.

Safran Nathan, "Data Insights into the Headlines Readers Click", *Retrieved August*, Vol. 27, 2015.

Salehan Mohammad and Dan J. Kim, "Predicting the Performance of Online Consumer Reviews: A Sentiment Mining Approach to Big Data Analytics", *Decision Support Systems*, Vol. 81, 2016.

Savolainen Reijo, "Infotainment as a Hybrid of Information and Entertainment: A Conceptual Analysis", *Journal of Documentation*, Vol. 78, No. 4, 2022.

Skovsgaard Morten and Kim Andersen, "Conceptualizing News Avoidance: Towards a Shared Understanding of Different Causes and Potential Solutions", *Journalism Studies*, Vol. 21, No. 4, 2020.

Smets Annelien, et al., "Serendipity in the City: User Evaluations of Urban Recommender Systems", *Journal of the Association for Information Science and Technology*, Vol. 73, No. 1, 2022.

Solomon Yosef and Jenny Bronstein, "Serendipity in Legal Information Seeking Behavior", *Aslib Journal of Information Management*, Vol. 68, No. 1, 2015.

Song Haeyeop, et al., "Perceived News Overload and Its Cognitive and Attitudinal Consequences for News Usage in South Korea", *Journalism & Mass*

Communication Quarterly, Vol. 94, No. 4, 2017.

Song Shijie, et al., "Short-Video Apps as a Health Information Source for Chronic Obstructive Pulmonary Disease: Information Quality Assessment of Tiktok Videos", *Journal Med Internet Res*, Vol. 23, No. 12, 2021.

Song Shijie, et al., "Serious Information in Hedonic Social Applications: Affordances, Self-Determination and Health Information Adoption in Tiktok", *Journal of Documentation*, Vol. 78, No. 4, 2022.

Sontag Jennah M., "Visual Framing Effects on Emotion and Mental Health Message Effectiveness", *Journal of Communication in Healthcare*, Vol. 11, No. 1, 2018.

Stewart Kristine N. and Josipa Basic, "Information Encountering and Management in Information Literacy Instruction of Undergraduate, Students", *International Journal of Information Management*, Vol. 34, No. 2, 2014.

Subotic S. and B. Mukherjee, "Short and Amusing: The Relationship between Title Characteristics, Downloads, and Citations in Psychology Articles", *Journal of Information Science*, Vol. 40, No. 1, 2014.

Sülflow Michael, et al., "Selective Attention in the News Feed: An Eye-Tracking Study on the Perception and Selection of Political News Posts on Facebook", *New Media & Society*, Vol. 21, No. 1, 2019.

Sun Xu, et al., "A User-Centred Mobile Diary Study Approach to Understanding Serendipity in Information Research", *Information Research*, Vol. 16, No. 3, 2011.

Sun Xu, et al., "Investigating the Impact of Emotions on Perceiving Serendipitous Information Encountering", *Journal of the Association for Information Science and Technology*, Vol. 73, No. 1, 2022.

Sun Xu, et al., "Investigating the Impact of Emotions on Perceiving Serendipitous Information Encountering", *Journal of the Association for Information Science and Technology*, Vol. 73, 2021.

Syn Sue Yeon and Sung Un Kim, "College Students' Health Information Activities on Facebook: Investigating the Impacts of Health Topic Sensitivity, Information Sources, and Demographics", *Journal of Health Communication*,

Vol. 21, No. 7, 2016.

Tang Jian, et al. , "Categorizing Consumer Behavioral Responses and Artifact Design Features: The Case of Online Advertising", *Information Systems Frontiers*, Vol. 17, 2015.

Taylor Helen R. and Kylie Soanes, "Breaking out of the Echo Chamber: Missed Opportunities for Genetics at Conservation Conferences", *Biodiversity and conservation*, Vol. 25, 2016.

Törnberg Petter, "Echo Chambers and Viral Misinformation: Modeling Fake News as Complex Contagion", *PLoS one*, Vol. 13, No. 9, 2018.

Unger F. and M. Steul-Fischer, "The Effect of Message Framing and the Presentation of Health vs. Social Consequences on Health Risk Perception", *Zeitschrift für die Gesamte Versicherungswissenschaft*, Vol. 109, No. 5, 2020.

Updegraff John A. , et al. , "Message Framing for Health: Moderation by Perceived Susceptibility and Motivational Orientation in a Diverse Sample of Americans", *Health Psychology*, Vol. 34, No. 1, 2015.

Usher Nikki, et al. , "Twitter Makes It Worse: Political Journalists, Gendered Echo Chambers, and the Amplification of Gender Bias", *The International Journal of Press/Politics*, Vol. 23, No. 3, 2018.

Valeriani Augusto and Cristian Vaccari, "Accidental Exposure to Politics on Social Media as Online Participation Equalizer in Germany, Italy, and the United Kingdom", *New Media & Society*, Vol. 18, No. 9, 2016.

Van den Broeck Evert, et al. , "An Experimental Study on the Effect of Ad Placement, Product Involvement and Motives on Facebook Ad Avoidance", *Telematics and Informatics*, Vol. 35, No. 2, 2018.

Van Gemert-Pijnen Julia Ewc, et al. , "Understanding the Usage of Content in a Mental Health Intervention for Depression: An Analysis of Log Data", *Journal of Medical Internet Research*, Vol. 16, 2014.

Vergara Adrián, et al. , "The Mechanisms of 'Incidental News Consumption': An Eye Tracking Study of News Interaction on Facebook", *Digital Journalism*, Vol. 9, No. 2, 2021.

Vettehen Paul Hendriks, et al. , "Explaining Effects of Sensationalism on Liking of Television News Stories: The Role of Emotional Arousal", *Communication Research*, Vol. 35, No. 3, 2008.

Vidal Gabriela, et al. , "Does Message Framing Matter for Promoting the Use of Nutritional Warnings in Decision Making?", *Public Health Nutrition*, Vol. 22, No. 16, 2019.

Waldman Scott A. and Andre Terzic, "Healthcare Evolves from Reactive to Proactive", *Clinical Pharmacology and Therapeutics*, Vol. 105, No. 1, 2019.

Wang Chuang, et al. , "The Influence of Affective Cues on Positive Emotion in Predicting Instant Information Sharing on Microblogs: Gender as a Moderator", *Information Processing & Management*, Vol. 53, No. 3, 2017.

Wang Xiaohui, et al. , "Online Health Information Seeking: A Review and Meta-Analysis", *Health Communication*, Vol. 36, No. 10, 2021.

Wanick Vanissa, et al. , "Can Visual Familiarity Influence Attitudes Towards Brands? An Exploratory Study of Advergame Design and Cross-Cultural Consumer Behaviour", *Entertainment Computing*, Vol. 27, 2018.

Wieland Mareike and Katharina Kleinen-von Königslöw, "Conceptualizing Different Forms of News Processing Following Incidental News Contact: A Triple-Path Model", *Journalism*, Vol. 21, No. 8, 2020.

Wienert Julian, et al. , "Latent User Groups of an Ehealth Physical Activity Behaviour Change Intervention for People Interested in Reducing Their Cardiovascular Risk", *Research in Sports Medicine*, Vol. 27, No. 1, 2019.

Williams Nigel L. , et al. , "Covid-19 Vaccine Confidence and Tourism at the Early Stage of a Voluntary Mass Vaccination Campaign: A Pmt Segmentation Analysis", *Current Issues in Tourism*, Vol. 25, No. 3, 2022.

Workman T. Elizabeth, et al. , "Framing Serendipitous Information-Seeking Behavior for Facilitating Literature-Based Discovery: A Proposed Model", *Journal of the Association for Information Science and Technology*, Vol. 65, No. 3, 2014.

Wu Ruijuan, et al. , "The Effects of Online Store Informativeness and Entertainment on Consumers' Approach Behaviors", *Asia Pacific Journal of Mar-

keting and Logistics, Vol. 32, No. 6, 2020.

Xu Pei, et al., "Will Video Be the Next Generation of E-Commerce Product Reviews? Presentation Format and the Role of Product Type", *Decision Support Systems*, Vol. 73, 2015.

Xu Qian, "Social Recommendation, Source Credibility, and Recency: Effects of News Cues in a Social Bookmarking Website", *Journalism & Mass Communication Quarterly*, Vol. 90, No. 4, 2013.

Yadamsuren Borchuluun, "Potential of Inducing Serendipitous News Discovery in Social Gaming Environment", *Proceedings of the American Society for Information Science and Technology*, Vol. 50, No. 1, 2013.

Yadamsuren Borchuluun and Sanda Erdelez, "Incidental Exposure to Online News", *Proceedings of the American Society for Information Science and Technology*, Vol. 47, No. 1, 2010.

Yadamsuren Borchuluun and Sanda Erdelez, "Online News Reading Behavior: From Habitual Reading to Stumbling Upon News", *Proceedings of the American Society for Information Science & Technology*, Vol. 48, No. 1, 2011.

Yadamsuren Borchuluun and Sanda Erdelez, "Incidental Exposure to Online News", *Synthesis Lectures on Information Concepts, Retrieval, and Services*, Vol. 8, No. 5, 2016.

Yari Zanganeh Marzieh and Nadjla Hariri, "The Role of Emotional Aspects in the Information Retrieval from the Web", *Online Information Review*, Vol. 42, No. 4, 2018.

Zareharofteh Fateme and Masoud Karimi, "Impacts of Gain Versus Loss Frame Messages About Beverages on Boy Students, an Application of Extended Parallel Process Model", *Journal of Health, Population and Nutrition*, Vol. 41, No. 1, 2022.

Zebregs Simon, et al., "The Differential Impact of Statistical and Narrative Evidence on Beliefs, Attitude, and Intention: A Meta-Analysis", *Health Communication*, Vol. 30, No. 3, 2015.

Zhang Di, et al., "Classification of the Use of Online Health Information Channels and Variation in Motivations for Channel Selection: Cross-Sectional

Survey", *Journal Med Internet Res*, Vol. 23, No. 3, 2021.

Zhang Pengyi, "Information Seeking through Microblog Questions: The Impact of Social Capital and Relationships", *Proceedings of the American Society for Information Science and Technology*, Vol. 49, No. 1, 2012.

Zhang Zhongju, "Feeling the Sense of Community in Social Networking Usage", *Ieee Transactions on Engineering Management*, Vol. 57, No. 2, 2009.

Zhao Yuxiang Chris, et al., "Online Health Information Seeking Behaviors among Older Adults: Systematic Scoping Review", *Journal of Medical Internet Research*, Vol. 24, No. 2, 2022.

Zuiderveen Borgesius Frederik, et al., "Should We Worry About Filter Bubbles?", *Internet Policy Review. Journal on Internet Regulation*, Vol. 5, No. 1, 2016.

(三) 会议等

Agarwal Naresh Kumar, et al., "Aha! Librarians'Predisposition for Information Encountering and Serendipity in the Workplace", Paper delivered to Proceedings of the Annual Conference of CAIS, sponsored by Open Journal System, 2021.

Bogers Toine and Lennart Björneborn, "Micro-Serendipity: Meaningful Coincidences in Everyday Life Shared on Twitter", Paper delivered to In Proceedings of the iConference 2013. iSchools., sponsored by APA, Fort Worth, TX, USA, February 12 – 15, 2013.

Bogers Toine, et al., "Measuring Serendipity in the Lab: The Effects of Priming and Monitoring", Paper delivered toProceedings of the iConference 2013, sponsored by IEEE, June 23 – 28, 2013.

Carter Scott and Jennifer Mankoff, "When Participants Do the Capturing: The Role of Media in Diary Studies", Paper delivered to Proceedings of the SIGCHI conference on Human factors in computing systems, sponsored by the Association for Computing Machinery, United States, April 2 – 7, 2005.

Chakraborty Abhijnan, et al., "Stop clickbait: Detecting and preventing clickbaits in online news media", Paper delivered to international conference on advances in social networks analysis and mining sponsored by IEEE, Davis,

California, August 18 – 21, 2016.

Crescenzi Anita, et al., "Impacts of Time Constraints and System Delays on User Experience", Paper delivered to Proceedings of the 2016 ACM on conference on human information interaction and retrieval, sponsored by the Association for Computing Machinery, North Carolina, Carrboro, USA, March 13 – 17, 2016.

Erdelez Sanda, "Information Encountering: A Conceptual Framework for Accidental Information Discovery", Paper delivered to Proceedings of an international conference on Information seeking in context sponsored by ACM, Tampere, Finland, August, 1997.

Feinman Stephen, et al., "Conceptual-Framework for Information-Flow Studies", Paper delivered toProceedings of the American Society for Information Science, sponsored by the Learned Information, Hinksey, 1976.

Jiang Tingting, et al., "Information Encountering on Social Q&A Sites: A Diary Study of the Process", Paper delivered toTransforming Digital Worlds: 13th International Conference, sponsored by Springer, Sheffield, UK, March 25 – 28, 2018.

Liang Haoting, et al., "Influence Analysis for Celebrities Via Microblog Platform", Paper delivered to 2015 IEEE International Conference on Digital Signal Processing (DSP), sponsored by the IEEE, Singapore, 21 – 24 July 2015.

Makri Stephann, et al., "Encouraging Serendipity in Interactive Systems", Paper delivered to 13th International Conference on Human-Computer Interaction, sponsored by ACM, Sweden, 30 August – 2 September, 2011.

McBirnie Abigail, "Seeking Serendipity: The Paradox of Control", Paper delivered toAslib Proceedings, sponsored by Emerald Group Publishing Limited, England, 2008.

McCay-Peet Lori and Elaine G. Toms, "The Process of Serendipity in Knowledge Work", Paper delivered to Proceedings of the third Symposium on Information Interaction in Context, sponsored by the Association for Computing Machinery, United States, August 18, 2010.

McCay-Peet Lori and Elaine G. Toms, "The Process of Serendipity in Knowledge Work", Paper delivered to IIiX '10: Proceedings of the Third Symposium on Information Interaction in Context, sponsored by ACM, United States, August12 – 14, 2010.

McCay-Peet Lori, et al., "SEADE Workshop Proposal-the Serendipity Factor: Evaluating the Affordances of Digital Environments", Paper delivered to Proceedings of the 2016 ACM on Conference on Human Information Interaction and Retrieval, sponsored by ACM, Carrboro, United States, November, 2016.

Rahman Ataur and Max L. Wilson, "Exploring Opportunities to Facilitate Serendipity", Paper delivered to Proceedings of the 38th International ACM SIGIR Conference on Research and Development in Information Retrieval, sponsored by ACM, Santiago, August 2015.

Zhuang Mengdie, et al., "Can User Behavior Sequences Reflect Perceived Novelty?", Paper delivered to Proceedings of the 27th ACM International Conference on Information and Knowledge Management, sponsored by ACM, Torino, Italy, October 22 – 26, 2018.

后　记

在本书完稿之际，欣慰之余，感激更甚。

特别感谢美国西蒙斯大学图书情报学院院长、全球顶级信息学院联盟 iSchools 主席 Sanda Erdelez 教授的指引与帮助。作为信息偶遇领域的奠基人，Erdelez 教授早年在这一领域上的学术贡献点燃了我对信息偶遇的研究热情。在我踏上这场信息偶遇的学术之旅后，Erdelez 教授对我所做的阶段性工作表示了高度认可，我也有幸得以与 Erdelez 教授开展了合作研究。衷心感谢！

感谢课题组成员齐心协力的努力。我的博士研究生郭倩、傅诗婷、许艳闰、田慧溢，硕士研究生徐亚苹、吴茜、权明喆、汪颖、李垚、吕妍、孙竹墨参与了本书所囊括的信息偶遇系列研究，在国内外文献的梳理、实验研究的数据采集与分析等方面做了大量工作，并发表了与项目相关的学术论文，为本书的撰写提供了重要基础。在本书初稿完成后，硕士研究生裴希、胡慧宁、杨欣雨、黄楚璇等承担了整理和编校工作，感谢他们的辛苦付出。

感谢武汉大学信息管理学院、武汉大学信息资源研究中心给予科研活动的大力支持和帮助，感谢中国科学技术情报学会信息行为研究专业委员会的指导和建议！

感谢中国社会科学出版社喻苗老师对本书的细心指导和精心修改，感谢《图书情报知识》常务副主编宋恩梅老师对本书中研究所给予的建议和支持！

在信息的海洋中，我们时常会迷失方向，但正是在这个迷失中，我们也许能够发现更多照亮自己生活的点点星光。希望这段阅读之旅能够

后　记

给读者带来些许启示，让我们共同感受信息偶遇的奇妙与价值，迎接不断变化着的充满机遇的挑战的未来。

姜婷婷
2023 年 5 月于武汉